广西泺达律师事务所
MILD & YOUNG LAW FIRM

南国法学

主编 高一飞 张 培

第 1 卷

知识产权出版社
全国百佳图书出版单位
—北 京—

图书在版编目（CIP）数据

南国法学 . 第 1 卷 / 高一飞，张培主编 . — 北京：知识产权出版社，2022.8
ISBN 978-7-5130-8265-5

Ⅰ . ①南…　Ⅱ . ①高…　②张…　Ⅲ . ①法学—中国—丛刊　Ⅳ . ① D920.0-55

中国版本图书馆 CIP 数据核字 (2022) 第 137300 号

策划编辑：庞从容		**责任校对**：潘凤越	
责任编辑：张琪惠		**责任印制**：孙婷婷	
封面设计：乔智炜			

南国法学 . 第 1 卷

高一飞　张　培　主编

出版发行：知识产权出版社有限责任公司		**网　　址**：http://www.ipph.cn	
社　　址：北京市海淀区气象路 50 号院		**邮　　编**：100081	
责编电话：010-82000860 转 8782		**责编邮箱**：963810650@qq.com	
发行电话：010-82000860 转 8101/8102		**发行传真**：010-82000893/82005070/82000270	
印　　刷：北京建宏印刷有限公司		**经　　销**：新华书店、各大网上书店及相关专业书店	
开　　本：720mm×1000mm　1/16		**印　　张**：18.5	
版　　次：2022 年 8 月第 1 版		**印　　次**：2022 年 8 月第 1 次印刷	
字　　数：293 千字		**定　　价**：88.00 元	

ISBN 978-7-5130-8265-5

本书编委会

主　编

高一飞　张　培

副主编

沈钰琦　孙　记

编　委

周祖成　陆幸福　汪太贤　梁建新
宋志军　管　华　阳东辉

卷 首 语

习近平总书记高度重视法律服务队伍的建设，于 2018 年指出，"律师队伍是依法治国的一支重要力量"。2021 年 12 月 6 日，习近平在十九届中央政治局第三十五次集体学习时指出："要加快发展律师、公证、司法鉴定、仲裁、调解等法律服务队伍。"习近平总书记还建议"从律师和法学专家中公开选拔立法工作者、法官、检察官"，以推动法治专门队伍的正规化、专业化和职业化建设。

党的十八大以来，我国法律服务队伍日益壮大、制度逐步健全、作用充分发挥。截至 2020 年年底，全国共有执业律师 52.2 万多人、律师事务所 3.4 万多家、基层法律服务工作者 6.3 万人。2020 年，全国律师办理各类法律事务 1114.5 万多件。2019 年 1 月，司法部印发《全面深化司法行政改革纲要（2018—2022 年）》，要求围绕健全中国特色社会主义律师制度，形成与我国综合国力相称、与经济社会发展阶段相适应的律师业务发展格局，到 2022 年，全国律师总数达到 62 万人，每万人拥有律师数达到 4.2 名。

2021 年 12 月 30 日，司法部印发《全国公共法律服务体系建设规划（2021—2025 年）》，再次明确"十三五"期间全国 50 万余人取得法律职业资格，到 2025 年，全国执业律师达到 75 万名，未来 3 年，律师人数依然还会以每年 4 万至 5 万的速度增长。在习近平法治思想的指引下，我国社会主义律师队伍必将更加完善，为全面依法治国贡献出强大的力量。

中国是一个律师大国，由律师行业协会或律师事务所主办的综合性刊物有《中国律师》、学术性刊物有《晟典律师评论》等，但整体上律师学术平台与 70 万律师队伍的学术发表需求很不相称。广西泓达律师事务所拥有 10 名博士律师，有多名教授、副教授担任兼职律师，定期开展学术讨论会，并资助广西大学法学院的"泓达名家大讲堂"和"泓达学术午餐会"，聘请卓泽渊、汪太贤、管华、阳东辉、宋志军、孙记等著名教授来所视察和座谈。浍达律师事务所推出的《南国法学》为本所的律师学者和全国的律师同仁提供学术交流平台，用实际行动践行习近平总书记"立德树人、德法兼修、明法笃行"的法治人才培养方针，为提高律师队伍的理论水平、将律师的实践经验提炼为理论成果作出贡献。

本书计划一年出版两卷，在首卷出版之际，我们期待学者和律师同仁的关注和支持，期待《南国法学》能茁壮成长。

高一飞　张　培

2022 年 6 月 26 日

CONTENTS 目 录

理论探索

世界各国宪法中教育人权条款比较

摘　要	国际人权法中教育人权的标准包括教育目的、各阶段教育人权和教育相关权利三方面。世界各国宪法，规定教育人权的占 92.7%，其中 73.2% 规定于公民基本权利，36.3% 规定于基本国策；规定教育目的的占 54.2%。106 个国家规定"初等教育为义务教育并且免费"，96 个国家规定"学术自由"，89 个国家规定"个人或团体设立及管理教育机构的自由"，79 个国家规定教育"平等"权，63 个国家规定"人人享有受教育权"。教育人权要求国家履行尊重、保护、给付和促进义务。
关键词	教育人权；世界各国宪法；教育目的；教育相关权利；国家义务

　　"教育人权"是指教育领域中的人权或与教育有关的人权，包括受教育的权利和教育过程中应保障的权利。根据国际人权公约、各国际人权机构的一般性意见和国际习惯，可以梳理出教育人权的国际标准，包括：教育目的、各阶段教育人权和教育相关权利。[1] 国际人权法中的教育人权在宪法学场域内可以不太严格地用"受教育权"或"受教育基本权利"来指代，后者是我国宪法学研究的热点，居于宪法学界对"具体权利"研究的第二位。[2] 国际人权法所规定的教育人权并不会自动起作用，首先和最终要由国内法律机构来

＊　　管华（1977—），法学博士，广西大学法学院教授、博士生导师，主要研究方向为宪法学与行政法学、教育法学。

〔1〕　关于"教育人权"概念的提出及根据国际人权法对教育人权的国际标准的梳理，参见管华：《教育人权：国际标准与国家义务》，《人权研究》2016 年第 1 卷，第 68—98 页。

〔2〕　管华：《60 年宪法学研究的十大关键词——以宪法学年会综述和年度综述为基础的分析》，《西部法学评论》2010 年第 1 期，第 150 页。

保障，[3]其最直观的体现，就是各国宪法文本的规定。

1964 年，中国科学院法学研究所编写了《世界各国宪法汇编》（第一辑），1981 年，中国社会科学院法学研究所等编写了《宪法分解资料》，1997 年，姜士林主编了《世界宪法全书》，[4]最近的距离现在也有 20 多年。最新的世界各国宪法文本有两个版本，一是孙谦、韩大元主编的《世界各国宪法》，2012 年由中国检察出版社出版，该书收集的大部分国家的宪法文本以 2011 年 12 月 31 日作为文本变动截止时间，也有少数国家延续至 2012 年 7 月 31 日，如韩国、德国、瑞士、巴西等。对于英国等不成文宪法国家，则收集其重要的宪法性文件。各国宪法原文文本绝大多数由该国驻华使馆提供或者通过该国政府公报、议会网站等途径收集，个别文本通过学术渠道获取，具有较强的时效性和准确性。二是朱福惠等主编的《世界各国宪法文本汇编》，由厦门大学出版社陆续出版，现已出版亚洲卷（2012 年），欧洲卷（2013 年），美洲、大洋洲卷（2015 年），非洲卷待出。

针对宪法条文的比较研究，具有代表性的著作有两部，一部是享克·范·马尔赛文（Hence Van Maarsereen）和格尔·范·德·唐（Ger Van der Tang）编写的《成文宪法的比较研究》，另一部是王惠玲编写的《成文宪法的比较研究：以 107 部宪法文本为研究对象》，两者所依据的宪法文本均相对陈旧。通过"中国知网"的"参考文献"检索发现，2013—2017 年，参考文献中出现"世界各国宪法"的作品逐年增长，且上述两部著作均有被提及。但有关教育人权的研究参考世界各国宪法的，只有 3 篇文献[5]，其中之一还用的是 1997 年由青岛出版社出版的《世界宪法全书》。这说明，在对教育人权 / 受教育权的研究中，各国最新的宪法文本尚未引起足够重视，更谈不上对其进行分析和挖掘。宪法学的核心任务在于探究宪法规范，[6]因此，本文以教育人权的国际标

---

〔3〕 ［奥］曼弗雷德·诺瓦克：《国际人权制度导论》，柳华文译，北京大学出版社 2010 年版，第 37 页。

〔4〕 孙谦、韩大元：《宪法典翻译：历史、意义与功能》，《检察日报》2012 年 10 月 24 日，第 3 版。

〔5〕 分别是胡婧、朱福惠：《教学自由的宪法保障与限制——以教学自由与言论自由的区别为视角》，《高等教育研究》2015 年第 12 期；李萌竹：《宪法中学术自由权的比较研究》，《中共四川省委党校学报》2014 年第 3 期；冉艳辉：《"择校费"背后的法权博弈》，《法学教育研究》2014 年第 1 期。

〔6〕 林来梵、郑磊：《所谓"围绕规范"——续谈方法论意义上的规范宪法学》，《浙江学刊》2005 年第 4 期，第 138 页。

准为依据，对世界各国宪法文本进行比较，以考察教育人权的国际标准在各国宪法中的落实情况。由于朱福惠等主编的《世界各国宪法文本汇编》尚未全部出版，因此，本文主要以《世界各国宪法》为基础，存疑之处辅以相关中英文网站的翻译和《世界各国宪法文本汇编》。

一、教育人权条款的形式比较

（一）宪法中有无教育人权的规定

截至 2022 年 4 月，联合国共有 193 个会员国，其中 179 个在现行宪法中对教育人权作出了不同规定，占 92.7%，只有 14 个会员国[7]的宪法中没有相关规定，如美国、澳大利亚等，甚至以重视教育著称的以色列也没有对教育人权作出规定。美国是少数在联邦宪法中没有规定教育人权的国家之一，[8]其教育人权属于各州的保留权利，由各州宪法而非联邦宪法确认和保障。[9]《以色列基本法》共 11 章，分别是人的尊严与自由、自由职业、耶路撒冷以色列的首都、国家主席、议会、政府、国家经济、军队、以色列国土、司法机关、国家审计署，大篇幅地规定国家机构，没有规定基本权利，也没有规定教育人权。

（二）宪法中教育人权规定的字数长短

以中文版本来计算，179 个国家对教育人权的规定，其字数多少各有不同。规定字数最多的国家是厄瓜多尔共和国，其主要在宪法第二编权利、第七编教育中对教育人权进行了详尽的描述，如教育目的、国家义务、教育相关权利等，该国宪法对教育人权的规定是最全面的。

规定字数最少的国家是波黑，其仅在宪法序言里有 4 个字，即序言第 2 条 "人权和基本自由" 第 3 款 "权利列举" 的第 12 项 "受教育权"。

世界各国宪法中教育人权条款字数的平均值约为 408 字，我国为 611 字。

（三）教育人权条款在宪法中的位置

各国宪法，其结构一般包括序言、国家与社会制度的基本原则、国家机构、公民权利和附则几部分。各国对教育人权的认识不同，也决定了它在宪法文本中的位置有所差异（表 1）。

---

[7] 文莱、以色列、捷克、挪威、牙买加、美国、澳大利亚、密克罗尼西亚、汤加、图瓦卢、瓦努阿图、新西兰、埃及、吉布提。

[8] 申素平：《受教育权宪法含义的比较研究》，《中国教育法制评论》2009 年第 1 期。

[9] 张千帆：《西方宪政体系（上册·美国宪法）》，中国政法大学出版社 2000 年版，第 322 页。

表1 各国宪法规定教育人权条款的位置

在宪法中的位置	国家
公民的基本权利和义务	中国、阿富汗、阿塞拜疆、巴基斯坦、格鲁吉亚、韩国、吉尔吉斯斯坦、卡塔尔、老挝、黎巴嫩、马尔代夫、马来西亚、蒙古国、缅甸、尼泊尔、日本、沙特阿拉伯、塔吉克斯坦、泰国、土耳其、土库曼斯坦、乌兹别克斯坦、新加坡、叙利亚、亚美尼亚、也门、伊拉克、伊朗、印度、印度尼西亚、约旦、阿尔巴尼亚、安道尔、奥地利、白俄罗斯、保加利亚、比利时、冰岛、波兰、波黑、德国、俄罗斯、芬兰、荷兰、黑山、克罗地亚、卢森堡、罗马尼亚、列支敦士登、摩尔多瓦、摩纳哥、葡萄牙、瑞典、瑞士、塞尔维亚、塞浦路斯、斯洛伐克、斯洛文尼亚、乌克兰、西班牙、希腊、巴拿马、秘鲁、玻利维亚、多米尼加、厄瓜多尔、哥伦比亚、海地、墨西哥、尼加拉瓜、智利、斐济、肯尼亚、卢旺达、马达加斯加、马拉维、马里、毛里求斯、摩洛哥、莫桑比克、纳米比亚、南非、尼日尔、塞内加尔、塞舌尔、圣多美和普林西比、斯威士兰、索马里、乍得、阿根廷、朝鲜、东帝汶、哈萨克斯坦、科威特、柬埔寨、越南、爱尔兰、爱沙尼亚、马其顿、匈牙利、洪都拉斯、萨尔瓦多、圣基茨和尼维斯、圣卢西亚、圣文森特和格林纳丁斯、特立尼达和多巴哥、阿尔及利亚、乌拉圭、基里巴斯、瑙鲁、萨摩亚、所罗门、埃塞俄比亚、贝宁、博茨瓦纳、布基纳法索、布隆迪、多哥、厄立特里亚、冈比亚、刚果（布）、几内亚、几内亚比绍、加纳、津巴布韦、科特迪瓦、莱索托、利比里亚、南苏丹、乌干达、赞比亚
基本国策或基本原则	阿联酋、阿曼、巴林、不丹、菲律宾、科威特、孟加拉、斯里兰卡、叙利亚、越南、阿尔巴尼亚、列支敦士登、阿根廷、圭亚那、莱索托、利比亚、南苏丹、尼日利亚、苏丹、坦桑尼亚、中非、中国、阿富汗、卡塔尔、缅甸、老挝、尼泊尔、沙特阿拉伯、泰国、也门、伊拉克、伊朗、印度、奥地利、立陶宛、马耳他、葡萄牙、瑞典、意大利、厄瓜多尔、哥斯达黎加、古巴、尼加拉瓜、苏里南、危地马拉、委内瑞拉、马绍尔群岛、安哥拉、赤道几内亚、佛得角、冈比亚、几内亚比绍、加纳、喀麦隆、科摩罗联盟、利比里亚、马达加斯加、马拉维、毛里塔尼亚、摩洛哥、莫桑比克、纳米比亚、南非、阿塞拜疆、阿尔及利亚
序言	圣马力诺、喀麦隆、科摩罗、乌干达、波黑、法国、伯利兹、科特迪瓦、肯尼亚、马达加斯加、马里、毛里塔尼亚、塞舌尔、突尼斯
附则	印度、尼日利亚、英国

续表

在宪法中的位置	国家
两个或两个以上章节	中国、阿富汗、阿塞拜疆、卡塔尔、老挝、缅甸、尼泊尔、沙特阿拉伯、泰国、也门、伊拉克、伊朗、印度、印度尼西亚、阿尔巴尼亚、奥地利、波黑、克罗地亚、列支敦士登、葡萄牙、瑞典、厄瓜多尔、哥伦比亚、尼加拉瓜、肯尼亚、卢旺达、马达加斯加、马拉维、马里、摩洛哥、莫桑比克、纳米比亚、南非、尼日利亚、塞舌尔、阿根廷、朝鲜、科威特、柬埔寨、越南、爱尔兰、洪都拉斯、萨尔瓦多、阿尔及利亚、乌拉圭、圣文森特和格林纳丁斯、埃塞俄比亚、冈比亚、几内亚比绍、加纳、科特迪瓦、莱索托、利比里亚、南苏丹、乌干达、阿曼苏丹国、斯里兰卡、叙利亚、菲律宾、尼日利亚、毛里塔尼亚、克罗地亚

教育人权在宪法中的位置不同，其法律效力也有所差异：规定于基本权利的国家，辅以宪法诉讼制度，公民可以教育人权被侵犯为由提起宪法诉讼；规定于基本国策中，作为宪法的指导原则，则公民不能提起诉讼。我国在《宪法》第一章总纲和第二章公民的基本权利和义务中均有规定，虽然缺失宪法诉讼制度，但公民仍可通过法院对部分教育人权进行救济。

二、教育人权条款的内容比较

教育人权的内容比较主要是基于国际人权标准进行的，而所谓的国际人权标准则是指，由国际人权法或国际人权习惯法等国际性人权规范规定或确认的维护国际人权的准则。[10]世界上约 200 个国家在它们的宪法中或者通过批准国际条约承认了人权的法律效力，并将国际条约视为所有政府都应遵守的具有根本重要性的标准。[11]如果不存在国际人权标准，上述国家的行为是不可思议的。[12]即使很多国家没有签署相应的国际人权公约，法院审理案件时，依然会参考相关的国际公约、国际习惯。讽刺的是，以"人权卫士"自居的美国，不仅没有签署主要的国际人权公约，所强调的也并不是国际公认的人权标准，而是美国自己的"专制与双重标准"。

---

〔10〕　李林：《走向人权的探索》，法律出版社 2010 年版，第 345—346 页。

〔11〕　［奥］曼弗雷德·诺瓦克：《国际人权制度导论》，柳华文译，北京大学出版社 2010 年版，第 3 页。

〔12〕　李步云：《论人权》，社会科学文献出版社 2010 年版，第 216 页。

教育人权的国际人权标准的法定内容包括：教育目的、各阶段教育人权和教育相关权利三方面。教育目的包括：充分发展人的个性、尊严、才智和身心能力，加强对人权和基本自由的尊重，促进各国、各种族或各宗教集团间的了解、容忍和友谊，培养对自身的文化认同和国家认同，培养对各民族、种族和信仰的尊重，培养对自然环境的尊重等。各阶段的教育人权包括：基本教育免费，初等教育属义务教育并免费，中等教育普及并逐渐免费，高等教育根据能力普及并逐渐免费。教育相关权利包括：平等，选择教育自由，建立教育机构自由，学术自由，不受体罚和建立相关制度等。

（一）教育目的

联合国 193 个会员国中，有 179 个规定了教育人权，在这些国家中对教育目的进行规定的有 97 个。根据教育人权的国际标准将教育目的分为四类，下文将对规定这四类教育目的的国家进行分类。

第一类：充分发展人的个性、尊严、才智、人格及身心能力，对残疾人也应充分开发其潜力。在规定教育人权的 179 个国家中，有以下国家规定了这一教育目的（表 2）。

表 2 规定第一类教育目的的国家

教育目的	国家
充分发展人的个性	西班牙、安道尔、秘鲁、委内瑞拉、埃塞俄比亚、佛得角、科特迪瓦
充分发展人的尊严	莱索托、安道尔、墨西哥、尼加拉瓜
充分发展人的才智	中国、阿曼、卡塔尔、科威特、斯里兰卡、泰国、越南、葡萄牙、巴拿马、巴西、多米尼加、厄瓜多尔、墨西哥、尼加拉瓜、萨尔瓦多、危地马拉、安哥拉、赤道几内亚、多哥、佛得角、刚果（金）、加蓬、科特迪瓦、利比亚、摩洛哥、莫桑比克、老挝、也门
充分发展人的身心能力	玻利维亚、阿曼、多米尼加、巴林、科威特、孟加拉国、斯里兰卡、叙利亚、越南、葡萄牙、瑞士、西班牙、巴拉圭、巴拿马、巴西、厄瓜多尔、哥伦比亚、古巴、危地马拉、委内瑞拉、安哥拉、赤道几内亚、多哥、佛得角、几内亚、加蓬、利比亚、摩洛哥、莫桑比克、南苏丹

续表

教育目的	国家
充分发展人的人格	不丹王国、巴拉圭、莱索托、尼加拉瓜、萨尔瓦多、巴林、斯里兰卡、越南、葡萄牙、安哥拉、佛得角、圣马力诺、贝宁、马达加斯加、圣多美和普林西比
充分开发残疾人的潜力	越南、玻利维亚、厄瓜多尔、哥伦比亚、委内瑞拉、安哥拉、肯尼亚、莫桑比克、卢旺达
全面发展	中国、斯里兰卡、巴拉圭、巴西、玻利维亚、厄瓜多尔、尼加拉瓜、萨尔瓦多、乌拉圭、智利、安哥拉、赤道几内亚、多哥、佛得角、几内亚比绍、科特迪瓦、莱索托、尼日尔、塞舌尔、危地马拉、智利、古巴、巴拿马

规定第一类教育目的的国家共 57 个。这些国家对教育人权的规定基本都涵盖上述目的，并不是只规定某一个教育目的，例如智利、危地马拉、安哥拉、多哥、尼加拉瓜等国。并且，越来越多的国家开始重视人的全面发展，而不是仅注重人格或个性一个方面，对人的全面发展作出规定的国家有23 个。以尼加拉瓜为例，《尼加拉瓜政治宪法》第七章"教育与文化"中规定："教育的目的是全面培养尼加拉瓜人，赋予他们重要的、科学的和人道主义的知识，发展他们的人格及尊严，使他们能肩负起国家进步所要求的共同关心的任务。"《智利共和国宪法》第三章"宪法权利和义务"第 10 条也规定："教育旨在使人在人生各阶段得到全面发展。"

我国自清末以来，积贫积弱，"救亡压倒启蒙"，在教育目的上一直是以社会为本位的。新中国成立后，毛泽东在《关于正确处理人民内部矛盾的问题》中，给新中国的教育目的定下了基调，即德智体全面发展。随着时间推移，教育目的先后确定为"劳动者""人才""建设者和接班人"。与教育人权的第一类目的相比，我国的教育目的基本包括了"才智和身心能力"，但在"个性、人格、尊严"方面有所欠缺。

第二类：加强对人权、基本自由、人的多样性和《联合国宪章》所载各项宗旨的尊重，并使所有人能有效参与自由社会。在规定教育人权的 179 个国家中，有以下国家规定了这一类教育目的（表 3）。

表 3　规定第二类教育目的的国家

教育目的	国家
加强对人权的尊重	马尔代夫、巴拉圭、玻利维亚、厄瓜多尔、哥伦比亚、墨西哥、萨尔瓦多、莱索托、菲律宾、危地马拉、贝宁、刚果（金）、加纳、秘鲁、几内亚
加强对基本自由的尊重	巴拉圭、莱索托、圣马力诺、玻利维亚、刚果（金）、加纳
加强对人的多样性的尊重	巴拿马、秘鲁、危地马拉、委内瑞拉、肯尼亚、南苏丹、玻利维亚
加强对《联合国宪章》所载各项宗旨的尊重	贝宁、刚果（金）、几内亚
使所有人能有效参加自由社会	葡萄牙、希腊、委内瑞拉、几内亚比绍

通过表 3 我们可以发现，同时规定加强对人权和基本自由的尊重的只有 5 个国家，即巴拉圭、玻利维亚、莱索托、刚果（金）和加纳。如《巴拉圭共和国宪法》第七章"关于教育与文化"第 73 条"关于受教育权和教育目标"第 1 款规定："公民有权接受全面的、终身的教育，并在全国特定的文化背景下形成教育体系。教育的目的在于促进公民人格的全面发展，推动自由、平等，促进社会公正、团结、合作和国家的统一以及对人权和民主原则的尊重、巩固，履行对祖国的承诺，提高公民的文化程度。教育的目标也在于促进公民提升自身知识、道德和个人的成长，并确认消除带有歧视性教育的可能。"

第三类：促进各国、各种族或各宗教集团间的了解、相互宽容和友谊，并应促进联合国维护和平的各项活动。在规定教育人权的 179 个国家中，有以下国家规定了这一教育目的（表 4）。

表 4　规定第三类教育目的的国家

教育目的	国家
促进各国、各种族或各宗教集团间的了解、容忍和友谊	尼泊尔、泰国、印度尼西亚、塞尔维亚、委内瑞拉、佛得角、肯尼亚、南苏丹、危地马拉、马尔代夫、玻利维亚、厄瓜多尔、冈比亚
促进维和活动	布隆迪

有 13 个国家规定了促进各民族、宗族之间的相互宽容和友谊，如《尼泊尔宪法》第 35 条 "国家政策" 规定："国家在维持国家文化多元的同时，在公平与共处的基础上，通过不同的宗教、文化、种姓、群体、族群、出身和语言群体发展健康和诚挚的社会关系，通过帮助他们实现语言、文学、文字、艺术和文化的平等发展，推行强化国家统一的政策。"《冈比亚宪法》第 216 条规定："国家应努力在冈比亚全国建立适当的体育设施，并将体育运动作为增进国家团结、公民健康和自律以及增进国际友谊和了解的手段。"

促进联合国维和行动在教育目的中体现较少，只有《布隆迪宪法》第十章 "国防部队和安全部队" 第 241 条规定："国防部队和安全部队应教育其成员按照现行宪法和法律以及布隆迪加入的国际条约和协定采取行动，并要求其成员尊重上述文本。" 第十二章 "国家委员会" 第二节 "预防和消除种族屠杀罪、战争罪和反人类罪国家观测委员会" 第 274 条规定："促进实施有关感化和教育民族和平、团结与和解的项目。"

第四类：培养对儿童自身及其父母的文化的认同，培养对儿童自身及其父母的语言的尊重，培养对所在国民族价值观的尊重，培养对自然环境的尊重。在规定教育人权的 179 个国家中，有以下国家规定了这一类教育目的（表 5）。

表 5　规定第四类教育目的的国家

教育目的	国家
培养对儿童自身及其父母的文化的认同	芬兰、玻利维亚、哥伦比亚、阿根廷、尼泊尔、佛得角、危地马拉、安哥拉、巴拉圭、肯尼亚、墨西哥、尼加拉瓜、埃塞俄比亚、立陶宛、塞尔维亚
培养对儿童自身及其父母的语言的尊重	罗马尼亚、巴西、哥斯达黎加、南非、厄瓜多尔、巴拿马、乌克兰、玻利维亚、委内瑞拉、阿根廷、阿富汗、尼泊尔、印度、阿尔巴尼亚、爱沙尼亚、奥地利、马其顿、斯洛伐克、匈牙利、危地马拉、安哥拉、喀麦隆、肯尼亚、马里、毛里塔尼亚、莫桑比克、南苏丹、塞拉利昂、中国、摩尔多瓦、立陶宛、墨西哥、尼加拉瓜、伊拉克、保加利亚、俄罗斯、芬兰、黑山、秘鲁、埃塞俄比亚
培养对所居住国民族价值观的尊重	巴林、叙利亚、阿曼、马尔代夫、沙特阿拉伯、泰国、印度尼西亚、列支敦士登、希腊、巴拿马、古巴、洪都拉斯、委内瑞拉、阿尔及利亚、佛得角、加纳、科特迪瓦、马达加斯加、索马里、中国、阿富汗、土耳其、萨尔瓦多、葡萄牙、尼加拉瓜、玻利维亚、柬埔寨
培养对自然环境的尊重	葡萄牙、巴西、玻利维亚、厄瓜多尔、萨尔瓦多、委内瑞拉、佛得角、赤道几内亚、多米尼加、哥伦比亚

　　培养对儿童自身及其父母的文化的认同，宪法中规定此项教育目的的有 15 个国家。这里强调的是在教育过程中，培养对儿童自身及其父母的文化的认同，尤其是对国家中的少数族群文化的认同，不是对国家、民族整体文化的认同。如《芬兰宪法》第 17 条规定："芬兰原住民萨米人、吉普赛人和其他群体，有权保护和发展本民族语言与文化。"再如《玻利维亚宪法》第 30 条第 12 款规定："少数民族及土著民族享有在整个教育系统中推行跨文化、自身文化、外部文化和多语种教学的权利。"

　　培养对儿童自身及其父母的语言的尊重，宪法中规定此项教育目的的有 40 个国家。同样，这里也强调的是对儿童及其父母，尤其是少数族群语言的尊重。如《巴拿马宪法》第 88 条规定："对土著语言要进行专门研究、保护和传播。"《立陶宛宪法》第 37 条规定："属于民族公社的公民有发展自己语言、文化和习俗的权利。"并非所有国家宪法均规定尊重儿童自身及其父母的语言，也有相反的例子。如《土耳其宪法》第 42 条规定："教育或培训机构不得将土耳其语之外的任何一种语言作为母语教授给土耳其公民。教育或培训机构和使用外语授课的学校应予遵循的规则由法律规定。国际条约的规定予以保留。"这是只允许在学校教授土耳其语。我国《宪法》第 4 条规定："各民族都有使用和发展自己的语言文字的自由。"《教育法》（2015 年）第 12 条规定："民族自治地方以少数民族学生为主的学校及其他教育机构，从实际出发，使用国家通用语言文字和本民族或者当地民族通用的语言文字实施双语教育。国家采取措施，为少数民族学生为主的学校及其他教育机构实施双语教育提供条件和支持。"与此前《教育法》（1995 年）第 12 条"少数民族学生为主的学校及其他教育机构，可以使用本民族或者当地民族通用的语言文字进行教学"的规定相比，增加了"民族自治地方"，在实行民族语言教育的同时，要求实施国家通用语言文字教育，即双语教育，这既有利于国家统一、民族团结，也有利于少数民族学生就业、少数民族地区经济发展。

　　培养对所居住国民族价值观的尊重，有 27 个国家的宪法规定此目的。如《泰国宪法》第 80 条规定，"向受教育者灌输泰国价值观"，《萨尔瓦多宪法》第 55 条规定国家教育的目的包括"认同萨尔瓦多民族的价值观"。具有强烈宗教传统的国家，往往会强调相应的宗教信仰，如《马尔代夫宪法》第 37 条规定："教育应努力灌输对伊斯兰教的服从，逐渐渗入对伊斯兰教的爱。"《柬埔寨宪法》第 68 条规定："国家传播和发展巴利文教育和佛教教育。"我国《宪法》第 24 条规定："在人民中进行爱国主义、集体主义和国际主义、共产主义的教育，进行辩证唯物主义和历史唯物主义的教育"，这反映了我国的主流价值观。2015 年《教育法》增加了"对受教育者加强社会主义核心价值观教育"。

培养对自然环境的尊重，只有 10 个国家宪法有此类规定。如《葡萄牙宪法》第 66 条规定"推进环境教育，尊重环境价值"。《佛得角宪法》第 73 条规定"推广环境教育"。《厄瓜多尔宪法》第 71 条规定："生命由大自然或'大地妈妈'生产并孕育，其存在有权受到完全的尊重和维护，包括其生命周期、结构、功能及进化过程。"

在我国加强文化认同，增强民族凝聚力，应当把民族精神的培养和社会信仰的确立作为思想政治教育的核心内容。[13]西方国家通过宗教教育，培养公民的国家认同、对民族的热爱和对国家的忠诚。[14]我们可以通过民族精神教育增强中华民族的凝聚力。《菲律宾宪法》第 14 条规定培养"对民族英雄在国家发展历史中所发挥的作用的景仰"，值得我们借鉴。

（二）各阶段的教育人权

"教育人权"是国际人权法中的概念，包括受教育的权利和教育过程中应保障的权利。教育人权的复杂性不仅在于它是言论自由和思想自由两项基本权利的有机结合，还在于受教育过程的阶段性和动态性。联合国 193 个会员国中，有 179 个规定了教育人权，在这些国家中，规定了人人享有教育权的有 119 个，规定了基本教育的有 44 个，规定了初等教育的有 126 个，规定了中等教育的有 76 个，规定了高等教育的有 76 个。可以看出，人人享有教育权是世界各国的共识，接近一半的国家认为，其有义务为公民实现初等教育的普及，而对于中等教育乃至高等教育，国家只保障进入教育机构的机会平等。下文将对各阶段的教育人权进行概括和论述。

1. 人人都有受教育的权利

受教育权是一项基本人权，规定了受教育权的国家大多规定人人或者每

---

〔13〕　杨芷英、李桂莲：《西方宗教教育在思想政治中的作用》，《伦理学研究》2003 年第 2 期，第 83 页。

〔14〕　郑楠：《宗教教育及其对我国思想政治教育的启示》，《湖北广播电视大学学报》2012 年第 7 期，第 52 页。

个公民都有受教育的权利。根据已收集的各国宪法，对规定人人都有受教育的权利的国家进行分类（表6）。

表6　在宪法中规定人人都有受教育的权利的国家

规定内容	国家
人人都有受教育权	格鲁吉亚、吉尔吉斯斯坦、马尔代夫、塔吉克斯坦、泰国、土耳其、乌兹别克斯坦、亚美尼亚、阿尔巴尼亚、安道尔、白俄罗斯、保加利亚、比利时、波兰、俄罗斯、芬兰、克罗地亚、拉脱维亚、马其顿、葡萄牙、塞尔维亚、斯洛伐克、乌克兰、西班牙、英国、巴拿马、多米尼加、厄瓜多尔、哥伦比亚、墨西哥、苏里南、萨尔瓦多、委内瑞拉、玻利瓦尔、斐济、安哥拉、刚果（金）、加纳、科特迪瓦、肯尼亚、莱索托、卢旺达、马达加斯加、尼日尔、坦桑尼亚、中非、冰岛、卢森堡、意大利、阿根廷、加蓬、索马里、纳米比亚、塞浦路斯、南非、尼日利亚、赞比亚、东帝汶、圣文森特和格林纳丁斯、佛得角、危地马拉、科摩罗、奥地利
公民享有受教育权	阿富汗、阿塞拜疆、朝鲜、韩国、柬埔寨、日本、卡塔尔、老挝、缅甸、土库曼斯坦、也门、伊拉克、印度尼西亚、越南、爱沙尼亚、希腊、匈牙利、巴拉圭、巴西、布基纳法索、厄立特里亚、马里、莫桑比克、塞舌尔、乍得、中国、菲律宾、科威特、蒙古、尼泊尔、摩纳哥、圣马力诺、玻利维亚、古巴、海地、尼加拉瓜、赤道几内亚、几内亚比绍、利比里亚、利比亚、马拉维、毛里塔尼亚、南苏丹、塞拉利昂、塞内加尔、圣多美和普林西比、苏丹、乌干达、斯洛文尼亚、圭亚那、突尼斯、哈萨克斯坦、冈比亚、斯威士兰、伊朗、洪都拉斯、埃塞俄比亚

从表6可知，规定人人享有受教育权的国家有**63**个，如《格鲁吉亚宪法》第35条规定："所有人都有受教育和选择教育形式的权利。"《意大利宪法》第34条规定："学校对所有人开放。"《南非宪法》第29条规定："每一个人皆有权（1）接受基本教育，包括成人基本教育；以及（2）接受国家通过适当的措施使之逐步可以获得的进一步的教育。"

规定公民享有受教育权的国家有**57**个，如《韩国宪法》第31条规定："国民有按能力受教育的权利。"《布基纳法索宪法》第27条规定："公民享有受教育权。"《希腊宪法》和《埃塞俄比亚宪法》则分别规定"希腊人""埃塞俄比亚人"享有受教育权。

一般认为，"人人"与"公民"的区别在于是否有国籍，规定人人享有受教育权意味着对外国人也应保障其受教育权。比如，《美国宪法》虽然没有规定受教育权,但仍然保障非法移民子女接受教育的权利。我国《宪法》虽然只规定公民享有受教育权,但并不排斥外国人的受教育权。

受教育是基本人权,不应有国籍的区分。但由于中小学教育往往由所在国政府免费提供,涉及政府财政支出,一些国家对外国人接受免费教育的权利进行限制,也有一定道理。

2. 基本教育免费

联合国教科文组织认为,基本教育就是要为所有人提供最起码的教育,帮助人实现以下三个角色:第一,有能力控制他们的物质环境,有能力保存和开发地球上的自然资源的生产者;第二,能在家庭、团体、部落、国家和整个世界中和谐相处的公民;第三,成为身体健康,通过精神、道德和心理全面发展,形成高贵愿望的个人。就本文而言,基本教育是指成年人接受的相当于我国小学和初中水平的教育。根据已收集的各国宪法,对规定基本教育的国家进行分类(表7)。

表7 在宪法中规定基本教育的国家

规定内容	国家[15]
基本(扫盲)教育	中国、阿富汗、阿联酋、葡萄牙、巴拉圭、秘鲁、多米尼加、哥斯达黎加、**苏里南**、**刚果(金)**、几内亚比绍、**加纳**、**尼日利亚**、**塞拉利昂**、圣多美和普林西比、阿曼、巴基斯坦、沙特阿拉伯、斯里兰卡、也门、**伊拉克**、科威特、孟加拉国、巴拿马、巴西、玻利维亚、厄瓜多尔、哥伦比亚、海地、洪都拉斯、尼加拉瓜、**圣文森特和格林纳丁斯**、危地马拉、佛得角、冈比亚、利比里亚、马拉维、莫桑比克、**南苏丹**、塞内加尔、苏丹、**墨西哥**、南非、巴林、格鲁吉亚、芬兰、莱索托

由上表可知,有47个国家在宪法中规定了基本(扫盲)教育,如《阿拉伯联合酋长国宪法》第17条规定"扫除文盲",《哥斯达黎加宪法》第83条规定,"国家应创办并支持成人教育以消除文盲,并对期望提高知识水平、改善社会及经济状况的人提供受教育的机会",《圣多美和普林西比民主共和国宪法》第55条规定,"基于全国教育体系,国家负责推动永久教育和文盲扫除",我国和斯里兰卡的《宪法》均规定了"扫除文盲"。有9个国家在宪法

---

〔15〕 加粗的国家实行基本教育免费。

中明确规定基本（扫盲）教育免费。如《加纳宪法》第 25 条规定，"所有人都有平等的受教育机会和使用教育设施的权利，为了充分实现这种权利，应当尽可能鼓励或者推进实用性扫盲"，第 38 条"教育目标"进一步规定，"国家应当在现有资源基础上提供成人免费扫盲项目和免费职业培训"；《塞拉利昂宪法》第 9 条规定，"政府必须尽力扫除文盲"，"提供免费的成人扫盲资金"。

其实，并非宪法没有基本（扫盲）教育的规定，其国内受教育权得不到保障。发达国家几乎消灭了文盲，每万人口中受过高等教育的达数千人；而许多发展中国家的文盲人数超过人口的一半。[16] 加纳、埃塞俄比亚、印度、肯尼亚、尼日利亚、巴基斯坦和津巴布韦的平均成人文盲率为 34%。[17] 我国《宪法》规定了扫盲，虽然没有规定免费，但实际上财政保证了部分经费，2001 年基本扫除青壮年文盲，2011 年全面扫除青壮年文盲。[18]

随着经济发展，仅仅掌握读写技能远远不够，功能性文盲日益引起关注。不少国家在宪法中作出应对性的规定，如《佛得角宪法》第 78 条规定，"建立能够满足人口需要的公共教育网络并保证网络的正常运转"；《多米尼加宪法》第 63 条规定，"社会、公共和私人媒体应有助于公民教育。国家保障公共广播电台、电视台和图书馆网和互联网的公共服务，以保证可普遍获得信息"，可见对新媒体的重视。

3. 初等教育属义务教育

初等教育是个人接受正规教育的第一阶段，相当于我国的小学教育。并不是所有国家的宪法都涉及初等教育，即使涉及，也体现出不同的特点，有的规定初等教育是义务教育，有的规定初等教育是免费教育，有的二者兼备，有的还规定了接受初等教育的起止年龄，以及初等教育的年限。根据已收集的各国宪法，对规定初等教育的国家进行分类（表 8）。

---

[16] 陈江生、庞博、邱丁：《当前的世界经济格局及其前瞻》，《中共中央党校党报》2013 年第 4 期，第 67 页。

[17] Mark West & Han Ei Chen：《移动时代的阅读——发展中国家移动阅读研究》，沈浠琳、薛玉贞、王晨宇等译，《图书馆论坛》2015 年第 9 期，第 4 页。

[18] 翟博、刘华蓉、李曜明、张滢：《人类教育史上的奇迹——来自中国普及九年义务教育和扫除青壮年文盲的报告》，《中国教育报》2012 年 9 月 9 日，第 5 版。

表 8　在宪法中规定初等教育的国家

规定内容	国家
初等教育"义务＋免费"	阿联酋、巴基斯坦、东帝汶、阿富汗、巴林、菲律宾、格鲁吉亚、韩国、吉尔吉斯斯坦、卡塔尔、孟加拉国、日本、土耳其、印度、约旦、越南、爱沙尼亚、保加利亚、比利时、波兰、拉脱维亚、卢森堡、马耳他、摩纳哥、塞尔维亚、匈牙利、巴拉圭、巴拿马、秘鲁、多米尼加、尼加拉瓜、苏里南、贝宁（逐渐免费）、赤道几内亚、冈比亚、加纳、肯尼亚、利比亚、卢旺达、马达加斯加、纳米比亚、苏丹、朝鲜、科威特、缅甸、塔吉克斯坦、叙利亚、伊拉克、印度尼西亚（政府资助）、黑山、克罗地亚、立陶宛、马其顿、葡萄牙、瑞士、塞浦路斯、俄罗斯、斯洛伐克、斯洛文尼亚、西班牙、希腊、意大利、巴西、玻利维亚、哥伦比亚、圭亚那、海地、墨西哥、危地马拉、委内瑞拉、智利、阿尔及利亚、多哥、佛得角、刚果（布）、刚果（金）、马拉维、马里、南苏丹、尼日利亚、塞拉利昂、塞舌尔、圣多美和普林西比、斯威士兰、乌干达、瑞典、厄瓜多尔、古巴、洪都拉斯、圣文森特和格林纳丁斯、乌拉圭、阿尔巴尼亚、亚美尼亚、列支敦士登（部分免费）、哥斯达黎加、萨尔瓦多、乍得、罗马尼亚、摩尔多瓦、爱尔兰、丹麦、俄罗斯、几内亚比绍、柬埔寨、马尔代夫、芬兰
初等教育为义务教育	中国、也门、喀麦隆、莱索托、奥地利、芬兰、安哥拉、摩洛哥、老挝
初等教育免费	不丹、蒙古、尼泊尔、泰国、乌兹别克斯坦、索马里、中非、圣马力诺、伊朗、加蓬、几内亚、法国
接受初等教育的起止年龄	巴基斯坦、不丹、印度、保加利亚、波兰、立陶宛、多哥、瑞士、塞浦路斯、斯洛伐克、巴西、哥伦比亚、圭亚那、萨尔瓦多、危地马拉、刚果（布）、纳米比亚、尼日尔、中非
初等教育的年限	朝鲜、泰国、希腊、斯威士兰、柬埔寨、奥地利、斯洛伐克、意大利、哥伦比亚、佛得角、马拉维、塞舌尔、纳米比亚

由表 8 可知，有 106 个国家在宪法中规定初等教育为义务教育并且免费，如《日本宪法》第 26 条规定"义务教育免费"，《比利时宪法》第 24 条规定"接受免费教育，直至义务教育结束"，《巴基斯坦宪法》第 25 条规定"国家

应为所有 5—16 岁的儿童及青少年，以法律规定的方式提供免费义务教育"，《印度尼西亚宪法》第 31 条规定"每个公民均有义务接受初等教育，政府应对此予以资助"，《列支敦士登宪法》第 16 条规定"国家应确保对公立学校中的基础学科进行无偿且充分的义务性指导"，这都是规定初等教育部分免费。《贝宁宪法》第 13 条规定"初等教育是强制性的。国家逐步实现公共教育免费"，这是规定初等教育逐渐免费。

只规定初等教育为义务教育而没有规定免费的国家有 9 个。如《也门宪法》第 54 条规定"基础阶段的教育是义务的"，《安哥拉宪法》第 21 条规定"全面普及义务教育"。当然并非宪法没有规定免费，初等教育就是收费的，比如中国，尽管宪法没有规定免费，但《义务教育法》规定免学费、杂费，教科书定价实行微利原则。芬兰实行了 9 年一贯制免费、义务教育，宪法中也没有提免费。

只规定初等教育免费而没有规定属于义务教育的国家有 12 个。如《不丹宪法》第 9 条规定"国家应当向所有年满 10 岁的儿童提供免费教育"，《乌兹别克斯坦宪法》第 41 条规定"国家保障每个人都能免费获得普通教育"，《伊朗宪法》第 30 条规定"政府有责任为所有人提供到中等教育为止的免费的教育"。在免费问题上，各国表现不同：《巴拿马宪法》第 95 条规定"公立学校在大学以前全部免费"，《伊拉克宪法》第 34 条规定"所有伊拉克人，在任何阶段均有权获得无偿教育"。

对接受初等教育的起止年龄作出规定的国家有 19 个。如《印度宪法》第 21 条规定"应以国家法律规定的方式向 6 周岁至 14 周岁的儿童提供免费的义务教育"，《波兰宪法》第 70 条规定"义务教育至 18 周岁"，《巴西宪法》第 208 条规定"4—17 岁人员的初等教育是免费和义务性的"。还有 13 个国家对初等教育的年限有所规定，如《朝鲜宪法》规定"实行包括为期 1 年的学前义务教育在内的普遍的 11 年制义务教育"，《柬埔寨宪法》第 68 条规定"国家在公立学校中向全体公民提供免费的中小学教育。公民至少接受 9 年教育"，《奥地利宪法》第 13 条规定"义务入学至少 9 年"。还有既规定年龄又规定年限的，如《哥伦比亚宪法》第 67 条规定"5—15 岁的孩子必须接受义务教育，包括 1 年的学前教育和 9 年的基础教育"，《纳米比亚宪法》第 20 条规定"只有完成初等教育或年满 16 周岁的孩子才允许辍学",这是在年龄和年限之间允许选择。

4. 中等教育应普及,对所有人开放,逐渐免费

有些国家规定中等教育(包括中等技术和职业教育)为义务教育,自然做到了对所有人开放。根据已收集的各国宪法,对规定中等教育的国家进行分类(表 9)。

表 9　在宪法中规定中等教育的国家

规定内容	国家
中等教育普及	阿富汗、越南、莱索托、瑞士、中国、巴拉圭、不丹、哈萨克斯坦、塔吉克斯坦、土库曼斯坦、伊朗、白俄罗斯、刚果(布)、加纳、阿塞拜疆、保加利亚、巴拿马、巴西、玻利维亚、多米尼加、墨西哥、委内瑞拉、智利、冈比亚、塞拉利昂、乌拉圭、巴基斯坦、柬埔寨、阿尔巴尼亚、俄罗斯、乌兹别克斯坦、几内亚比绍、立陶宛、卢森堡、菲律宾、伊拉克、斯洛伐克、乌克兰、希腊、古巴、圭亚那、海地、吉尔吉斯斯坦、马尔代夫、苏里南、日本、波兰、秘鲁、爱沙尼亚、罗马尼亚、摩尔多瓦、哥伦比亚、中非、马达加斯加、圣文森特和格林纳丁斯、朝鲜、法国、意大利、韩国、塞舌尔
中等教育免费(含逐渐免费)	格鲁吉亚、亚美尼亚、摩纳哥、塞尔维亚、菲律宾、叙利亚、圣马力诺、厄瓜多尔、尼加拉瓜、阿尔及利亚、马里、尼日利亚、尼泊尔、拉脱维亚、葡萄牙、洪都拉斯、哥斯达黎加、乍得、不丹、哈萨克斯坦、塔吉克斯坦、土库曼斯坦、伊朗、白俄罗斯、刚果(布)、加纳、阿塞拜疆、保加利亚、巴拿马、巴西、玻利维亚、多米尼加、墨西哥、委内瑞拉、智利、冈比亚、塞拉利昂、乌拉圭、巴基斯坦、柬埔寨、阿尔巴尼亚、俄罗斯、乌兹别克斯坦、几内亚比绍、立陶宛、卢森堡、菲律宾、伊拉克、斯洛伐克、乌克兰、希腊、古巴、圭亚那、海地、吉尔吉斯斯坦、马尔代夫、苏里南、日本、波兰、秘鲁、爱沙尼亚、罗马尼亚、摩尔多瓦、哥伦比亚、中非、马达加斯加、圣文森特和格林纳丁斯、朝鲜、法国、意大利、韩国、芬兰
中等教育含职业教育	格鲁吉亚、立陶宛、冈比亚、塔吉克斯坦、土库曼斯坦、阿尔巴尼亚、白俄罗斯、乌克兰、巴拿马、阿富汗、越南、莱索托、莫桑比克、不丹、中国、刚果(布)、加纳、巴西、玻利维亚、墨西哥、塞拉利昂、乌拉圭、巴基斯坦、保加利亚、奥地利、多米尼加、俄罗斯、罗马尼亚、摩尔多瓦、巴拉圭、朝鲜、法国

续表

规定内容	国家
中等教育是义务教育	阿塞拜疆、哈萨克斯坦、日本、土库曼斯坦、波兰、奥地利、乌克兰、秘鲁、多米尼加、厄瓜多尔、墨西哥、委内瑞拉、乌拉圭、智利、塞拉利昂、巴基斯坦、阿富汗、刚果（布）、俄罗斯、立陶宛、斯洛伐克、希腊、巴拿马、古巴、圭亚那、海地、马里、马尔代夫、保加利亚、巴西、玻利维亚、柬埔寨、爱沙尼亚、罗马尼亚、哥伦比亚、中非、朝鲜、韩国、芬兰、塞舌尔
中等教育（含职业教育）普及并（逐渐）免费	立陶宛、冈比亚、塔吉克斯坦、土库曼斯坦、阿尔巴尼亚、白俄罗斯、乌克兰、巴拿马、不丹、刚果（布）、加纳、巴西、玻利维亚、墨西哥、塞拉利昂、乌拉圭、巴基斯坦、保加利亚、多米尼加、俄罗斯、罗马尼亚、摩尔多瓦、朝鲜、法国

规定中等教育普及的国家有 60 个。如《巴拉圭宪法》第 76 条规定"国家推动中等教育的发展"。《中非宪法》第 7 条规定"国家和其他公共机构有义务创设教育和培训青年人的公立学校，并保障其良好运行"。其实，更能体现普及的是规定中等教育（尤其是初中阶段）为义务教育或免费教育。

规定中等教育免费（含逐渐免费）的国家有 72 个。如《俄罗斯宪法》第43 条规定："俄罗斯保证每个人都能在国家的或地方的教育机构中以及在企业中，受到免费的……普通教育和中等职业教育。"《白俄罗斯宪法》第 49 条规定："保障每个人都能免费接受普通中等教育和职业技术教育。"

规定中等职业教育的国家有 32 个。如《格鲁吉亚宪法》第 35 条规定："公民有权……在各种国立学校中免费接受中等教育和职业教育。"《阿尔巴尼亚宪法》第 57 条规定："职业高中教育……仅以能力标准决定。"《越南宪法》第 36 条规定："国家均衡发展包括……职业教育……在内的教育体制"，第 59条规定："公民有权得到各种形式的普通教育和职业教育"。《巴西宪法》第214 条规定"开展职业教育"。

规定中等教育为义务教育的国家有 40 个。如《智利宪法》第 10 条规定："基础教育和中等教育具有强制性；国家应为此目标建立财政体系保障全民均可就学。"《阿塞拜疆宪法》第 42 条规定："国家保障实行免费的、普遍的中等义务教育。"《土库曼斯坦宪法》第 38 条规定："普通中等教育是义务教育，每个人都有权在国立学校里免费接受普通中等教育。"

规定中等教育（含职业教育）普及且免费的国家有 24 个。如《立陶宛宪法》第 41 条规定："16 岁以下未成年人的教育为义务教育。在国立的和地方自治的普通教育学校、职业学校和高等学校中，教育是免费的。"根据该法，16 岁以下的义务教育包含了中等教育，义务教育自然达到普及的要求。再比如《塞拉利昂宪法》第 9 条规定："确保每一位公民都有受教育的机会，并根据其能力、天赋和爱好提供相应等级的设施和教育层次，如初级教育、中级教育、职业教育、技术教育以及高等教育"，"提供免费的小学、初级中学等基础义务教育，在切实可行的条件下提供免费的高级中学教育"，其高中教育逐渐免费，同样全面达到教育人权的国际标准。

5. 高等教育根据能力，对所有人平等开放，逐渐免费

所有公民均应在平等的条件下获得高等教育。相比普及的初等教育和逐渐普及的中等教育，规定高等教育的国家明显减少。根据已收集的各国宪法，对规定高等教育的国家进行分类（表 10）。

表 10 在宪法中规定高等教育的国家

规定内容	国家
根据能力（成绩）入学	不丹、哈萨克斯坦、立陶宛、葡萄牙、乌克兰、加纳、莱索托、东帝汶、土库曼斯坦、亚美尼亚、阿尔巴尼亚、白俄罗斯、马耳他、摩尔多瓦、瑞士、塞尔维亚、匈牙利、意大利、巴西、佛得角、塞拉利昂、坦桑尼亚、乌干达、韩国、巴基斯坦、秘鲁、土耳其、俄罗斯、厄瓜多尔、斯洛伐克、委内瑞拉、阿塞拜疆、刚果（金）、塞舌尔、日本
完全免费	格鲁吉亚、哈萨克斯坦、叙利亚、立陶宛、乌克兰、加纳、塔吉克斯坦、亚美尼亚、保加利亚、圣马力诺、希腊、匈牙利、玻利维亚、厄瓜多尔、白俄罗斯、古巴、圭亚那、海地、墨西哥、委内瑞拉、乌拉圭、马里、尼日利亚、斯洛伐克、多米尼加、利比亚、俄罗斯、摩尔多瓦、巴西、秘鲁、罗马尼亚、哥斯达黎加、马达加斯加、洪都拉斯、乍得、中非、朝鲜、伊拉克、法国
逐渐（部分）免费	葡萄牙、伊朗、塞尔维亚、波兰
提供补助	列支敦士登、意大利、马耳他、瑞士、土耳其、巴拉圭、几内亚比绍

续表

规定内容	国家
根据能力（成绩）入学＋逐渐免费	哈萨克斯坦、立陶宛、葡萄牙、乌克兰、加纳、亚美尼亚、白俄罗斯、马耳他、摩尔多瓦、瑞士、塞尔维亚、匈牙利、意大利、巴西、秘鲁、土耳其、俄罗斯、厄瓜多尔、斯洛伐克、委内瑞拉
高等教育为义务教育	玻利维亚
对高等教育进行资助	多米尼加、厄瓜多尔、尼加拉瓜、荷兰

在宪法中规定高等教育的国家有 65 个，其中规定"根据能力入学"的有 35 个。如《土库曼斯坦宪法》第 38 条规定，"国家保障每个人都能根据其才能分别接受……高等教育"。《韩国宪法》第 31 条、《日本宪法》第 26 条均规定"按能力接受教育"，包括按能力接受高等教育。《马耳他宪法》第 11 条规定："优秀和有潜力的学生即使没有经济来源，也有权接受最高等的教育"；《意大利宪法》第 34 条规定："有才能的和成绩优良的学生，即使缺乏经济来源，也有权接受高层次的教育"；《巴基斯坦宪法》第 37 条规定："以成绩为基础让每个人有平等的机会接受高等教育"，这都是强调按能力（成绩）接受高等教育。

规定高等教育完全免费的国家有 39 个。如《匈牙利宪法》第 11 条规定，"提供……免费和普及的高等教育"；《保加利亚宪法》第 53 条规定，"高等教育机构应当提供免费教育"；《乌克兰宪法》第 53 条规定，"公民有权在竞争的基础上，在国立学校和地方自治机关举办的学校里免费接受高等教育"；《哈萨克斯坦宪法》第 30 条有类似规定。

有 4 个国家宪法规定高等教育逐渐（部分）免费。如《葡萄牙宪法》第 74 条规定："逐步实现各级教育均免费"；《伊朗宪法》第 3 条规定："提供各阶层人民免费教育与体育训练，并推广普及高等教育"；《塞尔维亚宪法》第 71 条规定："应向财产状况较差的成功的和有才能的学生提供免费的高等教育"，这是对贫困而能力出众的学生免费。《波兰宪法》第 70 条规定："公立学校的教育免费。法律允许对由公立高等教育机构提供的一些服务收费"，这是规定高等教育部分免费。

还有 7 个国家规定对高等教育提供补助。如《列支敦士登宪法》第 17 条规定："国家应为经济状况不好的优秀学生提供适当的奖学金，帮助其进入高等教育机构。"《土耳其宪法》第 42 条规定："任何人不得以任何非法律明示的理由而剥夺受高等教育的权利……国家应提供奖学金或者通过其他资助方式使经济困难的优秀学生继续其学业。"

既规定"根据能力入学"，又规定"逐渐免费"的国家有 20 个，如《立陶宛宪法》第 41 条规定："在国立的和地方自治的……高等学校中，教育是免费的。每个人均可以根据自己的能力获得高等教育。"《委内瑞拉宪法》第 103 条规定："除受个人才能、职业和抱负限制外……直到大学教育都是国家免费提供。"

此外，《玻利维亚宪法》第 81 条规定"高等教育是义务教育"，这是世界上唯一一部规定高等教育属于义务教育的宪法。有 4 个国家宪法规定，国家对高等教育进行资助。如《多米尼加宪法》第 63 条规定："公共系统中的高级教育由国家提供经费，根据法律规定的要求，确保合理的区域教育资源分配。"《尼加拉瓜宪法》第 125 条规定："大学和高等技术教育学校应受到国家资助，每年接收共和国总预算的 6%……国家还可给予该大学和高等技术教育学校补助特殊开支。"

（三）教育相关权利

1. 平等

平等是教育相关权利中最基础的要求，既涉及教育的各个阶段，也是教育目的的一部分。一般来说，平等包括两层内涵：一是反对歧视，二是反对特权。在形式平等之外，还要求对弱势群体进行补偿，如对女性、残疾人和少数族群的优待。根据已收集的各国宪法，梳理出有以下国家规定了受教育权平等：马尔代夫、玻利维亚、厄瓜多尔、不丹、东帝汶、柬埔寨、日本、斯里兰卡、波兰、马其顿、摩尔多瓦、葡萄牙、塞尔维亚、巴拉圭、巴西、哥伦比亚、海地、尼加拉瓜、苏里南、斐济、阿尔及利亚、布隆迪、刚果（布）、委内瑞拉、几内亚比绍、加纳、加蓬、科特迪瓦、莱索托、南非、塞拉利昂、乌干达、巴基斯坦、菲律宾、马来西亚、尼泊尔、泰国、新加坡、伊拉克、越南、白俄罗斯、比利时、法国、芬兰、黑山、克罗地亚、瑞士、阿根廷、巴拿马、秘鲁、伯利兹、多米尼加、古巴、洪都拉斯、萨尔瓦多、圣文森特和格林纳丁斯、危地马拉、埃塞俄比亚、贝宁、多哥、厄立特里亚、佛得角、冈比亚、刚果（金）、肯尼亚、利比里亚、马拉维、摩洛哥、莫桑比克、南苏丹、尼日利亚、塞舌尔、苏丹、突尼斯、赞比亚、塞内加尔、奥地利、圣多美和普林西比、坦桑尼亚。

除了规定一般的平等原则，有 79 个国家在宪法中专门规定了教育平等。如《日本宪法》第 26 条规定："全体国民，按照法律规定，均享有依其能力所及平等接受教育的权利。"《斯里兰卡宪法》第 27 条规定："彻底扫除文盲，保证所有人进入大学的权利和接受各层次教育的平等机会。"《葡萄牙宪法》第 73 条规定："改善学校教育和通过其他方式接受培训所需的教育条件，以此促进教育机会平等。"《巴西宪法》第 206 条规定了"获得教育的平等权"的原则。《巴拿马宪法》第 94 条规定："无论公立还是私立教育机构，都向所有学生开放，不论种族、社会地位、政治意识、宗教或其父母或监护人的来历。"《多哥宪法》第 35 条规定："国家确认儿童受教育的权利，并创造实现此权利的条件。儿童不论性别，均必须接受教育直至 15 周岁。"这是规定了男女平等，《塞内加尔宪法》也有类似规定。

有些国家宪法明确规定教育不受歧视。如《马尔代夫宪法》第 37 条规定："人人享有受教育的权利而不受任何形式的歧视。"《玻利维亚宪法》第 17 条规定："公民有权获得各个层次的普遍、高效、免费、全面和跨文化的不受歧视的教育。"《新加坡宪法》第 16 规定："与教育相关的权利（1）在不损害第 12 条普适性的前提下，不得因宗教、种族、血统或者出生地而在下列事项上歧视任何公民：（a）在公立教育机构的管理过程中，尤其是在招生和学费方面；或者（b）在使用公共资金对任何教育机构或者学生提供财政资助的过程中（不论该教育机构是否由公共机构支持，也不论其是否位于新加坡境内）；（c）各宗教团体均有权设立和维持针对儿童的宗教教育机构，以提供宗教教育；有关此类教育机构的法律及其施行，不得仅因宗教而进行任何歧视。"

《比利时宪法》第 24 条规定："所有学生、家长、教职员工和教育机构在法律或法令面前平等。法律和法令在考虑各种主体客观区别（特别是一个教育组织机构的特征）的基础上，进行合理的区别对待。"该条既规定了平等又规定了合理差别。还有一些国家宪法规定了对弱势群体的补偿。如《尼泊尔宪法》第 35 条规定："对于被忽视的团体和农民以及生活在最低贫困线下的劳工，包括经济上和社会上落后的部落、马德西人、达利特，国家应采取有利于保护其利益的政策，在一定时期内在教育领域……预留份额。"《肯尼亚宪法》第 56 条规定："国家应当落实扶助项目以保障少数民族和边缘群体在教育与经济领域获得特殊机会。"

2. 父母教育选择自由

父母为子女选择教育种类的自由最早规定于《世界人权宣言》，保证孩子按父母的信仰接受教育规定于《经济、社会和文化权利国际公约》和《公民权利和政治权利国际公约》。根据已收集的各国宪法，对规定父母自由的国家进行分类（表 11）。

表 11　在宪法中规定父母自由的国家

规定内容	国家
父母为子女选择教育种类的自由	爱尔兰、爱沙尼亚、安道尔、波兰、丹麦、多米尼加、厄瓜多尔、哥伦比亚、刚果（金）、立陶宛、玻利维亚、洪都拉斯、萨尔瓦多、特立尼达和多巴哥、危地马拉、乌拉圭、佛得角、马达加斯加、毛里求斯、塞舌尔、克罗地亚、秘鲁、比利时、摩尔多瓦
父母按照自己的信仰让子女接受教育的自由	安道尔、比利时、摩尔多瓦、立陶宛、罗马尼亚、哥伦比亚、刚果（金）、巴基斯坦、菲律宾、马来西亚、新加坡、印度、爱尔兰、德国、马耳他、塞浦路斯、西班牙、英国、安提瓜和巴布达、巴哈马、巴拿马、伯利兹、格林纳达、圭亚那、圣卢西亚、基里巴斯、瑙鲁、所罗门、埃塞俄比亚、博茨瓦纳、加蓬、莱索托、毛里求斯、塞拉利昂、塞舌尔、赞比亚、波兰、厄瓜多尔、巴巴多斯、津巴布韦
父母选择教育种类的自由 + 父母按照自己的信仰让子女接受教育的自由	爱尔兰、安道尔、波兰、厄瓜多尔、哥伦比亚、刚果（金）、立陶宛、毛里求斯、塞舌尔、比利时、摩尔多瓦

规定父母为子女选择教育种类的自由的国家有 24 个。如《爱沙尼亚宪法》第 37 条规定："在选择子女所接受的教育的性质时，决定权属于父母。"《多米尼加宪法》第 63 条规定："家庭……有权选择未成年子女获得教育的种

类。"《玻利维亚宪法》第 88 条规定："尊重父母为子女选择其所受教育的权利。"比较特殊的是《马达加斯加宪法》，其第 23 条规定，"一切儿童均享有受教育权，在尊重其自主选择的前提下，在父母的责任之下接受教育"。这规定了儿童的教育选择权。

规定按照父母的信仰让子女接受教育的国家有 40 个。如《英国人权法》第 2 条规定："国家应当尊重父母的权利，以确保教育和教学与他们自己的宗教和哲学信念一致。"《罗马尼亚宪法》第 29 条规定："父母或法定监护人有权根据其自身的信仰抚养小孩。"《巴基斯坦宪法》第 22 条规定："不得要求任何在教育机构上学的人接受不为自己所信奉的宗教的指导，参加不为自己所信奉的宗教的宗教仪式或宗教礼拜。"《印度宪法》第 28 条规定："为国家所承认或者接受国家资助的教育机构，在校生非经其本人同意，不得强迫其参加该教育机构内可能设置的任何宗教课程，或者该机构或者其附属场所可能举行的宗教仪式；如果本人为未成年人，则须经其监护人同意。"

两种自由均规定的国家有 11 个。如《哥伦比亚宪法》第 68 条规定："父母有权为其未成年子女选择受教育的方式。在国家制度内，不得强迫他人接受宗教教育。"《比利时宪法》第 24 条规定："共同体保障家长的自由选择。共同体组织中立的教育。中立性特别包括对家长和学生的哲学观念、意识形态观念或宗教观念的尊重。公权力机关组建的学校提供在获得承认的宗教教育和非宗教教育之间的选择，直至义务教育结束。"《爱尔兰宪法》第 42 条规定："父母应自主选择在其家庭、私立学校、国家承认或建立的学校为其子女提供教育"，"尤其应在宗教和道德的形成问题上对父母的权利给予适当的尊重"。《爱尔兰宪法》确认了"在家上学"的合宪性，《立陶宛宪法》也有类似规定。

3. 个人或团体设立及管理教育机构的自由

个人或团体设立学校、教育机构自由是家长教育选择权的前提，只是设立的学校必须达到国家规定的最低标准。比较特殊的是，这里的团体还包括宗教团体，即宗教团体有设立及管理学校教育机构的自由。根据已收集的宪法，对规定该类自由的国家进行分类（表 12）。

表 12　在宪法中规定个人或团体管理教育机构的自由的国家

规定内容	国家
私立学校设立自由	阿富汗、阿联酋、阿曼、巴林、东帝汶、菲律宾、黎巴嫩、蒙古、泰国、伊拉克、越南、阿尔巴尼亚、爱沙尼亚、奥地利、保加利亚、波兰、德国、荷兰、克罗地亚、列支敦士登、马其顿、斯洛伐克、意大利（学校平等）、多米尼加、圭亚那、墨西哥、尼加拉瓜、加纳、马达加斯加、马拉维、马里、纳米比亚、苏丹、乌干达、中非、中国、毛里求斯、圣多美和普林西比、摩尔多瓦、西班牙、巴西、秘鲁、玻利维亚、哥伦比亚、萨尔瓦多、哥斯达黎加、乌拉圭、安哥拉、贝宁、布隆迪、赤道几内亚、多哥、佛得角、刚果（布）、刚果（金）、加蓬、莫桑比克、南非、南苏丹、塞内加尔、塞舌尔、索马里、智利、帕劳、乍得、爱尔兰、土库曼斯坦、巴拿马、葡萄牙、委内瑞拉、立陶宛、布基纳法索、哈萨克斯坦
私立学校资助自由	新加坡、帕劳、泰国、越南、爱沙尼亚、荷兰、秘鲁、萨尔瓦多、乌拉圭、贝宁、加蓬、南非、爱尔兰
宗教学校设立自由	塞内加尔、马来西亚、新加坡、奥地利、菲律宾、克罗地亚、塞尔维亚、伯利兹、多米尼克、圣基茨和尼维斯、圣文森特和格林纳丁斯、斐济、萨摩亚、埃塞俄比亚、贝宁、博茨瓦纳、赤道几内亚、莱索托、毛里求斯、乌干达、加拿大、马绍尔群岛、帕劳、巴巴多斯、爱尔兰、津巴布韦
宗教学校资助自由	马来西亚、克罗地亚、斐济、马绍尔群岛、帕劳、伯利兹、多米尼克、贝宁、爱尔兰

　　宪法中规定了个人或团体设立及管理教育机构自由的国家有 89 个。如《阿富汗宪法》第 46 条规定："阿富汗公民经国家准许得创办私人的高等教育、普通教育和职业教育的机构，开设文化课程。政府依法可以准许外国人创办私人的高等教育、普通教育和职业教育的机构。"

　　其中规定私立学校设立自由的国家有 73 个。如《阿拉伯联合酋长国宪法》第 18 条规定，"允许个人和机构建立私人学校"；《阿曼宪法》第 13 条规定，"鼓励在国家的监管下根据法律规定开办私人学校的学院"；《西班牙宪法》第 27 条规定，"在尊重宪法原则范围内，承认自然人和法人有创建教育中心的权利"；《德国宪法》第 7 条规定，"开设私立学校的权利得到保障。开设私立学校以代替公立学校须经国家批准并遵守各州法律。如私立学校的教学目的、教学设备和教师的受教育程度不滞后于公立学校且未鼓励根据父母财产情况区别对待学生，则予以批准。如教师的经济和法律地位未得到充分的保障，则不予批准。仅当课程管理机关认可存在特殊教育利益或应教育权利人的申请，国民学校作为综合学校、宗教学校或培养特定世界观的学校而设立且当地又无此类公立国民学校时，才可允许设立私立国民学校"。规定私立学校资助自由的有 13 个国家，如《泰国宪法》第 49 条规定："专业机构或私人团体提供的教育，人民的自我教育、终身学习受保护，政府以适当的方式促进其发展。"《荷兰宪法》第 23 条规定："达到议会法令所定标准的私立小学，应按公立学校的同一标准给予其公共基金资助。给予私立中学和大学预科教育公共基金资助的条件由议会法令规定。"个别国家规定公立学校和私立学校具有同等法律地位，如《意大利宪法》第 33 条规定："法律在规定要求获得平等对待的非公立学校的各项权利和义务时，必须保证其完全的自由，且其学生享有同公立学校学生同等的教学条件待遇。"《索马里宪法》《新加坡宪法》也有类似规定。

规定宗教学校设立自由的国家有 26 个。如《新加坡宪法》第 16 条规定："各宗教团体均有权设立和维持针对儿童的宗教教育机构。"有 9 个国家宪法规定，可以对宗教机构设立的教育机构予以资助。如《克罗地亚宪法》第 41 条规定："宗教团体依法自由……建立学校、教育和其他机构以及福利和慈善机构，并对它们进行管理，期活动中还享有国家的保护和帮助。"《马来西亚宪法》第 12 条规定："每个宗教团体有权为其成员的子女设立和维持宗教教育机构，有关此等教育机构的法律及其实施不得单就宗教原因而进行歧视对待；但联邦或者州可以合法设立、维持或者协助伊斯兰宗教机构的设立和维持，或者提供和协助提供伊斯兰宗教教育，并因此支付必要的费用。"《爱尔兰宪法》第 44 条规定："为学校提供国家援助的立法不得区别对待由不同教派管理的学校，也不得损害获得公共资金入校学习而不参加宗教学的任何儿童的权利。"《马绍尔宪法》《帕劳宪法》也有类似规定。

在宪法中规定个人或团体设立学校、教育机构必须达到国家最低标准的有 26 个国家，分别是：津巴布韦、荷兰、巴巴多斯、斐济、纳米比亚、南苏丹、苏丹、乌干达、委内瑞拉、蒙古、保加利亚、列支登士敦、玻利维亚、墨西哥、加纳、马拉维、毛里求斯、巴西、秘鲁、哥伦比亚、赤道几内亚、

刚果（金）、德国、哈萨克斯坦、布基纳法索、土库曼斯坦。如《蒙古宪法》
第 16 条规定，"公民可创办和运营符合国家要求的私立学校"；《保加利亚宪
法》第 53 条规定，"公民和社会团体应当依照法律规定的条件和程序自由创
办学校。其提供的教育应当符合国家的要求"。

4. 学术自由

我国宪法将学术自由称为"科学研究自由"，也有国家称为"讲学与研究
自由"或"科学创造自由"。学术自由在制度上体现为大学自治。根据已收集
的各国宪法，规定学术自由的国家有：韩国、克罗地亚、罗马尼亚、马其顿、
西班牙、菲律宾、泰国、阿尔巴尼亚、保加利亚、巴拿马、萨尔瓦多、委内
瑞拉、刚果（金）、南非、苏丹、阿根廷、中国、阿曼、阿塞拜疆、巴林、朝
鲜、格鲁吉亚、吉尔吉斯斯坦、卡塔尔、缅甸、土库曼斯坦、也门、伊拉克、
伊朗、约旦、越南（特例）、爱沙尼亚、安道尔、奥地利、白俄罗斯、波兰、
德国、芬兰、黑山、拉脱维亚、马耳他（特例）、摩尔多瓦、葡萄牙、瑞典、
瑞士、塞尔维亚、圣马力诺、斯洛文尼亚、乌克兰、希腊、匈牙利、意大利、
巴拉圭、巴西、秘鲁、玻利维亚、多米尼加、厄瓜多尔、哥伦比亚、哥斯达
黎加、古巴、海地、洪都拉斯、尼加拉瓜、危地马拉、乌拉圭、智利、斐济、
阿尔及利亚、埃塞俄比亚、安哥拉、布基纳法索、赤道几内亚、佛得角、冈
比亚、几内亚比绍、加纳、肯尼亚、马拉维、摩洛哥、莫桑比克、纳米比亚、
南苏丹、索马里、卢旺达、立陶宛、圣文森特和格林纳丁斯、马达加斯加、
毛里塔尼亚、科威特、黎巴嫩、沙特阿拉伯、塔吉克斯坦、土耳其、亚美尼
亚、苏里南。

世界各国宪法中规定学术自由的有 96 部。如《西班牙宪法》第 20 条规
定，"承认并保护学术自由"；《秘鲁宪法》第 18 条规定，"国家保障学术自
由，反对学术专制"；《萨尔瓦多宪法》第 60 条规定，"学术自由受保障"。有
些国家规定的是"研究自由"，如中国《宪法》第 47 条规定，"公民有进行科
学研究……的自由"；《瑞典宪法》第 18 条规定，"研究自由应根据法律所规
定的规则受到保护"。《瑞士宪法》第 20 条、《厄瓜多尔宪法》第 387 条、《哥
伦比亚宪法》第 27 条也有类似规定。还有些国家规定"大学自治"，如《韩
国宪法》第 31 条规定"大学自治受保障"；《委内瑞拉宪法》第 109 条规定

"国家承认大学自治作为一项基本原则"；《克罗地亚宪法》第 68 条、《罗马尼亚宪法》第 32 条、《马其顿宪法》第 46 条等也有类似规定。还有些国家规定的是"教学自由"，如《白俄罗斯宪法》第 50 条规定"保障艺术、科学、技术创作的自由和教学自由"；《德国宪法》第 5 条规定"艺术和科学以及研究和教学是自由的。教学自由不得脱离对宪法的忠诚"《希腊宪法》第 16 条、《巴拉圭宪法》第 74 条、《哥斯达黎加宪法》第 79 条也有类似规定。

5. 不受体罚

《儿童权利公约》明确规定，学校维持纪律的方式应符合儿童的人格尊严；经济、社会、文化权利委员会关于受教育权的第 13 号一般性意见也指出：体罚、当众羞辱或侵犯《世界人权宣言》中其他权利的学校纪律都不符合国际人权法的根本指导原则。[19]体罚不仅给孩子带来身体上的伤害，更有甚者，会严重挫伤孩子的积极性，打击孩子的自信心，给孩子幼小而纯真的心灵造成伤害。而这种伤害，不论是从长远还是从近期来看，都有着相当大的副作用。

既然教育的目的是发展人的个性与尊严，那么损害人性尊严的学校纪律显然与教育目的背道而驰，应禁止体罚。但在对教育人权作出规定的 179 个国家中，仅有埃塞俄比亚和南苏丹在宪法中规定"禁止体罚"。《埃塞俄比亚宪法》第 36 条规定："儿童在学校或其他负责照顾儿童的机构中不受体罚或残酷的非人道的待遇。"《南苏丹宪法》第 17 条规定："儿童不得遭受任何人，包括父母、学校和其他机构的体罚或残忍和不人道的对待。"

6. 建立学校制度

《经济、社会和文化权利国际公约》第 13 条第 2 款（戊）项规定："各级学校的制度，应积极加以发展；适当的奖学金制度，应予设置；教员的物质条件，应不断加以改善。"根据已收集的各国宪法，对规定学校制度的国家进行分类（表 13）。

---

〔19〕 《第 13 号一般性意见：受教育的权利》，中国人权网，http://www.humanrights.cn/html/2014/1_1009/1877.html，最后访问日期：2022 年 5 月 12 日。

表 13　在宪法中规定学校制度的国家

规定内容	国家
积极发展学校制度	阿根廷、阿富汗、朝鲜、菲律宾、韩国、柬埔寨、泰国、亚美尼亚、越南、奥地利、荷兰、巴拉圭、巴西、秘鲁、玻利维亚、多米尼加、厄瓜多尔、古巴、尼加拉瓜、危地马拉、委内瑞拉、阿尔及利亚、佛得角、冈比亚、加纳、马达加斯加、西班牙、哥斯达黎加、墨西哥、哈萨克斯坦、印度、保加利亚、苏里南
设立奖学金制度	菲律宾、土耳其、越南、列支敦士登、卢森堡、瑞士、希腊、意大利、巴拉圭、巴拿马、秘鲁、玻利维亚、厄瓜多尔、古巴、危地马拉、马耳他、乌克兰（助学金）、哥斯达黎加、墨西哥、保加利亚
改善教员物质条件	阿根廷、菲律宾、韩国、希腊、巴西、秘鲁、玻利维亚、厄瓜多尔、哥伦比亚、海地、尼加拉瓜、委内瑞拉、马达加斯加

规定了积极发展学校制度的国家有 33 个。如《阿根廷宪法》第 75 条规定："制定法律……推动教育发展，颁布普通教育和大学教育计划"，"以巩固国家统一和尊重各省、区特质为前提，颁布涉及教育机构和基础的法律"。《韩国宪法》第 31 条规定："包括学校教育、终身教育的教育制度、教育活动、教育财政及教师地位等有关基本事项，由法律规定。"《西班牙宪法》第 27 条规定："政府当局制定全面的教育计划，有关方面积极参与和创建教育中心，保障所有人享有受教育的权利。"《厄瓜多尔宪法》第 47 条规定："常规的教育场所应纳入特殊照顾和特殊教育内容。学校应符合残疾人无障碍标准，并实施与残疾人的经济条件相符的奖学金制度。"这是要求学校对残疾人予以平等保障。[20]

规定设立奖学金制度的国家有 20 个。如《土耳其宪法》第 42 条规定："国家应提供奖学金或者通过其他资助方式使经济困难的优秀学生继续其学业。"《意大利宪法》第 34 条规定："有才能的和成绩优良的学生，即使缺乏经济来源，也有权接受高层次的教育。共和国以采取竞争性考试授予奖学金、家庭补贴和其他措施的方式来促进此项权利的实现。"《巴拿马宪法》第 102 条规定："国家将建立向有资格或有需要的学生提供奖学金、助学金或其他经

---

[20]　徐爽编著：《人权指南：国际人权保护机制、标准与中国执行情况汇编手册》，法律出版社 2011 年版，第 164 页。

济帮助的机构。"《巴西宪法》第 213 条、《乌克兰宪法》第 53 条均只规定了助学金，在此将其纳入"奖学金"的范畴。

规定不断改善教员物质条件的国家有 13 个。如《菲律宾宪法》第 14 条规定："国家应巩固教师职业发展的权利。非教学的研究人员与非研究人员应得到国家的保护。"《巴西宪法》第 206 条规定，应按如下原则提供教育："保持教学工作的稳定，并按照法律规定保障教师职业的终身规划，即公立学校教师仅通过公开竞争考试和专业资格认证才可被招录"，"应对公立学校教学人员提供基于国家教学专业水平的工资制度"。《希腊宪法》专门对大学教师身份保障予以规定，其第 16 条规定："大学一级机构的教授应为公职人员……大学一级机构的教授在其服务期限依法结束前不应被解职，除非满足第 88 条第 4 款规定的实质条件，并依法由一个其多数成员为最高司法官员的委员会作出决定。大学一级机构的教授的退休年龄应由法律规定；在此法律颁布以前，现任教授应在其已年满 67 周岁之年的学年结束时依法退休。"

在一定意义上，建立学校制度具有国家促进教育的意味，教育制度以及教育权利的相关规定都需要国家社会的推动，因此我们在分类中，为明晰起见，尽可能将各个条款归进权利部分，而减少对国家义务的描述。

（四）国家义务

国际公约中的人权首先和最终要由国内法律保护机构来保障，[21] 但国家不具有否定人的某种利益的权能。[22] 部分公约下的个人来文机制允许个人向条约机构申诉缔约国侵害条约规定的权利的行为。但国家义务的履行主要还是依靠缔约国的立法、行政和司法机关来保障。教育人权所要求的国家义务可分为优先义务和最低限度核心义务，渐进义务和即刻义务，尊重、保护、给付和促进义务几方面。在宪法上，所有的基本人权都要求政府承担相应的义务，为避免重复，不再对国家义务进行完全统计，只进行不完全统计和举例说明。

优先义务包括两方面：一是缔约国必须优先实行义务性的免费的初等教

---

[21] ［奥］曼弗雷德·诺瓦克：《国际人权制度导论》，柳华文译，北京大学出版社 2010 年版，第 37 页。

[22] ［日］阿部照哉、池田政章、初宿正典、户松秀典编著：《宪法——基本人权篇》（下册），周宗宪译，中国政法大学出版社 2006 年版，第 33 页。

育，二是缔约国所有保障教育人权的行为都应符合"儿童最大利益原则"。[23]规定义务教育优先的如《巴西宪法》第 211 条，"初等教育在日常教育中具有优先地位"，第 212 条，"在分配公共资金时，国家教育规划应优先考虑满足义务教育之需，保障其普及性、质量标准和公平性"。规定儿童优先或儿童最大利益原则的，如《厄瓜多尔宪法》第 44 条："国家、社会和家庭均应优先促进儿童和青少年的整体发展，保证其充分行使自己的权利；更好地保障儿童利益的原则应该受到支持，其权利应该优先于其他人的权利。"《巴西宪法》第 226 条、《委内瑞拉宪法》第 78 条、《安哥拉宪法》第 31 条和第 80 条、《佛得角宪法》第 75 条均有类似规定。

最低限度核心义务最早出现于经济、社会、文化权利委员会第 3 号一般性意见，是指每个缔约国都有责任承担最低限度的核心义务，确保该权利达到一个最基本的水平。否则，《经济、社会和文化权利国际公约》所规定的该权利就失去了意义。[24]经济、社会和文化权利委员会认为教育人权所要求的最低限度核心义务包括：公立学校保证入学平等；确保教育目标一致；为人人提供初等教育；通过并执行一项国家教育战略，该战略包括提供中等、高等教育；达到"最低教育标准"的学校或教育机构的选择自由。[25]关于教育发展战略，《西班牙宪法》第 27 条规定："政府当局制订全面的教育计划，有关方面积极参与和创建教育中心，保障所有人享有受教育的权利。"《刚果民主共和国宪法》第 44 条规定："消除文盲是一项国家义务，政府应制订一个有关消除文盲的专门计划。"关于最低教育标准，《阿塞拜疆宪法》第 42 条规定"国家规定最低的教育标准"，《哈萨克斯坦宪法》第 30 条规定"由国家规定必须执行的教育标准，所有学校的活动，都应当符合该教育标准"。

尊重义务要求缔约国不采取任何妨碍教育权利实现的措施，所有关于自由方面的教育人权均要求政府履行尊重义务，如《宪法》第 1 条规定"保障

---

[23] 《儿童权利公约》第 3 条第 1 款规定："关于儿童的一切行动，不论是由公私社会福利机构、法院、行政当局或立法机构执行，均应以儿童的最大利益为一种首要考虑。"

[24] 《第 3 号一般性意见：缔约国义务的性质（〈公约〉第二条第一款）》，中国人权网，http://www.humanrights.cn/html/2014/1_1008/1865.html，最后访问日期：2022 年 5 月 12 日。

[25] 《第 13 号一般性意见：受教育的权利》，中国人权网，http://www.humanrights.cn/html/2014/1_1009/1877.html，最后访问日期：2022 年 5 月 12 日。

人人享有教育自由"。《爱尔兰宪法》第 44 条规定："任何……教育机构的财产非因公益事业的需要或是赔偿金的支付不得被转移。"

保护义务则要求缔约国防止第三方侵害受教育权，如防止父母或雇主阻止女童入学，禁止使用童工等。《埃塞俄比亚宪法》第 36 条规定："儿童不受剥削、不被要求或允许从事可能存在危险或危害其受教育、健康或福祉的工作。"《洪都拉斯宪法》第 128 条规定："未满 16 岁和虽满 16 岁但仍根据国家立法在受教育的少年儿童，不得从事任何劳动。"

给付义务要求政府承担支付义务，各类免费、奖学金、助学金的规定就是直接体现。

促进义务要求缔约国从整体上采取立法、行政措施促进教育人权，如制定"最低教育标准"；采取积极措施，确保满足少数民族和土著居民的教育需要，使人人都能接受高质量的教育；积极建立教育体系、建造校舍、提出教学大纲、提供教材、培训教师、向教师支付在国内有吸引力的薪金等。如《亚美尼亚宪法》第 48 条规定，"促进科学和文化的发展"。《冈比亚宪法》第 216 条规定，"国家应努力在冈比亚全国建设适当的体育设施，并将体育运动作为增进国家团结、公民健康和自律以及增进国际友谊和了解的手段"。我国《宪法》第 19 条也规定，"国家发展社会主义的教育事业，提高全国人民的科学文化水平"。

三、超越条款

以上分类均以教育人权的国际标准为依据，但由于世界各国历史传统、文化特点、发展程度、地理位置、风俗习惯、国家政策的不同，每个国家关于教育人权的规定也各有特色。世界各国宪法中或多或少会包括高于国际标准的内容或者教育人权国际标准所不包含的内容，本文将这些内容称为超越条款，即超越国际标准、在基本标准和原则之外的条款。

关于学前教育。如中国《宪法》第 19 条规定，"发展学前教育"；《朝鲜宪法》第 45 条规定，"为期 1 年的学前义务教育"；《巴西宪法》第 208 条规定，"为儿童提供在托儿所的早期教育和年满 5 岁的学前教育"；《古巴共和国宪法》第 44 条规定，"国家设立幼儿园、寄宿制和半寄宿制学校接收双职工家庭的适龄儿童"。《海地宪法》第 32 条、《危地马拉宪法》第 77 条也有类似规定。

关于义务教育。《玻利维亚宪法》第 81 条规定，"高等教育是义务教育"。

关于免费教育。《尼日利亚宪法》第 18 条规定："政府应当在适当的时候提供：（1）免费的义务教育和普及基础教育；（2）免费的中等教育；（3）免费的大学教育；以及（4）免费的成人扫盲计划。"

关于公立教育与宗教的关系，各国态度不一。如《圣多美和普林西比宪法》第 31 条规定："国家不得出于任何哲学、政治、意识形态或宗教之目的而制订教育和文化计划。"《利比里亚宪法》第 39 条规定："国家保障……教学的政治中立性。"相反，也有国家要求进行宗教教育，实行宗教与教育结合，如《阿富汗宪法》第 45 条规定："政府制定并执行统一的教育课程。这些课程必须符合神圣的伊斯兰教义的规定，建立在民族文化的基础上，符合学术原则。以阿富汗现有的伊斯兰教派为基础开设宗教课程。"《马耳他宪法》第 2 条规定："罗马天主教的宗教教育应成为所有国立学校强制教育的组成部分。"

关于教育人权的法律保留。《喀麦隆宪法》第 26 条规定："法律由议会投票表决通过，教育制度属于法律领域。"《布基纳法索宪法》第 101 条规定："教育和科学研究的基本原则由法律予以规定。"

关于特殊职业的教育。这里所说的职业教育不同于前文提到的中等教育和职业教育，而是对某一行业的从业人员进行的特殊、专门的教育，具有很强的针对性。如《布隆迪宪法》第 259 条规定："国防部队和安全部队成员应获得技术、道德和公民培训。前述培训应以和平的文化、多元民主政治体制和人权为基础。"

结　语

通过对世界各国宪法的比较，可以得出如下结论：

联合国 193 个会员国中有 179 个国家都规定了教育人权，占 92.7%。在这 179 个国家中，教育人权条款平均有 408 字，有 131 个国家将教育人权规定在公民的基本权利和义务部分，有 65 个国家将教育人权规定在国家政策的基本原则或基本国策部分。

根据教育人权的国际标准，在教育目的层面，有 57 个国家在宪法中规定了第一类教育目的，即"充分发展人的个性、尊严、才智和身心能力"。有 22 个国家规定了第二类教育目的，即"加强对人权和基本自由、人的多样性和对《联合国宪章》及其各项原则的尊重"。有 14 个国家规定了第三类教育目的，即"促进各国、各种族或各宗教集团间的了解、容忍和友谊，并应促进联合国维护和平的各项活动"。有 66 个国家规定了第四类教育目的，即"培养对儿童的父母、儿童自身的文化认同，语言和价值观，儿童所居住国家的民族价值观、其原籍国以及不同于其本国的文明的尊重；培养儿童本着各国人民、族裔、民族和宗教群体以及原为土著居民的人之间谅解、和平、宽容、男女平等和友好的精神，在自由社会里过有责任感的生活；培养对自然环境的尊重"。

在各阶段的教育人权层面：有 63 个国家规定"人人享有受教育权"，9 个国家规定"基本教育免费"，106 个国家规定"初等教育为义务教育"，24 个国家规定"中等教育（含职业教育）应普及，对一切人开放，逐渐免费"，20 个国家规定"高等教育根据能力，对一切人平等开放，逐渐免费"。

在教育相关权利层面：79 个国家规定了"教育平等权"，11 个国家规定了"父母选择教育种类的自由，并保证他们的孩子能按照他们自己的信仰接受宗教和道德教育"，89 个国家规定了"个人或团体设立及管理教育机构的自由"，96 个国家规定了"学术自由"，2 个国家规定了"禁止体罚"，46 个国家规定了"建立学校制度"。

上述权利规定要求国家政府履行各项义务。

此外，有些国家的宪法在国际教育人权标准之外，还规定了学前教育、扩大了免费的范围和教育领域的法律保留原则的适用范围等。

检察机关内部制约监督机制研究

刘 浩*

摘 要	良好的内部制约监督机制是检察权正确实施的重要保障。当下，检察机关内部制约监督机制初见成效，纵横交错的内部制约监督格局业已形成，但问题日益明显。上级监督太远、同级监督太软、下级监督太难、案件管理与评价指标体系太生硬等问题一直存在。捕诉一体改革后，公诉对批捕的制约功能消减，内部制约监督难度增大。检察机关内部制约监督机制面临新的挑战。进入新时代以来，司法体制改革对制约监督机制的要求进一步升级，检察机关亟须建立健全与检察权运行相适应的内部制约监督机制。具体路径包括：强化检察官办案责任制要求、优化整合内部制约监督方式、建立对检察长等领导者的反向制约监督机制、创新调整捕诉一体背景下的内部制约监督模式。
关键词	检察机关；检察权；内部制约监督；捕诉一体

引 言

　　检察机关加强和改进其自身内部制约监督有利于规范检察权的运行。2019 年 2 月 25 日，张军检察长在全国检察机关党风廉政建设和反腐败工作会议上指出："要因应形势发展变化，构建与司法责任制改革后检察权运行机制相适应的内部监督监督体系。"[1]2020 年 8 月 26 日，政法领域全面深化改革推进视频会议以"坚持党对政法系统绝对领导，完善制约监督体制机制"为主题，要求不断加强上级人民检察院对下级人民检察院的监督、检察长对检

---

　*　刘浩（1996—），江西吉安人，广西警察学院司法应用学院专任教师。

〔1〕　姜洪：《推进全面从严治检向纵深发展 为"四大检察"全面协调充分发展提供坚强保障》，《检察日报》2019 年 2 月 26 日，第 1 版。

察官等上下级之间的领导和监督管理，重点强调要建立健全捕诉一体改革后刑事检察部门内部的制约监督机制。可见，健全检察机关内部制约监督机制，使之适应新型检察权运行状况，是当前乃至今后很长一个时期的重点工作。

长期以来，检察机关围绕加强内部制约监督这一根本性问题展开了诸多探索。在最高人民检察院的正确领导下，覆盖检察权运行全领域的内部制约监督机制已经确立，也取得了显著成效。但是，上级制约监督下级效果不佳，检察长、检察委员会监督力度不够，内部制约监督效率不高等问题一直存在。进入新时代，在司法体制改革、适用认罪认罚从宽制度、职务犯罪侦查权转隶、捕诉一体改革等大背景下，检察权从理论体系到实践运行都面临着重构与调整。尤其是捕诉一体改革实行后，检察机关内部制约监督机制出现了力度削减的"新症"，学界呼吁健全捕诉一体改革背景下检察机关内部制约监督机制的声音更是有增无减。

尽管有学者指出："对于检察机关的内部监督机制，不管是长期的制度化的监督机制还是短期的整治、整改甚至运动式的治理，我国长期以来的司法实践告诉我们，内部制约监督机制作用并不尽如人意，很难达到制度设计者预想的结果。"[2]从检察组织构造角度来看，内部人监督内部人确实存在难以规避的问题，但法治的核心恰恰在于通过完善各项制度机制来规制权力。因而，当下更为重要的是通过不断反思与修正，探寻与当前改革相适应的检察机关内部制约监督方式，促进办案质量和检察公信力的整体提升。而具体的方向与思路是什么，如何解决检察机关内部制约监督的"痼疾"、消解改革造成的"新症"，最终建成严密的内部制约监督机制，值得深入探析。

一、检察机关内部制约监督机制的历史沿革

多年来，为了消除外界对"谁来监督监督者"的疑惑，检察机关一直致力于强化自身内部制约监督。我国检察机关内部制约监督的理念最早可以追溯到1954年制定的《人民检察院组织法》，其中简略规定了上级检察机关对下级检察机关的监督领导职能。现有的内部制约监督机制是伴随着1978年检察机关恢复重建后检察体制不断发展而逐步建立起来的。经过40余年的发

---

〔2〕 陈卫东、李训虎：《检察一体与检察官独立》，《法学研究》2006年第1期，第12页。

展，检察机关内部制约监督机制从无到有、从粗到细，并随着检察改革的持续推进而不断完善。

（一）检察机关内部制约监督机制初始探索（1978—1996 年）

1978—1996 年是检察机关恢复重建到第一轮司法改革开启之前的一段时间。这一时期内，检察机关内部监督的主要任务为巩固检察队伍建设，全面提升检察队伍的廉洁性。

1979 年，《中华人民共和国人民检察院组织法》修订时重点完善了检察机关内部的民主集中制，明确了少数服从多数的基本原则，并把"检察长领导检察委员会"改为"检察长主持检察委员会工作"，以此增强对检察长权力的制约监督。1988 年 2 月，第八次全国检察工作会议提出，要在改革中完善检察领导体制，要求健全检察机关内部的领导制度，完善上级人民检察院对下级人民检察院的监督。1988 年 11 月 12 日，最高人民检察院出台的《一九八九年检察工作计划要点》改良了经济与法纪案件的侦查形式，将"一个业务部门负责到底"的侦查模式改为"由两个部门分别负责"，体现了权力制约的思想。同时，该工作计划还要求，有争议的案件应当提交检察委员会审议，逐步建立健全自我制约、自我监督机制。从整体上看，这一项工作计划中体现出的监督与制约思想，是当时检察机关内部监督的重要指导准则。

1988 年，全国检察机关开展了自上而下的执法检查活动，通过检查发现了执法环节中存在的许多问题。为了解决这些问题，1988 年 12 月，最高人民检察院成立了监察局，随后全国各地各级人民检察院纷纷设立内部监察机构，作为当时检察机关内部专职监督的部门。[3] 并且，最高人民检察院在 1989 年 3 月的工作报告中明确提出，在检察工作中要建立和完善内部制约制度。这对于促进检察机关内部制约监督机制的发展而言具有标志性意义，为后续检察机关建立与完善内部制约监督机制奠定了基调。但限于当时的条件，检察机关恢复重建后的十年里，其内部缺乏系统有效的监督措施，尚未形成自上而下的、全方位的制约监督机制。

（二）检察机关内部制约监督机制初步建立（1997—2007 年）

1997—2007 年是第一轮司法改革时期。党的十五大提出完善监督法制、

---

〔3〕　王江华：《检察机关内部监督监督机制创新实践回顾》，《中国检察官》2011 年第 12 期，第 5 页。

建立健全依法行使权力的制约机制的改革目标后，各级检察院纷纷探索与检察权运行特点相符的工作机制与管理体制，逐步完善与权力运行相匹配的内部制约监督机制。

1998 年 10 月 21 日，《最高人民检察院关于完善人民检察院侦查工作内部制约机制的若干规定》出台，将侦查、审查决定逮捕、起诉和申诉等职权交由不同部门负责，在领导体制上也规定同一检察长不能同时分管侦查监督和公诉工作，通过权力制约的方式强化检察机关内部的制约监督。2000 年 1 月 10 日，《检察改革三年实施意见》提出了六项具体改革目标，涉及内部制约监督机制建设的有：加强上级检察机关对下级检察机关的领导；改革检察机关内部制约监督机制等。2003 年 6 月 5 日，《最高人民检察院关于加强案件管理的规定》出台，其明确规定：加强对办案情况的宏观管理、跟踪监督、质量评估和问题预警，提高案件管理工作的现代化水平；建立科学的办案流程管理机制；对办案质量进行动态监督、建立办案质量预警机制，实现案件管理工作的规范化和现代化。这是最高人民检察院为了加强案件管理工作，确保准确有效发现和解决执法活动中遇到的问题而出台的一部重要文件。

2004 年 6 月 24 日，最高人民检察院在总结上述经验的基础上颁布《最高人民检察院关于人民检察院办理直接受理立案侦查案件实行内部制约的若干规定》，要求侦查工作中的各项处理决定分别由不同部门作出，并规定了具体程序与期限。这一制约措施在侦查实践中切实起到了规范检察人员行为的效果，检察人员违法违纪现象逐步减少。2005 年 9 月，《最高人民检察院关于进一步深化检察改革的三年实施意见》明确指出，今后三年检察改革的主要任务之一是完善检察机关接受监督和制约的制度。为弥补其他监督模式的不足，该意见还提出建立检务督察制度，为更好地纠正违法办案保驾护航。为确保检务督察制度在内部制约监督中发挥实际作用，最高人民检察院于 2007 年 10 月 8 日颁布《最高人民检察院检务督察工作暂行规定》，详细规定了督察的方式、内容、结果处置等方面的内容。此外，最高人民检察院还于 2007 年 8 月制定了《关于加强上级人民检察院对下级人民检察院工作领导的意见》，对上级人民检察院开展监督的具体方法、流程等事项作了详细布署，为上级人民检察院开展监督工作提供了规范指引。2007 年 10 月 26 日，时任最高人民检察院检察长贾春旺在《最高人民检察院关于完善检察机关监督机制促进公正执法情况的报告》中指出："检察机关初步建立起内部监督与外部监督相结合、纵向监督与横向监督相结合、对执法活动监督与对执法人员监督相结合的监督体系。"[4]可见，检察机关内部制约监督机制的框架初见。

（三）检察机关内部制约监督机制基本建成（2008—2013 年）

2008—2013 年是第二轮司法改革时期。这一时期，检察机关在深化上一轮改革任务的基础上继续推进执法规范化建设，进一步明确了检察机关内部制约监督的具体要求，对内部廉政建设提出更高的标准，形成了内部制约监督新格局。2009 年 3 月 1 日，最高人民检察院出台的《关于贯彻落实〈中央政法委员会关于深化司法体制和工作机制改革若干问题的意见〉的实施意见》指出，优化检察职权配置、改革和完善检察组织体系和干部管理制度，明确强化法律监督和自身监督仍是今后一段时间检察改革的重点环节。这一时期，检察机关内部制约监督的建设重点主要包括以下几方面：

第一，细化检察机关内部制约监督的具体要求。2008 年 1 月 24 日，最高人民检察院发布《人民检察院执法办案内部监督暂行规定》，从监督依据、领导体制、重点内容、职权主体和监督方式等方面，对检察机关办案执法的内部监督事项作出具体规定。2011 年 9 月，最高人民检察院印发的《"十二五"时期检察工作发展规划纲要》指出，要"深化检察体制和工作机制改革，进一步健全检察机关自身制约监督机制，加强执法公信力建设，保障检察权行使的公正性和廉洁性"。为深化改革，最高人民检察院陆续出台《关于强化上级人民检察院对下级人民检察院执法办案活动监督的若干意见》和《关于加强检察机关执法办案风险评估预警工作的意见》等法律文件。2011 年 11 月28 日，最高人民检察院出台《关于加强检察机关内部监督工作的意见》，明确了加强内部监督的基本原则、工作要求及深刻意义，对内部监督的具体方式和重点内容进行了详细列举。该《意见》详细部署了检察机关内部监督工作，对检察机关内部监督工作经验进行了总结概括和升华提炼，体现了检察机关不断加强自我监督的决心，也增强了内部监督的规范性和可操作性，为检察

---

〔4〕 贾春旺：《最高人民检察院关于完善检察机关监督机制促进公正执法情况的报告——2007 年 10 月 26 日在第十届全国人民代表大会常务委员会第三十次会议上》，《全国人民代表大会常务委员会公报》2007 年第 7 期，第 780 页。

机关强化内部制约监督提供了规范指引。

第二，建立案件集中管理机制。2011 年 9 月 10 日，最高人民检察院在《"十二五"时期检察工作发展规划纲要》中提到，要构建统一受案、全程管理、动态监督、案后评价、综合考评的办案管理新机制，在地市级以上检察院和有条件的基层检察院设置案件管理机构。2011 年 10 月 28 日，最高人民检察院正式成立案件管理办公室。2012 年 2 月，《最高人民检察院案件管理暂行办法》指出，案件管理、监督、服务、参谋是案件管理办公室的主要职能。案件管理办公室的建立意味着，检察机关对其承办的案件实行统一受理、全程管理的监督体系基本建成，检察机关内部制约监督的方式更加完备。

第三，加强检察内部廉政建设。2011 年 2 月 24 日，时任最高人民检察院检察长曹建明在全国检察机关纪检监察工作会议上指出："各级检察机关一定要充分认识自身反腐败斗争的长期性、复杂性、艰巨性，持之以恒地把检察队伍纪律作风和自身反腐倡廉建设抓紧抓好。"[5] 为了抓好检察机关内部党风廉政建设，2011 年 11 月 28 日，最高人民检察院颁布了《检察机关党风廉政建设责任制实施办法》，明确党风廉政建设的指导思想、领导体制、工作机制与目标要求，并总结了近年来检察机关的实践经验，对于加强检察机关内部工作人员的检容检纪和廉洁自律而言，其可操作性和约束力均有所增强。

第四，深入推进执法规范化建设。在规范执法过程中，最高人民检察院全面整合执法办案操作流程，颁布执法工作规范，建立健全个案指导制度，统一执法尺度。尤其是《刑事诉讼法》《民事诉讼法》和《国家赔偿法》修正后，最高人民检察院及时修订相关司法解释，确保检察官在办案时正确适用法律。此外，检察机关全面实施"十个依法、十个严禁"制度，完善讯问职务犯罪嫌疑人全程录音录像制度，使检察执法活动在阳光下进行。

2013 年 3 月 10 日，曹建明检察长在最高人民检察院工作报告中总结道："过去五年，检察机关自觉接受外部监督，切实加强内部监督；认真落实中央司法改革任务，严格规范执法行为，加强对自身执法活动的制约监督，防止检察权的滥用。"[6] 在强调对自身执法办案质量的制约监督和强化对检察队

---

〔5〕 肖玮：《突出重点推进检察机关自身反腐倡廉建设》，《检察日报》2011 年 2 月 25 日，第 1 版。

〔6〕 曹建明：《最高人民检察院工作报告》，《人民日报》2013 年 3 月 22 日，第 2 版。

伍内部廉政建设的格局下，检察机关已经基本建立了系统化的内部制约监督机制。

（四）检察机关内部制约监督机制不断完善（2014 年至今）

2014 年，第三轮司法改革正式开启。党的十八届三中全会提出，要优化司法职权配置，加强对司法活动的监督。[7]党的十八届四中全会再次指出："明确司法机关内部各层级权限，健全内部监督监督机制。"[8]这两次会议充分肯定了加强检察院内部制约监督机制建设对规范检察权正确行使，乃至对促进全面依法治国的重要性。

为贯彻落实党的十八大精神，最高人民检察院于 2014 年 7 月出台了《最高人民检察院关于加强执法办案活动内部监督防止说情等干扰的若干规定》，要求各级检察机关进一步加强检察机关执法办案活动内部监督；2015 年 2 月 16 日发布的《关于深化检察改革的意见（2013—2017 年工作规划）》明确提出，要探索建立社会监督转化为内部监督的工作机制，强化对检察权运行的制约监督。[9]最高人民检察院紧紧围绕本轮改革关于落实司法责任制的基本要求，采取了一系列内部制约监督的新举措，具体表现为：

第一，落实检察官责任制，建立检察官权力清单。2015 年 9 月 28 日，最高人民检察院颁布《关于完善人民检察院司法责任制的若干意见》（以下简称《若干意见》），提出建立与检察权运行相匹配的责任承担与监督体系。《若干意见》还明确了各类检察人员的职责权限，要求省级检察院结合本地实际和检察业务类别、办案组织形式，制定辖区内各级检察院检察官权力清单。权力清单作为检察权运行机制改革的重要环节，是实现内部制约监督的关键要素。为建立切实可行的权力清单制度，2017 年 3 月，最高人民检察院印发《关于完善检察官权力清单的指导意见》，通过明确检察系统内部人员的分工和责任承担，使权力边界更明晰、制约监督更有效。2015 年 12 月，《最高人民检察院关于对检察机关办案部门和办案人员违法行使职权行为纠正、记录、通报及

---

[7]《中共中央关于全面深化改革若干重大问题的决定》，《人民日报》2013 年 11 月 16 日，第 1 版。

[8]《中共中央关于全面推进依法治国若干重大问题的决定》，《人民日报》2014 年 10 月 29 日，第 1 版。

[9] 最高人民检察院：《关于深化检察改革的意见（2013—2017 年工作规划）》，《检察日报》2015 年 2 月 26 日，第 3 版。

责任追究的规定》发布，该规定明确了各类检察人员的监督责任。2019年12月2日，最高人民检察院通过《人民检察院刑事诉讼规则》，再次细化了检察长、部门负责人的监督管理职权和行使程序，以期实现放权与监督的平衡。

第二，优化办案监督机制。为了使制约监督机制跟上改革步伐，进一步发挥实效，《若干意见》构建了自上而下、由内到外的监督机制。"自上"，强调上级人民检察院对下级人民检察院的监督与领导；"从下"，明确下级人民检察院向上级人民检察院请示应遵循的程序规则。自内形成检察长、检察委员会及纪检监督机构等对独任检察官和检察官办案组的监督，主任检察官对组内检察官的监督，完善案件承办确定机制、案件管理机制、业绩评价机制及办案质量评价机制配套机制。《若干意见》还指明，检察院系统要结合检察机关职能及检察官的职业特点，设计与之相适应的检察权责任监督体系；要改革检察权的制约监督机制，在放权的同时加强各种配套机制建设，充分利用科学技术手段，实现检察官办理案件各阶段、各环节监督的全覆盖。这是检察机关对司法责任制改革下的内部制约监督机制提出的具体要求。

第三，统一办案业务平台，推进案件智慧化管理。《若干意见》要求检察机关办案工作在统一的业务应用系统中进行，实现办案信息网上录入、办案流程网上管理、办案活动网上监督。同时，检察长和业务部门负责人对办案工作审核、审批，也应在统一业务应用系统中完成。2017年1月16日，最高人民检察院发布的统一业务应用系统，将原先独立运行的统计系统作为子系统并入统一业务应用系统中，以期全面提升检察机关业务信息决策与管理水平。到2019年，统一业务应用系统已升级到2.0版本。此外，2016年7月27日，最高人民检察院还印发了《人民检察院案件流程监控工作规定（试行）》，要求各级人民检察院对办案程序是否合法、规范、完备，进行实时、动态的监督、提醒与防控。

第四，改革检务督察制度。检务督察制度并非始创于本轮司法改革，但在本轮司法改革中得到了新的发展。2018年12月，最高人民检察院进一步推进内设机构改革，经中央批准撤销了人民检察院检察局，新设检务督察局。检务督察局享有巡视巡察、执法督察、追责惩戒、内部审计的职能。[10] 2019

〔10〕 最高人民检察院检务督察局课题组：《完善检察官办案内部监督机制研究——以强化检务督察职能为视角》，《国家检察官学院学报》2019年第5期，第73页。

年 5 月，最高人民检察院发布《人民检察院检务监督工作条例》，对检务督察工作方式进行了细化。新检务督察部门是为适应改革而整合设立的权力部门，其主要职能包括：司法责任追究、惩戒和内部巡察、审计等。

第五，细化检察官办案质量考评方案。2018 年 1 月 9 日，最人民检察院发布《人民检察院案件质量评价指标工作规定（试行）》，对评价指标内容、结果等次、评价程序、异议机制等作了规范。到 2021 年 4 月 26 日，最高人民检察院细化了《检察机关案件质量主要评价指标》，将"四大检察""十大业务"全面纳入检察机关案件质量评价范围。具体的评价内容细化到案件类型、主要办案活动、主要诉讼流程，以及立案监督、检察建议、公益诉讼等所有检察权运行过程，共计 51 组 87 项，并确立了以"案—件比"为核心的案件质量评价体系。

这一时期，检察机关内部制约监督机制迎来了新的发展契机，在汲取此前的经验与教训的基础上，以契合检察权运行规律为具体目标不断创新。检察机关强调落实检察官办案责任制，在推进检察机关内设机构改革的过程中不断建立和调整权力监督机制，检察官权力清单逐步明晰，案件流程监控不断强化，以"案—件比"为核心的案件质量评价指标体系不断完善，检察机关统一业务平台逐步成型，检务督察制度迎来了新的发展契机，内部制约监督机制正在不断完善。

二、检察机关内部制约监督机制的实施现状

（一）检察机关内部制约监督机制的主要构成

从检察系统整体出发，其内部制约监督机制的主要构成包括：上级人民检察院对下级人民检察院的监督，检察长、检案委员会及部门负责人对各项检察事务的监督，检察官之间的相互监督，案件管理部门、检务督察部门及其他业务部门之间的相互制约等。

第一，上级人民检察院的监督。我国检察机关的领导体制为，在党的领导下，上级人民检察院领导下级人民检察院的工作，各级检察院接受同级人大及其常委会监督。[11]这样的领导体制决定了上级人民检察院对下级人民检

---

[11]　姜伟：《中国检察制度》，北京大学出版社 2009 年版，第 46 页。

察院绝对的监督权。在检察机关内部制约监督机制的顶层设计中，上级人民检察院的监督属于顶层监督，也是检察一体的根本体现。[12]一方面，按照《人民检察院刑事诉讼规则》第 10 条[13]的规定，上级人民检察院能对下级人民检察院的工作进行监督；另一方面，上级人民检察院可以对下级人民检察院的人员进行任免。上级人民检察院对下级人民检察院的监督是检察机关内部制约监督的中坚力量，这种监督主要是宏观性、指导性的监督，涉及检察队伍建设、执法办案业务开展和廉洁自律情况等内容。

第二，检察委员会的监督。在我国，通过检察委员会来监督和制约检察官行使检察权是防止检察官个人滥用权力的有效措施。[14]从《关于完善人民检察院司法责任制的若干意见》第 11 条的内容来看，检察委员会的主要职能是对重大案件和重大问题进行决策、指导与监督，这充分体现了检察委员会在内部制约监督机制中的重要地位。同时，下级人民检察院向上级人民检察院请示具体案件前要经过下级人民检察院检察委员会讨论的前置性规定，也体现了检察委员会对重大、疑难、复杂案件把关监督的权力。由检察委员会对重大案件和重大事项进行把关，可以有效阻却外界因素对检察官办案的干扰，也能有效防止检察官徇私枉法、滥用职权，是形成检察机关内部监督合力的关键要素。

第三，检察长及部门负责人的监督。我国检察机关实行检察长负责制，检察长对检察官、部门负责人对案件承办人的执法行为具有监督的责任和权力，这是由检察权的性质所决定的。[15]各级检察机关领导班子、内设机构负责人均是检察权依法规范运行的主要责任人，通过"一岗双责"的形式落实办案纪律，确保内部监督效果。检察长和副检察长是检察院内部的主要负责人，其职责是对本院的检察业务、行政工作、队伍建设实施全面监督，其具体职权包括：对上级检察机关的决策和违规干预本院检察工作的情况进行监

---

〔12〕 钟琦：《司法改革视野下我国检察权内部制约监督机制的重构》，《法治论坛》2012 年第 2 期，第 131 页。

〔13〕 《人民检察院刑事诉讼规则》第 10 条："上级人民检察院对下级人民检察院作出的决定，有权予以撤销或者变更；发现下级人民检察院办理的案件有错误的，有权指令下级人民检察院予以纠正。"

〔14〕 邓思清：《论我国检察委员会制度改革》，《法学》2010 年第 1 期，第 149 页。

〔15〕 姜伟：《中国检察制度》，北京大学出版社 2009 年版，第 346 页。

督检举、对本院其他领导班子成员和部门负责人的履职情况进行监督、对本院办案部门和下级检察机关的办案活动进行监督。部门负责人主要对本部门和下级人民检察院对口部门进行监督，监督职权包括：明确部门岗位职责、制定办案工作制度与纪律要求、对本部门和下级对口部门的执法办案情况进行监督。同时，部门负责人还可以对上级检察机关对口部门的指导情况进行监督，对本院领导班子成员的指导、决策进行监督。

第四，不同部门之间的监督。在一个检察院内部，不同部门行使不同的检察权，这本身就是一种相互制衡。[16]检察机关内部设立案件管理部门作为执法办案业务监督部门对案件质量进行评价指标、对案件办理流程进行监控。《人民检察院刑事诉讼规则》第664条规定："人民检察院负责案件管理的部门对检察机关办理案件的受理、期限、程序、质量等进行管理、监督、预警。"可见，履行内部监督职责是案件管理的重要内容。设立检务督察部门，对办案程序和纪律的遵守情况、各项规章制度的执行情况与检察队伍党纪风貌等事项进行全面监督，从而强化对检察权运行的制约监督。

第五，办案检察官及其他检察人员间的监督。根据《人民检察院执法办案内部监督暂行规定》第14条的规定，执法办案部门检察人员有权对本院其他办案组成员的履职行为进行监督，也有监督本院领导班子和上级对口部门负责人的决策、检举违规干预办案行为的权力。此外，《司法机关内部人员过问案件的记录和责任追究规定》第6条规定，办案人员应当将司法机关内部人员过问案件的情况记录在卷，这也是办案检察官监督权的一种确认。检察人员分类管理后，检察辅助人员和司法行政人员作为检察机关内部的两大重要主体，他们协助员额检察官办案的过程本身就是一种很好的制约监督。检察辅助人员和司法行政人员作为检察机关内部的两大重要主体，他们可以在协助检察官办案的过程中，对检察官的履职行为进行监督。

（二）检察机关内部制约监督机制的主要内容

检察机关内部制约监督的主要内容即制约监督的具体事项。有学者将内部制约监督的内容划分为"对人"执法纪律监督与"对事"办案流程监督。[17]

〔16〕　杨春艳、刘杰、刘见元：《严管厚爱语境下检察机关内部监督问题探究》，《广西法治日报》2020年12月15日，第B03版。

〔17〕　廖荣辉、杜国强：《检察权的内部监督监督机制反思与重构》，《华东政法大学学报》2007年第5期，第68页。

事实上，检察权由检察官具体实施，监督行使权力的人就是在监督权力本身，对权力进行制约正是制约人本身，二者密不可分，以此为界进行划分难免出现制约监督盲点。也有学者认为，检察权内部监督的基本对象是指检察权中带有裁决性质的权能。[18]诸如，公诉权、审查批捕权、诉讼监督权等。带有裁决性的权力这一提法是以宏观的词汇尽可能多地将检察权的内容囊括其中，该表述较全面但仍需进一步细化。根据《人民检察院组织法》第20条的规定，人民检察院有对刑事案件行使侦查权、对刑事案件进行审查以决定是否行使批捕权、起诉权，以及对诉讼活动实行法律监督等几项主要权力。以此为基础，对检察权运行实行内部监督就应当覆盖检察权运行过程中的各项权力，包括检察决策权、执行权与监督权，不仅要涉及执法办案质量，更要狠抓党风廉政建设。

第一，对检察机关重大事项决策权进行监督。决策权是检察权运行的起点，也是检察权中最关键的权力，对决策权进行有效监督是检察权内部监督的首要环节，也是检察权健康运行的开端。[19]从检察工作的实际来看，一项民主和科学的决策对检察事业起着巨大的推动和促进作用，反之则可能有损检察机关的形象，甚至破坏司法公正。长期以来，检察机关的监督重心都在执法过程上，而忽视了对决策过程本身的监督，决策不民主、不科学甚至失误的问题时有发生。基于此，在完善检察机关内部制约监督机制时，必须加强对决策权的监督，以提高科学决策、民主决策、依法决策的水平。

第二，对检察机关执法办案情况进行监督，也即监督执行权。执法办案监督主要是依据《人民检察院组织法》《检察官法》《人民检察院执法办案内部监督暂行规定》等法律文件，对检察官的司法职务犯罪侦查、批捕决定、公诉与否及法律监督权的行使进行的监督，这其中主要包括实体监督与程序监督两方面。实体监督是通过案件质量评价指标等方式考察检察权的行使是否符合公平正义、是否符合法律要求。程序监督则是对检察官执法办案是否符合法定的流程进行监督，从统一业务应用系统的使用、案件信息公开的情

---

〔18〕 葛冰、李勇：《检察一体化视野下的检察权内部监督——立体监督模式之提倡》，《河北法学》2012年第5期，第197页。

〔19〕 杜国强：《检察权运行的内部监督监督机制探讨》，《第九届国家高级检察官论坛论文集：法治思维与检察机关自身监督监督机制建设》2013年，第3页。

况等方面进行督查检查。2018 年监察体制改革后，检察机关部分侦查权转隶监察委员会，但仍保留了部分侦查权，2019 年捕诉一体全面实行后，公诉权对批捕权的制约相对减弱。因此，这一时期检察机关内部制约监督的重心仍是保证案件质量经得起法律和历史的检验。

第三，对检察队伍的党风廉政建设、检容检纪情况进行监督。检察机关的党风廉政建设事关检察形象与检察权威的树立，是内部制约监督不容忽视的内容之一。此项监督是根据《检察机关党风廉政建设责任制实施办法》《中国共产党纪律处分条例》《中国共产党政法工作条例》等法律文件，对检察队伍的廉洁自律情况、对检察人员在执法办案等日常检察工作中是否遵守党纪法规、检察纪律、组织纪律等进行监督，以确保检察队伍的公正与廉洁。与此同时，检察机关内部主要领导干部作为内部制约监督的责任者，自身更要接受监督，其遵守法律法规的情况、履行职责的情况等内容也应全面纳入监督的范畴。

三、新时代检察机关内部制约监督机制的基本要求

党的十八大开启了我国法治事业的新时代，完善内部制约监督机制成为检察机关审视自身执法新变化的现实需要。进入新时代以来，检察工作相继调整，司法责任制改革在检察机关内部持续推进，检察权力运行状况发生了明显改变。目前，检察机关的总体业务布局为"四大检察"全面发展，捕诉一体办案模式全面推行，刑罚执行监督由过去的派驻检察变革为巡回检察。以此为依托，检察机关内部制约监督机制也应充分契合改革现状，为各项司法改革保驾护航。概括而言，检察机关内部制约监督机制应当立足于司法改革与检察权力运行现状，确保检察机关内部制约监督机制充分适应司法责任制改革的新形势、契合检察机关内设机构改革的新情况，最终达到系统全面、井然有序、高效便捷的状态。

（一）契合检察权运行的新情况

检察机关内部制约监督机制应贴近检察工作的新格局，契合检察权运行的新情况。从检察职能的广度与深度看，检察机关已经构筑起"四大检察""十大业务"的全新法律监督格局；从检察责任的深度与厚度来，党和国家、宪法法律赋予检察机关更加重大的职责，《刑事诉讼法》确立了检察机关

在认罪认罚从宽制度中的主导地位，《人民检察院组织法》确立了巡回检察这一新制度。[20]检察权的新发展也带来了新的廉政风险，对检察机关内部制约监督机制提出了新的要求。

国家监察体制改革后，《人民检察院监察工作条例》同时废止，地方检察机关监察机构逐步实现撤并，检察机关内部原有的纪检监察部门转隶监察委员会，纪检监察由内部监督转为外部监督。截至 2018 年年底，全国检察机关省级以下监察、巡视、检务督察机构人员共计 4730 名，较改革前人数减少1200 多人，平均每个检察院的督察配比为 1.3 人。[21]不仅如此，监察体制改革还使检察机关内设的反贪污贿赂局、反渎职侵权局和职务犯罪预防部门及相关工作人员发生了转隶。[22]随着职务犯罪预防部门转隶，传统意义上的内部监督重点——反贪污贿赂等职务犯罪——的侦查工作不复存在，检察机关内部制约监督机制面临新的调整。

捕诉一体改革和认罪认罚从宽制度的全面推行给检察院内部监督带来了一定的风险和冲击，内部制约监督机制应当有所调整。由同一办案检察官负责对同一刑事案件从批捕到起诉再到诉讼监督的工作，会增大对检察官进行内部制约监督的难度。[23]第一，权力集中增加权力被滥用的风险。捕、诉部门合二为一以后，原来单一行使批捕权的检察官一并行使公诉权或者原来单一行使公诉权的检察官一并行使批捕权，因此检察官手中的权力实际上是变大了，权力被滥用的风险也随之增加。尤其是随着认罪认罚从宽制度的全面推行，在犯罪嫌疑人认罪认罚的案件中，检察官不仅享有批捕权、审查起诉权，还享有量刑建议权，这使检察机关在刑事诉讼过程中更具主导地位。第二，公诉部门与批捕部门的相互制约监督作用不复存在。针对这一问题，北京市人民检察院前检察长敬大力提醒："司法责任制改革突出了检察官的主体地位，检察官自行决定的情形占绝大多数，如果个人自行决定逮捕起诉，不但存在权力滥用的道德风险，也会因分散决定产生执法标准不统一的问

---

〔20〕 邱春艳：《新时代，检察工作高质量发展的知与行》，《检察日报》2021 年 3 月 6 日，第 3 版。

〔21〕 最高人民检察院检务督察局课题组：《完善检察官办案内部监督机制研究——以强化检务督察职能为视角》，《国家检察官学院学报》2019 年第 5 期，第 74 页。

〔22〕 吕思慧：《新时代检察机关的法律监督职能研究》，广西大学 2020 年硕士学位论文，第 10 页。

〔23〕 邓思清：《捕诉一体的实践与发展》，《环球法律评论》2019 年第 5 期，第 47 页。

题。"〔24〕这说明，检察机关推行的捕诉一体改革，对现有的内部制约监督机制产生了一定的冲击，检察机关也应当相应地对其配套的内部制约监督机制进行调整，以减轻改革对内部监督造成的负面影响。

综合当下检察权运行的整体情况，检察业务范围更广、检察官办案职权更大、廉政风险更高。为了契合检察权运行新情况，最高人民检察院党组副书记、副检察长童建明指出："必须牢牢把握职能定位，牢固树立正确监督理念，更加注重贴近检察工作大局、贴近司法办案实践，进一步聚焦司法办案内部监督，为推动'四大检察'全面协调充分发展提供有力保障。"〔25〕这便要求，检察机关及时调整内部监督的方向，立足检察业务的发展新业态，从契合检察权运行规律的视角出发，化解检察改革带来的新问题。

（二）适应检察官办案责任制改革的新形势

司法责任制改革后，各省（直辖市）按照最高人民检察院的要求，分别制定了本辖区内三级检察院的检察官权力清单，将大部分的办案职权交由检察官行使。〔26〕检察机关的办案模式也发生了根本性变革，从案件承办人到检察长的三级审批模式成为历史，取而代之的是检察官在授权范围内独立行使职权。与此同时，检察办案组织形式也得到了进一步细化，分为独任检察官和检察官办案组两种，且二者均配有一定数量的检察辅助人员，增加了监督环节。新型办案组织下，检察官的决策权明显增强。从理论上讲，员额检察官的业务能力与专业素养都较高，应当能够坚守客观公正的立场正确履行职权，但权力的行使终究离不开高效的监督与制约，如果缺乏有效的制约监督机制，权力寻租的情况恐难以避免。

"公生明，廉生威"〔27〕，腐败会导致权力失去公正，权力失去公正也就没有了威力。检察机关仍然存在少数检察人员滥用职权，以权谋私、以案谋私等严重违法违纪行为。2018年，曹建明检察长在最高人民检察院工作报告中指出："2013年至2017年，检察机关严肃查处违纪违法检察人员2089人，其中

---

〔24〕　敬大力：《优化配置强制措施审查职能，加强人权司法保障》，《人民检察》（首都版）2018年第2期，第6页。

〔25〕　史兆琨：《聚焦司法办案内部监督 把全面从严治检各项举措落到实处》，《检察日报》2019年2月26日，第1版。

〔26〕　王玄玮：《检察官权力清单制度实施状况与完善》，《人民检察》2018年第9期，第23页。

〔27〕　中共中央文献研究室：《十八大以来重要文献选编》（上），中央文献出版社2014年版，第718页。

最高人民检察院 11 人，违反中央八项规定精神 543 人。严肃追究 531 名领导干部失职失察责任。"[28]2021 年最高人民检察院工作报告指出，2020 年，1318 名检察人员因违纪违法被立案查处，同比上升 2.2%，其中，移送追究刑事责任 142 人，同比上升 20.3%。[29]2022 年最高人民检察院工作报告继续更新了此项数据，2021 年，2800 名检察人员被依纪依法查处，是 2020 年的 2 倍，其中移送追究刑事责任 202 人。[30]对比近些年最高人民检察院的工作报告可以直观地看出，检察人员因违纪违法被查处的比例不降反升，甚至其中不乏一些领导干部。

检察官办案责任制改革给予检察官较大的办案决策权，但检察机关内部司法责任认定、追究工作机制和检察官惩戒工作机制还有待完善。这就要求检察机关在完善其内部制约监督机制时，应当充分考虑司法责任制改革带来的新变化，考虑放权与控权之间的平衡性，把握好尺度，避免监督无力和矫正过度。为适应司法责任制改革的要求，检察机关内部制约监督机制应做到有序有度，在放权的背景下，致力于寻求更加适应司法责任制改革的制约监督机制，实现对员额检察官履职尽责情况和案件质量的双重监督，促进检察机关各项业务高质量发展。

（三）形成系统全面的制约监督新格局

长期以来，检察机关非常关注检察官执法办案情况，内部制约监督的偏向性较为明显。2021 年 6 月 5 日，党中央印发《中共中央关于加强新时代检察机关法律监督工作的意见》指出，新时代要不断完善检察权运行制约监督机制，建立健全廉政风险防控体系；强化内部监督，严格执行领导干部干预司法活动、插手具体案件处理的记录、通报和责任追究等规定。[31]因此，新时代检察机关的内部制约监督机制不仅要对检察办案活动进行全流程监督，而且要对领导干部的反向制约进行监督，努力构建系统全面的制约监督机制。

系统全面的检察机关内部制约监督机制的实现依赖两方面的制度建设。

---

〔28〕 曹建明：《最高人民检察院工作报告》，《人民日报》2018 年 3 月 9 日，第 3 版。

〔29〕 张军：《最高人民检察院工作报告》，《人民日报》2021 年 3 月 16 日，第 3 版。

〔30〕 张军：《最高人民检察院工作报告》，《人民日报》2022 年 3 月 16 日，第 4 版。

〔31〕 《中共中央关于加强新时代检察机关法律监督工作的意见》，《人民日报》2021 年 8 月 3 日，第 1 版。

一是，检察机关的内部制约监督要形成事前预防、事中监控、事后追责的联动性大监管格局。要充分发挥上级检察机关、检察长、检察委员会的领导职能，强化对检察官办案活动的监管实效；充分利用智能信息化技术手段，实现对制约监督的全流程的智慧监控；充分发挥执法监督、检务督察等监督制度的作用，不断细化内部制约监督方式，加大责任追究力度，严格遵照检察工作制度和检察工作纪律执行监督。二是，内部制约监督机制要体现交互性。交互性的内涵是，被监督者在接受监督时也可以对监督行为的合法性、公正性和正当性提出质疑。坚持交互性原则有利于在检察机关内部形成一个完整闭合的监督循环，使每一个检察机关内部的每一个工作者和每一个办案流程都处于制约监督机制的笼罩之下。

四、检察机关内部制约监督机制的"痼疾"

近年来，检察机关对其内部制约监督机制的完善提出了一些新思路，但仍有一些深层次的问题没有得到解决。集中表现为："上级监督太远、同级监督太软、下级监督太难。"所谓"上级监督太远"，就是由时空距离造成的信息差使上级检察机关很难对下级检察机关实施有效监督，指导性和提醒性的监督难以发挥实际作用。所谓"同级监督太软"，就是由于工作分工、交往频次等要素的影响，同级检察机关内部存在众多利益往来，一般性监督难以发挥实际作用。所谓"下级监督太难"，就是由于权力不对等使下级对其上级的监督存在诸多障碍。这些问题不仅是我国检察制度内在矛盾的重要一隅，更是急需修正的现实问题。

（一）上级检察机关的制约监督效果不佳

上级检察机关对下级检察机关的监督力度不足，严重影响了监督效果。长期以来，我国检察机关在职能设置、检察制度和人事管理等方面都是按照行政机关的管理模式和运行机制进行的。[32] 这样的做法虽有利于检察机关独立行使职权，却也消减了上级检察机关监督下级检察机关的积极性和主动性。

从监督范围来看，主要问题是监督不够全面。首先，按照《人民检察院刑事诉讼规则》的规定，上级检察机关可以对下级检察机关的全部检察工作

---

〔32〕　魏建文：《检察权运行内部制约监督机制的构建》，《中国刑事杂志》2012 年第 4 期，第 98 页。

的执行情况进行监督，但实际情况并不理想。上级检察机关监督下级检察机关的积极性不高，往往仅就下级主动请示的案件进行监督或针对某一个具体的案件进行检查监督，没有形成长效性的制约监督机制。其次，上级检察机关对下级检察机关的监督大多集中于执法办案情况，对下级检察机关的廉政建设、检容检纪的监督没有形成稳固的监督机制，一般是在接到举报后才进行处理，这样的监督显然存在滞后性。

从监督手段来看，主要问题是监督方式太单一。由于获悉的执法信息不够完整，上级检察机关对下级检察机关的监督很容易演变成纯粹的业务指导。理论上，上级检察机关可以通过实地考察、随机抽查、听取汇报、业绩考评等方式对下级检察机关进行监督。实践中，上级检察机关的监督多限于备案、答复下级检察机关请示的案件、抽取少部分案件进行评价，[33]鲜少主动到下级检察机关进行走访调查。加之缺乏相应的程序指引且监督不当的责任未被明确，上级检察机关对下级检察机关的监督方式往往较为随意，很多整改意见是通过口头传达。制约监督的随意性不仅难以起到对检察权的制约作用，甚至可能干扰检察权正确行使。[34]近年来建立并不断完善的检务督察模式，在一定程度上弥补了上级检察机关制约监督方面的不足。但遗憾的是，现有的检务督察、检务巡察大多是定期对督察对象的执法活动和检容检风进行监督，尚未形成随机性的抽查督察。大多数情况下，检务督察所采取的方式是列席会议、听汇报、专项检查、调阅案卷等，督察人员了解到的多为表层问题，很难发现检察执法中具体的违法违纪行为，即便是通过跟踪、回访和暗访等方式，获取的也只能是检察执法中的违纪线索和执法中存在的一般性问题，监督效果相比立法预期大打折扣。

（二）同级检察院内部监督不畅

在同一检察院内部，不论是院庭长及执法办案部门负责人对其下属的监督、各监管职能部门之间的工作衔接，还是办案检察官之间的互相制约监督，都不同程度地出现制约监督乏力的问题。主要原因在于，同一检察院内的监督主体也属于单位内部人员，有时会出于单位整体利益考虑或碍于情面不敢

---

〔33〕 朱玉、金石、黄涛：《检察官办案监督情况实证分析》，《人民检察》2019 年第 6 期，第 7 页。

〔34〕 张平、房国宾：《正当法律程序视野下检察权监督监督机制研究》，中国法制出版社 2011 年版，第 222 页。

监督或不愿监督。

检察机关内部设立了诸多职能部门，部门负责人与成员之间的监督与制约并无成文的细化规定。甚至存在一些地方人民检察院片面强调承办人的相对独立性，忽略部门负责人对承办人员的监督与制约的情况。近年来，尽管检察机关逐步建立和完善了一些规章制度，如领导干部廉洁自律与重大事项请示报告等，但这些规章制度凌乱繁杂，缺乏系统性，在实际操作中存在制度交叉明显、督促落实不足、缺乏有力执行等问题。另一个较大的问题在于，检察机关各职能部门间没有实现有效的沟通衔接，检务督察、案件管理部门与办案部门之间的衔接不顺畅，制约监督机制的数据资源有待整合。[35]从实际情况来看，案件管理部门的主要职责是负责案件流程监督与案件质量评查，涉及检察业务全流程，正是由于职能定位的多样性与工作内容的复杂性，案件管理部门的监督工作很容易被办案部门视为"找麻烦"，使得部门之间的配合度相对较低。案件管理部门和检务督察部门都具有对办案的实体与程序事项进行监督的权能，即使权力侧重不同，但在执行中仍存在明显的权力重合，这也导致在开展工作时，可能会出现两部门之间监督权力划分不清、相互推诿的情况。

（三）检察委员会的制约监督作用不显

检察委员会是中国特色检察制度的重要内容之一，在防止错案、预防腐败等方面发挥着积极作用，却也因人员组成结构不合理和议事程序行政化明显的问题饱受诟病。这些因素在很大程度上限制了其监督职能的发挥。

不合理的委员结构和选任程序降低了检察委员会决议的质量和效率。2020 年 7 月 31 日，最高人民检察院公布了修订后的《人民检察院检察委员会工作规则》，将检察委员会的组成人员修改为检察长、副检察长、若干资深检察官，突出了检察官的主体地位。但实践中的做法并不尽如此，有学者在调研时发现，很多地方的检察委员会中存在大量的党组人员。例如，贵州省各级院检察委员会中，70% 以上都是院党组成员，相对而言只有较少的业务部门负责人成为检察委员会委员。[36]检察委员会中存在较多高行政级别成员的

---

〔35〕 沈曙昆、张福全、贾永强：《检察机关内部监督机制的运行与完善》，《人民检察》2013 年第 6 期，第 16 页。

〔36〕 刘昌强：《检察委员会制度研究》，西南政法大学 2012 年博士学位论文，第 211 页。

后果是他们可以轻而易举地左右其他成员的意见，存在使民主集中制演变成"一言堂"的风险。

检察委员会的议事程序不合理也是影响其监督效果的一个重要因素。从实践情况来看，多数基层检察机关检察委员会在讨论案件时，主要采取看议案报告、听承办人口头汇报等方式。由于缺乏亲历性且获取案件信息的渠道不畅通，案件的决策质量难以保证，多数委员很少甚至从未在会议召开前审查案卷证据材料，很多时候仅凭简要听取案件承办人汇报案情。如此一来，决策所需要获得的案件信息越来越少，影响和制约了决策的正确性。[37]加之缺乏必要的考评与追责机制，部分委员参加会议的积极性有所欠缺。不少检察委员会的成员经常缺席会议，即使参加会议也不提前对议题材料进行认真研究，在会议讨论时不发言或者很少发表独立见解，或表决时大多附和检察长或其他委员意见，成为所谓的"哑巴委员""同意委员"。循环往复，检察委员会对案件的审议流于形式，无法对重大业务、决策进行有效的把关与监督。

（四）案件管理与质量评价指标能动性不足

案件管理部门作为检察机关内部专司案件监督的部门，其监督职能具有不可替代性。童建明副检察长总结道："案件管理职责较为繁杂，概括起来就是两个方面：监督管理和服务保障。"[38]在监督管理方面，案件管理部门监督的权威性常常受到质疑，导致案件管理监督体系的监督主体地位薄弱，功能常被虚置。少部分办案检察官对案件质量管理的重要性、必要性认识不足，仍存在"重实体、轻程序"的思想，将主要精力放在案件的实体办理上，对案管工作配合意识不够，责任观念不强，对案件流程、案卡填录、文书制作的随意性较大。利用人工智能和大数据技术进行司法改革是信息时代的发展需求。但目前，案件管理系统的程序监督功能集中于对办案期限的预警提醒和对办案流程的统一规范，更深层次的程序监督功能难以实现。[39]从检察业务管理信息化的发展方向和要求来看，目前案件管理统一业务应用不够便捷，

---

〔37〕　魏建文：《检察权运行内部监督监督机制的构建》，《中国刑事法杂志》2012 年第 4 期，第 99 页。

〔38〕　童建明：《构建新时代检察机关案件管理工作新格局 为促进检察工作高质量发展提供坚强管理保障》，《检察日报》2021 年 10 月 28 日，第 2 版。

〔39〕　高燕艳：《补足短板推进案件管理智能化》，《人民检察》2021 年第 6 期，第 75 页。

部分检察官对办案数据的填报不够翔实，检察机关内部在信息互通共享方面不到位。在服务保障方面，由于数据运用不充分，案件管理部门尚未形成有效的办案数据研判机制。案件管理部门与办案业务部门之间还未形成"分析—研讨—促进决策"的循环链条，这使得办案数据无法转化为实际经验，进而达不到高效落实的效果。

2019 年 1 月 18 日，全国检察长会议首次提出检察新名词"案—件比"，拉开了以"案—件比"为核心的案件质量评价序幕。"案—件比"是正式实行不久的新型评价标准之一，人们对"案—件比"指标存在一种错误的认识，即盲目追求更低的比例。不论是最高人民检察院发布的法律文件还是各地的工作报告，都将"案—件比"的考核目标定义为"追求降低"。这实际上是一种误读。基于这样的错误认识，不少地方检察机关将"案—件比"作为评比排名的标准，导致检察工作失真，出现只重视"面子"指标而不在意实际办案效果的情况。如此一来，不仅"案—件比"的考核价值无法实现，更可能会使检察官产生效率至上的错误思想。此外，当前"案—件比"的另一难题在于，"件"数设置不尽合理，无法直观反映检察机关的办案情况。具体来说，"案—件比"中"件"的计算范围仅涵盖了从审查批捕到上诉这部分的权力，而申诉、再审、执行等同样需要检察机关参与的执法环节未被覆盖其中。[40]因此，检察机关亟须从思想引领和细化指标等方面出发，建立符合司法规律的"案—件比"评价体系，不断提升检察人员的责任意识。

（五）缺乏对领导干部的反向制约监督机制

检察长等领导干部既是内部制约监督的主要负责人，更是应当被制约监督的重点对象。基于岗位的特殊性，一旦检察长等领导干部滋生腐败，它所带来的危害远远大于其他岗位滋生的腐败。[41]从检察机关内部来看，其内设的案件管理部门和检务督察部门都隶属于、听命于本院党组和检察长，缺乏必要的独立性。因此，对检察长、部门负责人等领导干部的监督仍然是一大难点。一个不争的事实是，尽管地方各级"一把手"腐败的现象频发，但很

---

〔40〕 赵佳晖、李影、高广勤：《"案—件比"的现实理解与动态改进》，《四川警察学院学报》2021年第 5 期，第 96 页。
〔41〕 陈朋：《监督权的再监督：逻辑理路与空间拓展》，《河海大学学报》（哲学社会科学版）2021年第 1 期，第 10 页。

少是由同级检举出来的！^[42]这从侧面反映了检察机关内部下级对上级的反向监督虚无化。

一般而言，对于上级检察机关的指令，下级检察机关要遵守并执行，而绝大多数案件以两次审查为限，这就导致在多数请示上级的案件中，上级检察机关可能拥有了绝对的决定权。此外，一些领导以"审批"方式把关案件，导致办案仍以"三级审批"的方式进行。少数部门负责人或分管检察长以"口头建议"的方式，对案件作出决定，但又不承担司法责任，以监管之名行办案决定之实。反观制度层面，法律赋予下级监督上级的权力，但对于下级检察机关如何监督上级检察机关，员额检察官对检察机关领导班子的违法违规行为进行检举，都缺乏法律文件的详细指引。加之缺少必要的监督保护机制，许多检察官不敢或者不愿对检察长（副检察长）、部门负责人的决策和廉政情况进行监督。缺失来自下级检察人员的监督与制约，上级领导者的权力将无法限制。之所以会形成这样的局面，一方面是因为下级的监督意见对上级而言，不具有约束力；另一方面是因为处于"弱势地位"的监督主体不敢监督或者不愿监督。因此，从多角度建立对领导干部的反向制约监督机制尤为重要。

五、捕诉一体改革引发内部制约监督机制"新症"

捕诉一体办案模式有利于提升检察机关办理刑事案件的效率，但也因消减了内部监督程序而饱受诟病。有学者认为，"捕诉合一事实上消解了起诉对逮捕的内部制约作用，可能会影响逮捕案件的质量；由不同的员额检察官或者检察官办案组分别享有审查逮捕职能与审查起诉职能，可以起到制约的作用"^[43]。学界秉持上述观点的学者不占少数。捕诉一体改革后办案检察官的职权得到进一步扩大，公诉权对批捕权的制约监督作用不复存在是一个共识，捕诉一体对内部制约监督的消解主要体现在对检察官办案的制约监督难度增大和内部制约监督程序消减两个方面。

---

[42] 李永忠：《反腐困境何以破局》，《人民论坛》2011 年第 21 期，第 34 页。

[43] 张云鹏：《"捕诉合一"背景下诉讼化审查逮捕程序的完善与建构》，《辽宁师范大学学报》（社会科学版）2020 年第 3 期，第 27 页。

（一）对检察官办案的制约监督难度增大

从理论上讲，尽管公诉和批捕合二为一，但检察官的办案能力和业务素质仍较为稳定，应该能够正确行使职权。但是部分检察机关过于相信捕诉一体机制中检察官的自律程度，过度依赖司法责任制、外部制约监督机制的作用，没有专门制定相应的内部制约监督机制，因而难以有效地保证捕诉一体机制中检察官正确行使职权。[44]这增大了监督检察官办案活动的难度。

捕诉一体后，原本单一行使批捕权的检察官一并行使公诉权，或原本单一行使公诉权的检察官一并行使批捕权，检察官手中的权力变大了，权力滥用的风险随之增加。捕诉一体后的一个重大问题在于，一旦犯罪嫌疑人被批准逮捕，那么被起诉的可能性会增大。尽管逮捕的条件还达不到起诉的标准，但是对于检察官来说，自己批捕的案子怎么可能不起诉，如果捕了却不诉也有面临司法惩戒的风险。在这样的情形下，仅依靠检察官的自律性来纠正自身错误是不容易实现的，更现实的情况可能是检察官缺乏责任感，将错就错。此外，认罪认罚从宽制度的正式入法与捕诉合一模式的全国推行不期而遇，当承办检察官既掌握批捕权又掌握起诉权，权能范围的扩大使其获得与犯罪嫌疑人进行认罪协商的便利条件。检察官可以"不批捕"及从宽处罚为条件，说服、鼓励犯罪嫌疑人自愿认罪，同样加剧了权力滥用的风险，增大了制约监督的难度。

（二）内部制约监督程序消减

内部制约监督程序的消减主要表现为，捕诉一体使公诉权与批捕权的相互监督作用被弱化，容易造成冤假错案。捕诉分离机制下，前者与后者是双向箭头式的监督关系。在人员方面表现为同事之间的监督，权力方面表现为公诉权与批捕权之间的互相制约。公诉权对批捕权的制约是基于公诉权的实体属性，即决定是否起诉；批捕权对公诉权的制约是基于批捕权的程序属性，即决定是否羁押，体现在犯罪嫌疑人未被羁押的审查起诉案件中，公诉检察官认为需要逮捕的，也必须内部报请本院批捕检察官决定。[45]在错案责任终身制的背景下，检察官决定的事项的后果由自己承受，检察官在做决定之前

---

[44] 邓思清：《捕诉一体的实践与发展》，《环球法律评论》2019 年第 5 期，第 47 页。

[45] 闵丰锦：《左右手何以制约：捕诉一体模式下检察权内部监督机制研究》，《新疆社会科学》2019 年第 3 期，第 101 页。

需要经过深思熟虑，未经审查就随意作出决定容易产生错误，最终导致被追究责任。因此，对于公诉部门的报请，负责批准逮捕的检察官会认真审查证据材料再作出是否羁押的决定，而不会因为负责公诉的检察官认为有逮捕必要就直接作出决定。这时，批捕部门对公诉部门就起到一定的制约监督作用。

捕诉一体背景下，同一检察人员肩负审查批捕和审查起诉两项职能，在行使主体上已经丧失了各自的独立性。由于审查批捕和审查起诉的主体是同一个人或者同一个办案组，这就缺少了在不同的诉讼环节由不同检察官把关的内部监督。[46]一个案件由检察机关不同部门从不同视角进行审查，可以在一定程度上降低出现错案的可能性。捕诉合一以后，批捕和公诉都由同一检察官掌控，检察官可能会以批捕权作为筹码来获取证据，审查批捕权可能沦为起诉的附庸，逐渐演变为起诉的服务环节。甚至，在批捕阶段只要不认罪认罚就进行逮捕，试图通过这样的"威胁"来获取犯罪嫌疑人的供述，以此提高证据的完整性然后进行起诉。以逮捕逼迫犯罪嫌疑人认罪认罚不仅违背了认罪认罚的自愿性和合法性，而且人为地改变了逮捕的性质，使之实质上成了服务于起诉的手段。

六、健全检察机关内部制约监督机制的具体思路

当下，捕诉一体等改革给检察内部制约监督机制造成不小的冲击，仅依靠传统监督模式难以适应新的工作需要，检察机关内部制约监督机制需要得到新的发展。整体上，应强化检察人员办案责任制要求、完善各项内部制约监督工作机制、优化整合内部制约监督方式以缓解捕诉一体改革带来的冲击，逐步完善对领导干部等监督者的反向制约监督机制。

（一）强化检察人员办案责任制要求

实现对检察权的制约监督实际上就是要对检察人员进行制约监督。对职业良知泯灭、存在道德品质问题的人应坚决不纳入检察队伍，检察官权力清单和司法责任认定与追求机制也要伴随司法改革的推进而不断深化、细化，以此引导检察人员提升监督与被监督意识。

---

[46] 王敏远：《透视"捕诉一体"》，《环球法律评论》2019 年第 5 期，第 37 页。

1. 提高检察队伍职业素养

"一支正规化、专业化、职业化的检察队伍能够降低内部监督的难度，推动内部监督的顺利开展。"[47] 2014 年 10 月，十八届四中全会通过的《中共中央关于全面推进依法治国若干重大问题的决定》将"推进法治专门队伍正规化、专业化、职业化，提高职业素养和专业水平"作为建设高素质法治专门队伍的一项重要内容。检察人员的司法良知与职业素养是规范检察权运行的起点，越来越被重视。

首先，提升检察人员的综合素养与检察官的入额门槛。《关于深化检察改革的意见（2013—2017 年工作规划）》提出实行检察人员分类管理的初步构想，要求将检察人员划分为检察官、检察辅助人员和司法行政人员三类并完善相应的管理制度。对于检察官而言，随着司法改革的深入推进，国家对员额检察官的职业良知和专业能力都提出了较高的要求。以此为契机，检察机关应通过制定科学的标准、严格的流程择优遴选入额检察官，最大程度规范检察权运行。对于检察辅助人员和司法行政人员，同样应当以高尚的职业良知和专业的执法能力为根本遵循，具体考察其思想品德是否良好、专业功底是否扎实、能否适应检察机关发展需求等方面。

其次，提升检察人员的监督与被监督意识。一是要求检察官应主动强化自我监督意识，培养高尚的司法良知，用比监督他人更严格的要求约束自己。二是要求检察官提升监督与被监督的意识，摒弃"人情"祖护思想，既要勇于监督并坚决指出不合法、不合理的用权行为，也要敢于接受别人的监督。三是要求享有监督权力的检察人员，主动提高自身监督能力和职业素养，进一步增强担当意识、责任意识，扎实履行检察业务指导、办案质量监管等职责，正确认识"有效监管"和"充分放权"的辩证关系，既注重对违规违法行为的监管，也要关注对"庸懒散拖""冷硬横推"等不规范行为的监管。检察机关内部的任何人，一旦发现办案过程中存在苗头性、倾向性问题，都应及时提醒、及时检举，防止"小问题"演变成"大事件"。

---

〔47〕　天津市武清区人民检察院课题组：《检察机关内部监督监督的具体途径》，《中国检察官》2018 年第 7 期，第 39 页。

2. 完善检察官权力清单制度

深入推进检察官权力清单制度，落实检察官责任制，使内部制约监督有迹可循。检察官权力清单是以目录清单形式对检察机关内部各层级办案主体的办案职权进行划分，明确检察长、检察官等各类办案主体的职权界限。[48] 相较于以往改革中只从整体上强调检察机关权力要下放给办案检察官的做法，检察官权力清单制度的进步之处在于，要求对检察机关内部各办案主体的职权进行清晰划分，实现权责统一。在落实检察官办案责任制、促进检察机关内部制约监督时，各级检察机关需进一步完善检察官权力清单制度，防止出现相互推诿、衔接不畅的情况。

2017 年 5 月，最高人民检察院司法体制改革领导小组办公室对《关于完善检察官权力清单的指导意见》的基本精神和主要内容做了权威解读，随后发布《〈关于完善检察官权力清单的指导意见〉的理解与适用》。该文件指出，完善检察官权力清单的重点是处理好放权与监督的关系，制定权力清单应当坚持以"放权"为原则，转变监督的方式，通过办案活动的全程留痕加强监督。经过三轮改革试点工作，全国各省级检察院基本都完成了检察官权力清单制作，但也呈现出授权的幅度不一、放权不足等问题。对于检察官权力清单制度的完善，应当注意以下两方面：

一是合理确定权力清单的内容。检察官权力清单的主要目的是界定检察官职权范围。关于如何划分权力清单内容的问题，龙宗智教授认为，应当以区分检察官和检察长权力的"两分法"为基本方法。[49] 检察官与检察长是检察权运行过程中的两大主体，采用"两分法"既有利于突出检察官的主体地位，也有利于理顺权力划分的逻辑，便于操作。从检察实践而言，检察官的独立裁量权与检察长的统一领导权之间存在"权力博弈"，加强检察官的相对独立性必然需要先划分检察长的领导职权，这是检察机关内设机构设置的重要前提。[50] 检察官权力清单的内容应突出检察官的主体地位，赋予检察官承

〔48〕 杨晓：《检察官权力清单的配置与完善》，《深化依法治国实践背景下的检察权运行——第十四届国家高级检察官论坛论文集》2018 年期，第 10 页。

〔49〕 龙宗智、符尔加：《检察机关权力清单及其实施问题研究》，《中国刑事法杂志》2018 年第 4 期，第 128 页。

〔50〕 周新：《检察机关内设机构改革的逻辑与面向——权力属性视角下的实践分析》，《当代法学》2020 年第 2 期，第 118 页。

办权与决定权。按照当下检察机关内部办案组织结构，案件由检察官承办或由某一具体办案组承办。在检察官独立办案的组织形式中，承办权与决定权统一于承办检察官，此时权责较为明确。在检察官办案组的组织形式中，需要明确主办检察官和普通检察官的权责等，以此防范承办权与决定权相分离。检察官权力清单应坚持大胆放权，主要突出检察官对案件和行政事务的宏观监督把控职能。办案质量监管方面，要从严限制检察长干预办案，明确对于重大、疑难、复杂案件或者有线索认为检察官违反有关办案规定时，检察长可以要求检察官报告案件办理情况，进而采取有针对性的措施。行政事务监管方面，突出检察长引领检察人员重视遵守各项纪律规定的职能，完善顶层设计，做好监督工作从而服务于检察工作的有序高效运行。

二是妥善确定清单形式。基于检察权内容的多样性，检察官权力清单应采取"抓大放小"的原则，列举检察官、检察长的权力。[51] 同时，还应从正面列举与反面禁止两个角度确立权力清单。正面清单应当相对详细，例如，将检察机关职能总结提炼，将审查批捕、审查起诉、提出检察建议等载入正面清单，集中授予检察官。而负面清单可以相对灵活开放，对检察官办案活动的"赋权"性较为明显。[52] 当然，从《若干意见》的整体要求来看，目前主要还是由各省级检察院统筹制定本辖区范围内的检察官权力清单。因此，各省检察院应根据实际情况结合改革进度与制度发展情况适时调整清单内容，探索正负面相结合的形式，以充分发挥检察官权力清单制度的效能，妥善处理合理放权与有效监督的关系，保障检察官依法独立行使检察权。

3. 落实检察人员责任追究制度

运行好检察官惩戒机制，有利于守好内部监督的后防线。检察官在职责范围内对办案质量终身负责是司法责任制改革对办案检察官的具体要求。对在制约监督过程中发现的违法行为，应当充分遵循检察终身责任制的要求，坚决落实责任追究与承担。尽管《若干意见》《检察官法》《最高人民检察院关于对检察机关办案部门和办案人员违法行使职权行为纠正、记录、通报及责任追究的规定》等法律文件对追究检察官办案责任的条件、方式、程序作

---

〔51〕 张永进：《检察官权力清单：现状、问题及完善》，《铁道警察学院学报》2020 年第 2 期，第 111 页。
〔52〕 邓思清：《检察官权力清单制度初探》，《国家检察官学院学报》2016 年第 6 期，第 48 页。

出了规定，但为了精准确定司法责任的归属并对检察官进行必要惩戒，必须细化相关规定。

以权责一致为原则，确保责任落实到位。检察责任追究制度的功能在于通过严惩违法行使权力的检察官，督促他人审慎行使权力。被惩戒责任人的正确性是发挥检察责任追究制度的作用的前提，若对非实际办案者进行追责，可能会造成更大的不公正。按照权责一致的要求，对检察官的追责应当充分遵循"谁办案谁负责、谁决定谁负责"的基本原则。尽管三级审批制已经不复存在，但办案部门负责人、检察长和检察委员会仍有可能变相干扰检察官独立行使检察权，成为隐性的"权力者"。抑或检察人员出于自我保护的本能，往往会通过"请示"检察委员会的方式转嫁风险，形成法不责众的局面。基于此，检察官责任追究制度应与检察官权力清单制度形成有机联动，确保执法者和责任者的实质统一。检察官在职责范围内对办案质量终身负责，负有监督管理职责的领导干部因故意或重大过失不当行使或怠于行使监督管理权，也应承担相应的司法责任。

以客观事实认定为主，确保追责合理。关于追责的理由，有学者认为："错案追究制应当惩戒的是那些违反法律、违反司法人员职业道德准则的错误行为，而不是那些几乎很难完全避免的细微错误。"[53]若将不可避免的错误作为追责的理由，不仅会消磨检察官的办案积极性，更有违司法规律。司法责任的认定有两种模式，一是"主观故意+行为"，二是"重大过失+行为+严重后果"。实践中，认定检察官主观故意的难度较大，对检察官因疏忽大意却尚未造成严重后果的案件进行追责也并非易事。尤其是在捕诉一体的背景下，尚未形成"错捕"的准确定义，导致很多检察官因惧怕承担责任而不敢自我纠错。因此，在坚持主观和客观相统一的原则下，应明确批捕后不起诉并不必然等于错捕。错案的认定应侧重于判断是否存在事实认定错误、法律适用错误、违反法定程序及造成严重后果等情形。唯有如此，才能保证检察官办案不被责任形式束缚。

优化检察官惩戒委员会人员组成结构，提升责任认定的权威性。《关于建

---

[53] 樊崇义、刘文化：《客观与理性：刑事错案责任追究制度的理念建构》，《安徽大学学报》（哲学社会科学版）2015年第4期，第26页。

立法官、检察官惩戒制度的意见（试行）》第 4 条规定，惩戒委员会由人大代表、政协委员、法学专家、律师代表及法官、检察官代表组成。一般来说，人大代表和政协委员具有较高的道德素养，由他们担任惩戒委员会的成员更能从公正客观的角度进行事实判断，因而这样的人员结构具备合理性与必要性。我国当前的检察官惩戒事由主要针对司法行为本身，还不涉及检察官违反职业操守的事项。[54] 对司法行为的判断更需要结合专业的法律知识，必须从检察官履职行为的正当性、合法性和合理性入手，因而更应交给具有法律专业知识的检察人员来判断。基于此，应当对惩戒委员会的委员结构有所扩展，应囊括更多熟悉检察事务且能从专业角度对检察官的履职行为作出判断的检察人员。在确定检察官惩戒委员会的组成人员后，还应进一步明确检察官惩戒委员会的职权，以此提升惩戒的权威性。应当明确的是，惩戒制度不仅是推进司法责任制改革过程中不可或缺的配套措施，更是加强对检察官履职行为监督，实现检察队伍正规化、专业化、职业化的重要举措。

（二）优化整合内部制约监督方式

长期以来，上级检察机关对下级检察机关的制约监督，检察委员会、案件管理部门及检务督察部门的制约监督，在促进检察工作法治化方面起到了举足轻重的作用。针对现存的不足，应当进一步加强上级检察机关对下级检察机关的制约监督；促进检察委员会人员结构与议事规则的改革，切实发挥检察委员会的监督职能；以智慧检务为契机，不断健全案件全流程监管机制，提升案件监督质效；最后，通过完善顶层设计促进检察机关内部监督职能部门的高效运行与衔接。

1. 加强上下级检察机关的制约监督

拓展上级检察机关获取下级检察机关履职信息的渠道，切实提升上级检察机关纵向监督质效。有效的监督应当具备两方面的条件，一是监督者能够随时获取被监督者的真实情况，确保监督者掌握足够的信息作出客观的判断；二是监督者和被监督者之间存在纵向层级制约关系且有多种监督方式，确保监督的威慑力与全面性。我国《宪法》和《人民检察院组织法》均肯定了上级检察机关对下级检察机关的监督领导地位，上级检察机关对下级检察机关监督的威慑力毋庸置疑，当下更为重要的是解决上级检察机关监督全面性不

---

〔54〕　严然：《检察官办案责任制改革研究》，武汉大学出版社 2020 年版，第 232 页。

足、监督方式单一的问题。

改革监督形式，提升监督全面性。2020 年，陕西省以"检务督导面对面"为抓手，通过采取中心工作"聚焦式"选题、视频会议"面对面"问询、实地调研指导"点对点"督察、党组研究"实打实"通报等举措，扎实推进检察工作的高质量发展。[55]"检务督导面对面"的内部制约监督模式效果显著，成为最高人民检察院公布的全国检察机关首批检察改革典型案例，在获取下级检察机关信息方面具有较强的借鉴意义。具体来说，应建立由省级人民检察院牵头，下级人民检察院定期或不定期汇报、接受检查的方式，建立一体化的督察模式。一体化的检务督察模式，通过常态化的监督问询，及时了解下级检察机关的执法办案成效和党风廉政建设情况。发现问题后，省级人民检察院应迅速成立专人小组开展实地调查，并将考察结论全面真实地汇报给领导小组，以此增加上级监督的频次与强度。

促进信息技术与检察工作的融合，丰富上级检察机关的监督手段。上级检察机关可以通过视频会议、数据共享等创新技术，使调查、座谈等传统手段向智能化方式转变，推动智慧检务与检务督察相结合，以此打破上级监督的时空限制，实现监督的全面性和即时性。同时，应重点完善上级检察机关对下级检察机关的请示答复制度，提升监督的权威性。具体包括：明确请示的范围、请示的程序、请示的内容和要求、答复的期限、答复的形式等。上级检察机关对在检查过程中发现的问题，应以书面方式进行全面记录，并要求有关检察院汇报整改情况，让错误的办案方式成为其他检察机关的警示器，甚至可以将督察整改结果与各级检察院及其内设部门的绩效考评挂钩，以此作为表彰和选拔任用的重要参考依据。

2. 激活检察委员会的监督功能

检察委员会是规范检察长、检察官履职行为的强有力的监督机制。在社会公众对廉洁执法、司法公正的呼声越来越高涨的情况下，检察委员会的监督功能应当受到高度重视并得到充分发挥。从我国检察权改革的整体趋势来

---

[55] 最高人民检察院：《全国检察机关首批检察改革典型案例》，载最高人民检察院官网，https://www.spp.gov.cn/xwfbh/wsfbt/202101/t20210114_506475.shtml#2，最后访问日期：2021年10月28日。

看，检察官将拥有更大的自主决策权，检察长除监督领导权外，也拥有着广泛的检察事务及行政事务决策权，但检察委员会的检察事务决策权将进一步限缩，侧重于对重大、疑难、复杂案件的监督。要想发挥检察委员会的监督功能，就必须通过制度化建设解决当前存在的问题。如前述，检察委员会因人员组成行政化、议事程序形式化、责任承担虚无化的问题饱受诟病。学界呼吁取消检察委员会制度的声音从未中断，所持理由主要基于议事规则等方面的弊病。[56] 因此，检察委员会的完善重点在于变革人员组成结构，明确检察委员会的议事程序与监督事项，以完备的工作机制保障监督效能。

在检察委员会的人员组成方面，应当尽可能增加业务能力较强的检察官，降低党组或者行政人员的比重，且应遵循检察长最后发言和少数服从多数的原则，保障议决质量与权威。甚至，检察委员会开会时，可以尝试检务督察组成员列席会议的作法，由检务督察员对会议的进程进行记录与监督，但不做实质发言。为了激活检察委员会的议事职能，还应通过规范化建设，促进检察委员会对议案内容展开深入、有效的讨论。可以将检察委员会召开会议的情况、成员履职情况、实际运行效果纳入检察官绩效考核范畴，以此提升委员的参会积极性与责任意识。就检察委员会的监督对象和内容而言，对象上，必须重点加强对检察长、部门负责人的用权行为的监督，确保执权行为的合法性和正确性；内容上，应突出检察委员会对重大、疑难、复杂案件和重大事项的监督，明确重大案件及重大事项必须交由检察委员会讨论后，再作出最终决断。

3. 构建案件管理工作新格局

步入新阶段，《中共中央关于加强新时代检察机关法律监督工作的意见》对检察工作高质量发展提出更高的要求。面对新要求，检察机关要在更高水平上开展管理、服务办案，构建案件管理工作新格局。

升级检察机关统一业务应用系统，增强可操作性。升级统一业务应用系统的关键在于使案件管理业务应用系统符合办案实际，建立快捷、方便、高

---

[56]　贺卫方：《解读检察体制改革之难》，《中国司法》2004 年第 1 期，第 34 页。

效的大数据平台。一是要完善分案系统，将大数据分析技术应用于案件分配，实现随机分案为主、指定办案为辅。通过大数据自动获取案件关键信息，对案件类型、办理难易程度进行初步判断后，结合检察官或检察官办案组的办案专长与办案负荷量进行综合分析，实现案件与办案检察官之间的合理匹配。二是要研发覆盖四级检察院的智慧监督信息系统，提升案件管理部门发现办案不合理、不规范的能力。严格落实检察机关所有的办案活动都在统一业务应用系统中开展，所有的办案环节、办案结果均需在网上留痕，实现案件全程可查询、可追溯。三是要深化检察业务数据的共享系统，案件管理部门要遵循检察机关业务数据内部互联互通的要求，将案件管理过程中获取的关键信息数据在内部应用系统中公开，推动数据的共享共用。

建立以业务数据分析研判为引领的业务指导体系，促进检察工作高质量发展。除了对办案过程进行全面监督，对监督过程中获取的办案数据进行总结分析，也是案件管理部门的重要职能之一。2016年3月，浙江省检察机关与阿里云联合建设"浙检云图"大数据可视化应用平台，该平台不仅能够展现数据地区分布情况和实时办案数据信息，还能形成可视化多维报表、图形；贵州省检察机关创立的大数据分析服务系统，已经成为领导决策的"意见智库"。[57]另一方面，这些举措在促进检察工作高质量发展方面起到了举足轻重的作用，尤其是在案件越来越多、四大检察业务齐头并进的情况下，案件管理部门的信息研判能力更为重要。一方面，研判要有重点。在新的发展形势下，案件管理部门要紧紧围绕落实认罪认罚从宽制度、少捕慎诉慎押刑事司法政策等检察重点工作来开展分析研判，实现检察重点工作的高质量发展。[58]另一方面，案件管理部门应作为牵头者，主动联合办案部门共商共建，齐力推动案件管理服务保障体系的发展。

4.规范案件质量评价指标模式

案件质量评价指标是落实司法责任制、加强司法监督的重要保障，[59]亦是

---

〔57〕 郑赫南、史兆琨：《检察机关大数据建设应用典型案例》，《检察日报》2017年6月13日，第2版。

〔58〕 童建明：《构建新时代检察机关案件管理工作新格局 为促进检察工作高质量发展提供坚强管理保障》，《检察日报》2021年10月28日，第2版。

〔59〕 董桂文、石献智：《〈人民检察院案件质量评价指标工作规定（试行）〉的理解与适用》，《人民检察》2018年第3期，第20页。

现代诉讼"爆炸"的背景下提高案件质量、加强司法监督的重要方法。2020年1月9日，最高人民检察院印发的《检察机关案件质量主要评价指标》标志着以"案—件比"为核心的案件质量评价指标体系的"四梁八柱"基本搭建完成。将"案—件比"作为核心评价指标，必须以科学的标准和客观的程序为前提。

树立正确的"案—件比"考核观念，细化考核流程。首先，应当引领广大检察人员准确理解"案—件比"考核方式的科学内涵，杜绝盲目追求降低"案—件比"而就案办案、机械办案的情况。其次，为了避免"案—件比"考核逐渐行政化，应明确案件质量评价指标仅为绩效考核的参考指标之一。再次，案件管理部门应提升对案件质量评价指标的重视程度，以"案—件比"为核心指标，坚持定期排查、总结，对"案—件比"较高的检察官或检察官办案组，应集中查找短板，提出改进措施。最后，检察机关应注重发挥"案—件比"的激励作用，促进其与检察官业绩考核、司法责任追究制度的有机结合，对评价指标的标准、依据、范围、组织及方式等进行明确规定。通过查找、发现、评析案件办理中的质量问题，形成客观的评价指标报告，提出明确的评价指标意见和建议，有效发挥案件质量评价指标的纠错功能。[60]实践中，湖北省恩施市创新性地提出"一人一卡"制度。该制度依托统一业务应用系统，统计检察官个人审查起诉、不捕申诉、退回补查、刑事申诉等数据，以此督促办案人员牢固树立"案—件比"意识，主动适应新形势下的司法办案理念。[61]从该院的实践情况来看，"一人一卡"制度要求检察官将办案情况录入统一业务应用系统中，"一人一卡"制度能助力检察官实时掌握自身情况，也能促进检察官正确认识自身问题，促进其减少无意义的诉讼流程。

以加强考核督导为抓手，完善"案—件比"评价体系。首先，检察机关应设定科学合理的"件"数范围，不仅要排除与检察业务无关的环节，还要增加现有集合以外的"件"数内容，使"件"数范围涵盖检察业务全局。例如，在检察业务全面发展的整体布局下，可以增设检察公益诉讼的立案监督，

---

〔60〕 天津市武清区人民检察院课题组：《检察机关内部监督监督的具体途径》，《中国检察官》2018年第4期，第38—39页。

〔61〕 王晋：《"案—件比"倒逼司法办案水平提升》，《检察日报》2019年11月29日，第9版。

将法院生效判决的申诉情况，再审及执行环节的复议、复核等事项作为"件"数内容。其次，扩充评查人才库。在开展案件质量评查的过程中，除选取业务能力较强、职业素养过硬的资深检察官组成案件评查小组外，还可以吸纳发展潜力大、工作干劲足的年轻检察官作为评查队伍的后备力量，以解决先前评查力量不够、力度不强的问题。最后，促进评查方式多样化。案件质量评查作为一种事后监督方式，难免存在一定的滞后性。因此，检察机关还应探索个案同步审查机制，积极突破地域壁垒，尝试建立全国系统互联数据库，将本检察院办理的案件交由同级其他人民检察院评查，以形成更加公正的评价结果。

5. 实现不同部门之间的衔接与配合

检务督察部门和案件管理部门是检察机关内部主要负责监督工作的两大部门。检务督察部门主要负责巡视巡察、执法督察、追责惩戒、内部审计等工作，而案件管理部门主要负责案件流程监控与案件质量评价指标。检务督察部门与案件管理部门之间若能实现良好的职能衔接，加强监督工作领域的配合协作，于检察机关内部制约监督而言大有益处。

增强检务督察部门与案件管理部门之间的互相配合，形成制约监督合力。从这两个部门的监督侧重点来看，案件管理部门倾向于办案全流程的管理以及办案质量的评估，检务督察部门则倾向于对办案人员的监督。监督侧重点的差异性使两个部门的互补性得以彰显。检察机关应将两个部门的工作衔接起来，形成对执法办案的同步监督，同时发挥检务督察部门维护办案秩序、办案纪律的功能与案件管理部门把握办案全流程、评查案件质量的功能，通过监督力量的叠加提升监督效果。《人民检察院检务督察工作条例》虽提到检务督察部门要与其他部门互相配合，但未对部门之间如何配合作出详细说明，最高人民检察院也未出台相关规定或者条例进行指导。但实践中，例如江苏省沛县检察院、鹰潭市检察院、武义县检察院通过制定办法或细则指导案件管理部门与检务督察部门衔接、配合，以使两个部门的监督职能更好地发挥。以此为鉴，最高人民检察院应在考察各地实践的基础上出台相关规定，明确这两个部门的内部监督职能、主要的监督范围，细化配合的方式，提高办案监督的效率与水平。

为构建对司法办案的同步监督机制，案件管理部门可以通过升级改版后的统一业务应用系统向检务督察部门移送有关线索，并将经案件评价指标程序评定出的不合格案件移交检务督察部门调查追究。[62] 检务督察部门可以从案件管理部门获取案件卷宗材料，以此查证核实办案检察官是否存在违法违纪执法办案的行为。同时，检务督察部门在监督中发现的检察人员违反检察职责、违反法律规定、违反检察纪律的情况，可以同案件管理部门出具的案件质量评价指标结果相结合，共同作为检察官绩效考核和惩戒的依据。

（三）建立对领导干部的反向制约监督机制

习近平总书记强调："监督别人的人首先要监管好自己，执纪者要做遵守纪律的标杆。"[63] 在检察机关内部，以检察长为代表的领导干部享有广泛的监督权，他们也是各项重大检察事务的主要决策者，这便要求建立更加严格的制约监督机制以确保监督权与决策权的正确性。

充分发挥检察官、检察辅助人员和司法行政人员对部门负责人、检察长等主要监管者的监督作用。检察官及检察官办案组直接受到检察长、办案部门负责人的监督，监管者有没有违规干预执法办案，办案者最清楚。为充分调动办案检察官的监督积极性，首先要解决检察人员基于单位整体利益考虑或碍于情面不愿监督、担心会遭到打击报复而不敢监督的问题。为此，应在充分肯定检察官对其上级领导具有监督权力的基础上，完善记录、报告、举报程序，建立监督保护制度，进一步加强检察官主体性建设和职业保障，使其敢于主动记录、报告、举报，消除其恐惧心理。同时，检察院内应建立检务内部公开机制，使各项检察决策接受广泛的内部监督，将重大工程建设审计情况、大额资金使用情况，重大案件的查处进程、案件社会影响、各阶段法律文书等内容在内部网络系统中重点公开，以便接受检察院内部全体干警的监督。

落实检察机关领导干部办案情况通报制度，发挥业绩考评的约束作用。中央政法委印发的《关于严格执行法官、检察官遴选标准和程序的通知》对建立该项制度作出明确指示，要求定期通报领导干部办案数量、案件类型、

---

〔62〕 最高人民检察院检务督查局课题组：《完善检察官办案内部监督机制研究——以强化检务督察职能为视角》，《国家检察官学院学报》2019 年第 5 期，第 77 页。

〔63〕 习近平：《在第十八届中央纪律检查委员会第六次全体会议上的讲话》，《人民日报》2016 年 5 月 3 日，第 2 版。

开庭数量等情况，保证办案情况全程留痕，接受干警监督。值得注意的是，做好通报的同时还应畅通投诉举报机制，明确广大干警认为通报的检察机关领导干部办案情况不实的，可以向上级检察机关反映。此外，在检察长等领导干部的考核指标中，应增加履职成效的比重，通过建立具体可行的制度，规范其领导职能。可以考虑将检察长的监督指导结果纳入院庭长个人业绩考评体系，对怠于履行职责或滥用职权的领导者，采取相应的惩戒措施。在此基础上，检察机关内部应认真落实各项廉政制度，扎实抓好领导干部述职述廉、个人重大事项报告、任期经济责任审计等制度的落实，实现对领导干部的全面监督。

（四）捕诉一体背景下内部制约监督机制的创新与调整

为进一步提升捕诉一体模式下的办案质量，检察机关应当采取多元方式创新内部制约监督机制。主要包括：构建检察官办案组内制约监督机制、健全认罪认罚案件控辩协商同步录音录像制度、优化检察官绩效考核方案。

1. 构建检察官办案组内制约监督机制

检察官办案组内的制约监督属于事中监督，具有即时性、真实性和有效性。[64] 检察机关进行员额制改革后，承办检察官办案时都配有检察官助理，检察官办案组中同样配置了多名检察官及检察辅助人员。在"对外执法必须至少二人"的指导原则下，无论员额检察官是询问被害人或证人、讯问被告人或犯罪嫌疑人，还是进行调查取证，收集人证、书证、物证等证据材料，检察辅助人员都可以在这个过程中进行制约监督。因此，检察官办案组内制约监督机制具有可行性基础。

捕诉一体模式下，应侧重于强化这种组内监督，提倡组内双查制度。同一案件组内两人互相把关，即批捕环节由助理主办、员额把关，公诉阶段由员额主办、助理协办。当检察官助理与检察官存在意见不一致时，必须如实记录、双向留痕。实践中，湖南省长沙市雨花区检察院已经建立了公诉阶段对原批捕事项的"三回头"机制，回头审查原批捕阶段证明犯罪事实的证据及缺少的证据是否补充到位，回头侦查监督事项有无纠正和反馈，回头审查逮捕罪名和强制措施是否恰当。这一机制对于强化捕诉一体后的办案内部监

---

〔64〕 闵丰锦：《"捕诉一体"论》，知识产权出版社 2020 年版，第 154 页。

督，大有裨益。

为了保证组内监督的长效性，检察机关内部应探索更加专业化的检察官办案组，实现制约监督精细化。2017年《最高人民检察院机关司法办案组织设置及运行办法（试行）》出台后，最高人民检察院各业务部门纷纷成立了办案组，办案专业化的趋势开始显现。新形势下，各地检察院也应严格落实该办法，根据本院实际情况和不同案件类型成立不同的办案组。例如，山东惠民县检察院按照类案专办的原则，先后成立了未成年人犯罪、涉黑涉恶犯罪、金融犯罪、污染环境犯罪等专业化办案组，选拔业务能力较强、经验丰富的优秀检察官担任组长，让办案组成为检察人员专业精神、专业能力的"磨刀石"，具体而言，可以案件类别为标准，在检察机关内部成立涉人身、涉金融等不同类型的办案组。[65]特定类型的案件由专人负责可以更好地将监督细化，一旦发现问题，可以更快地找到相关人员，及时解决问题纠正错误，将责任具体落实到个人。

2. 健全认罪认罚案件控辩协商同步录音录像制度

认罪认罚从宽制度的正式入法与捕诉一体的全面推行不期而遇，在提高检察机关办案效率的同时，也为检察官与犯罪嫌疑人进行认罪协商提供了便利条件。在认罪认罚案件中全面实现录音录像可以更好地保护犯罪嫌疑人的司法人权，是提高认罪认罚案件办理质量的重要举措。2021年12月12日，最高人民检察院颁布《人民检察院办理认罪认罚案件听取意见同步录音录像规定》，对检察机关办理认罪认罚案件听取意见同步录音录像事宜作出明确说明。通过剖析该文件并结合捕诉一体办案特点，检察机关应从以下三点进行针对性强化。

第一，最高人民检察院应当在现有规范的基础上，出台"认罪认罚案件办理指引"，明文规定认罪认罚的具结程序和规范用语，犯罪嫌疑人在认罪认罚过程中享有的权利及救济措施。此外，最高人民检察院应鼓励各地方人民检察院根据实际办案情况与工作条件，制定切实可行的试点方案，促进同步录音录像工作更加有序地发展。第二，各级人民检察院应加大技术设备投入，

---

〔65〕 万洪毅、张井涛:《山东惠民:捕诉合一在创新实践中不断前行》,《检察日报》2018年11月13日,第11版。

保障认罪认罚时的控辩协商可以全程留痕。例如，可以增加对智能投屏电视、实时刻录等科技产品的使用，数据生成后实时上传到办案云平台中，再依托案件管理部门的办案数据分析功能，保证犯罪嫌疑人认罪认罚的真实性和自愿性。第三，规定录音录像管理责任人与案件承办人分离。原则上，应当聘请专门的技术人员负责该项工作，而承办检察官、案件评价指标人员只能通过内部系统下载相关影音资料。设置专门的技术负责人，一方面可以使录音录像工作更加顺畅，另一方面能形成一定的权力制约，一旦发现录音录像经过剪辑、修正或者删除也能快速定位到责任人。这是落实司法责任制的基本要求，也是保障录音录像有效性的重要环节。

3. 优化检察官绩效考核方案

一个好的绩效考核方案能够发挥激励作用，充分调动检察官的积极性，使其正确履行职责。过去对检察官的绩效考核主要着眼于办案数量，以量化考核为主。在捕诉一体新形势下，必须坚持检察官充分履职与强化制约监督相统一，进一步细化考评细则，制订合适的考核方案，通过事后评价的方式进行监督使责任落实到检察官个人。

增设捕诉一体办案模式下检察官绩效考核的内容，全面提升检察官办案质量。2020 年 5 月 17 日，最高人民检察院印发《关于开展检察官业绩考评工作的若干规定》，将办案质量、效率、效果作为考评内容，建立起新的绩效考核评价机制，从"以量取胜"转为"以质量、效率、效果取胜"，新的考核方案得以确立。面对捕诉一体改革后检察机关办理刑事案件的新情况，内部考核应重点紧盯存疑不捕案件、捕后相对不诉案件、捕后存疑不诉案件、捕后轻刑案件的办理质量，有针对性地将检察法律文书释法说理情况纳入考核范围。在考核内容上，增加是否存在错捕的考核，重点对认罪认罚案件、微罪不诉、存疑不诉和被判无罪的案件办理情况进行审查。在考核方式上，应以事后评查为主，随机抽查已办结的案件的文书材料，将重心置于批捕文书及起诉书的形式是否规范、内容是否翔实、说理是否充分上。

调整检察官绩效考评委员会人员结构，实行分级考评模式。当前，多数检察院内部设有检察官绩效考评委员会，负责本院检察官的绩效考评工作。考虑到捕诉一体改革后的实际情况，由多人组成的检察官绩效考评委员会负责检察官的考评工作具有合理性。考评委员会不仅应吸纳一定数量的资深检察官，更应选取一定数量的普通检察官代表和检察辅助人员，以确保考评的科学性。由于评委会的成员并不一定能准确认识每一位接受考评的检察官，考评还可以采取由检察官本人自评、所在部门复核再由检察官绩效考评委员会决定的程序。为了确保结果的有效性，本院内普通检察官的办案绩效考评应由本院完成，检察长等具有领导职位的检察官所办案件，则应由上级人民检察院检察官绩效考评委员会进行考评。

结　语

　　自我监督从来都不是一件易事，内部制约监督机制也不可能做到无懈可击，但至少应做到相对完善。加强和改进检察机关内部监督是保证检察权正确实施和法律监督职能充分履行的基石，被置于与强化法律监督同等重要的位置。加强检察机关内部制约监督机制不仅是当下司法体制改革的重要内容，更是今后检察工作的重点方向。

　　我国检察机关建立后，其内部对制约监督机制的探索及所取得的成绩令人瞩目，内部纵横交错的监督格局在确保检察权正确行使方面起着不可替代的作用。但是，我们也该清醒地认识到，司法体制改革、监察体制改革及检察院内设机构的调整带来的机遇和挑战。捕诉一体办案机制虽是经过充分讨论、权衡利弊的结果，但由于缺乏配套的内部监督机制，存在检察权滥用的风险。同时，检察机关在开展内部制约监督方面仍存在不少亟须解决的问题和短板。不论是上级检察机关监督下级检察机关的全面性不足，还是同级检察机关内部监督乏力，究其原因，是检察机关内部制约监督机制的实然运行与应然模式的错位。

　　因此，为了增强检察机关内部制约监督机制的"刚性"效果，促使检察权正确行使，提升检察机关司法公信力，我们仍需作出以下努力：首先，需要正确认识检察机关内部制约监督机制的价值，从政策法规层面出台系列法律文件提升各检察院的重视程度与建设水平。其次，全面推进检察官办案责任制，从提升检察官入额门槛到完善检察官权力清单，再到司法责任的落实与承担，提升检察官业务水平与履职能力，从源头遏制违法腐败行为的发生。

再次，全面提升各项制约监督机制的可操作性，切实提升上级检察机关、检察委员会、案件管理部门和检务督察部门的工作水平和监督质效，增强内部制约监督硬实力。最后，推陈出新，实现内部制约监督机制的升级换代，打造内部制约监督的智慧模式，提升内部制约监督软实力。更为重要的一点是，在检察机关内部建立对领导干部的反向制约监督机制，确保检察权独立行使，检察机关重大决策符合民意，促使各项检察业务经得起法律和时间的检验。

制度分析

比较法视野中的证据裁判原则

孙 记*

摘 要	证据裁判原则应随着刑事诉讼法典的制定而确立。为防止法官恣意与滥权，欧洲大陆启蒙立法以法官独立性为前提，以检察官制的引入为突破口，以启蒙思想及其对应的证据理念为支撑，确立了证据裁判原则。我国传统立法缺乏证据裁判原则的生成基因。习近平法治思想对刑事司法的引领，司法的"去行政化"等改革取得成效，为刑事诉讼法典确立证据裁判原则提供了助力。为了让人民群众在每一起刑事司法案件中都感受到公平正义，为了实现公正司法，需要法官公正审判，奉行证据裁判原则。刑事诉讼法典中证据裁判原则的确立，需要在一审普通程序中贯彻审判中心主义，在审前程序中克服侦查中心主义，同步完善认罪认罚从宽制度。
关键词	证据裁判原则；启蒙立法；刑事诉讼法典；习近平法治思想；法官公正审判

引 言

按照时间进展，我国对证据裁判原则[1]的探讨大致可分为三个阶段：第一阶段为 2002 年至 2010 年 6 月，我国学术界更多地以域外的做法为参照，将证据裁判原则的确立与证据立法、刑事证据立法乃至《中华人民共和国刑事诉讼法》（以下简称《刑事诉讼法》）的修正完善结合起来，侧重于研究证

---

* 孙记（1972—），法学博士，广西大学法学院教授、博士生导师，主要研究方向为刑事诉讼法。

[1] 日本和我国台湾地区的论著多使用证据裁判主义，我国大陆学者多采用证据裁判原则，但笔者认为二者并无实质区别。为行文规范与方便，除引用学者的观点外，本文一律使用证据裁判原则。该原则要求认定案件事实应依证据，没有证据不得进行认定。证据裁判原则在整个证据法乃至诉讼法中有至关重要的地位，在刑事诉讼中更是举足轻重。基于研究兴趣和本文主旨，笔者仅在刑事诉讼领域深入到中欧历史和当下我国现实中进行探讨。

据裁判原则基本内涵等方面。第二阶段是从解读 2010 年最高人民法院、最高人民检察院、公安部、国家安全部、司法部出台的《关于办理死刑案件审查判断证据若干问题的规定》（以下简称《规定》）第 2 条"认定案件事实，必须以证据为根据"开始，研讨呈现出新趋势，学术界虽然立足我国立法（除该《规定》外，还包括《刑事诉讼法》乃至《中华人民共和国宪法》）有关规定并结合司法实践各抒己见，但对《刑事诉讼法》再修正时应吸收证据裁判原则基本达成共识，强调该原则的法典化。第三阶段是自 2012 年《刑事诉讼法》修正后至今，虽然立法中一直没有规定证据裁判原则，但学术界却不再结合修法对其进行研究，因此，此阶段的研究呈现深度化、问题化、实践化的趋势。虽然 2012 年修正的《刑事诉讼法》没有确立证据裁判原则，但最高人民法院、最高人民检察院的司法解释中均规定了该原则。[2]

党的十八大以后，随着新时代中国特色社会主义建设的全面展开，刑事诉讼发展出现了前所未有的机遇。2014 年党的十八届四中全会通过的《中共中央关于全面推进依法治国若干重大问题的决定》明确指出："推进以审判为中心的诉讼制度改革，确保侦查、审查起诉的案件事实证据经得起法律的检验。全面贯彻证据裁判规则，严格依法收集、固定、保存、审查、运用证据，完善证人、鉴定人出庭制度，保证庭审在查明事实、认定证据、保护诉权、公正裁判中发挥决定性作用。"[3]"以审判为中心的诉讼制度改革"与此前学术界主张的"审判中心主义"互为表里，此后，"推进以审判为中心的诉讼制度"改革试点、速裁程序改革试点及其升级版的认罪认罚从宽制度改革试点等，[4]为我国刑事诉讼制度的进一步发展完善奠定了基础。2018 年《刑事诉讼法》修正，聚焦认罪认罚、《刑事诉讼法》与《监察法》的衔接、值班律师制度以及缺席审判四个方面。恰如"推进以审判为中心的诉讼制度"改革试点成果没有被立法吸收一样，证

[2] 参见孙记：《"两高"解释中的证据立法在与域外衔接上的缺憾》，《社会科学辑刊》2016 年第 1 期，第 78 页。
[3] 《中共中央关于全面推进依法治国若干重大问题的决定》，《人民日报》2014 年 10 月 29 日，第 1 版。
[4] 当然，2016 年在北京市、浙江省、山西省开展的监察试点改革，是促成 2018 年第三次修正刑事诉讼法的因素之一。

据裁判原则在《刑事诉讼法》中依然缺位，不过该原则作为刑事证据的基本原则在学术界已经成为共识，同时也是刑事诉讼法学教材[5]和证据法学教材[6]的通说。在前述刑事诉讼发展的大背景下，2012 年至今的证据裁判原则研究可以概括为：一是审判中心主义与证据裁判原则的内在关系；二是相关诉讼制度改革与证据裁判原则的关系及其立法应对；三是轻罪、重罪案件区分与证据裁判原则的契合；四是证据裁判原则的实证研究；五是证据制度的历史演进与当下的证据裁判原则，等等。

在继续全面推进依法治国的今天，在习近平法治思想形成的重要时间节点，在《民法典》出台后各个法律部门法典化[7]的态势下，我国刑事诉讼法典应该在习近平法治思想的引领下确立证据裁判原则，并规定该原则为刑事证据的基本原则，对法典证据部分的设计起指引作用。因此，以刑事诉讼法典为前提，以人民群众对新时代刑事司法的整体诉求为背景，对证据裁判原则继续探讨是必要的。本文将侧重外部视角，在与欧洲大陆比较中明确证据裁判原则的内涵，揭示该原则的理念支撑，探讨我国传统立法对该原则确立的障碍性因素，分析习近平法治思想对确立该原则的促成作用，以及该原则的立法定位、制度要求。

---

[5] "证据裁判原则（亦称证据裁判主义）为两大法系法治国家普遍遵守，是证据法的基石性原则。" 详见陈卫东主编：《刑事诉讼法学》，高等教育出版社 2018 年版，第 125—126 页。

[6] "证据裁判原则，又称证据裁判主义，是指在诉讼过程中，裁判者必须根据证据认定案件事实；没有证据或者证据不符合法定要求的，原则上不能认定案件事实。证据裁判原则是人类从非理性裁判走向理性裁判的重要标志，在现代诉讼中具有举足轻重的地位。台湾有学者将证据裁判原则称为证据规定的帝王条款之一。"详见卜建林主编：《证据法学》，高等教育出版社 2020 年版，第 61—67 页。

[7] 学术研究第二阶段的"法典化"，是指证据裁判原则应该规定在刑事诉讼法之中。此处的"法典化"即整合刑事司法解释，完善刑事诉讼法规定，使修正后的刑事诉讼法能够达到体系完整、基本原则规定全面、制度表达到位、制度衔接顺畅，等等。也就是说，这部修正后的刑事诉讼法典应该有鲜明的中国特色，体现我国刑事诉讼制度的优势，不是对打击犯罪实践的迁就，而是在确立人权保障制度的同时凸显中国特色。这样的刑事诉讼法典应该对我国的刑事诉讼起着"固根本、稳预期、利长远"的作用。此种意义上的刑事诉讼法典不同于此前为在打击犯罪与保障人权之间实现平衡而完善的刑事诉讼法，而是为实现良法善治而制定的具有整合性、系统性、现代性的刑事诉讼法。现代性是在现代化完成意义上而言的，这样的法典制定将结束司法解释发挥第二次立法功能的历史。

一、欧洲大陆证据制度史中的两种证据裁判原则

（一）区分不同证据裁判原则的必要性

整体来看，我国学者在探讨证据裁判原则时，并没有充分关注域外证据裁判原则的历史发展，认识上便似是而非。由于我国刑事诉讼立法源自大陆法系传统，采取成文法的立法模式，并在相关制度设计上与大陆法系渊源紧密相关，因此尽管落实程序正义为现代世界各国刑事诉讼立法的共同努力方向，英美法系国家和地区的相关做法为大陆法系立法乃至联合国刑事司法准则所借鉴，我国学术界对英美法系的刑事诉讼成果密切关注成为主流，但一些制度设计仍离不开大陆法系的经验，尤其是在我国当下法典化的态势下，大陆法系证据裁判原则的立法演进及其成就理应引起重视。更何况，我国学术界将刑事诉讼历史演进分为弹劾式诉讼模式、纠问式诉讼模式、现代刑事诉讼模式（包括大陆法系的职权主义诉讼模式、英美法系的当事人主义诉讼模式、日本及意大利等国在职权主义诉讼模式的基础上吸收当事人主义的因素形成混合式诉讼模式）并不是很准确。前述三个阶段的区分仅仅适用于大陆法系，英国刑事诉讼模式的发展演进对应弹劾式诉讼模式与当事人主义诉讼模式，没有经历大陆法系的纠问式诉讼模式，因而大陆法系职权主义诉讼模式（包括证据裁判原则）的形成更应该引起重视，以避免因不熟悉这一知识而在研究中出现错误。

按照大陆法系刑事证据制度的历史发展，证据裁判原则可以分为两种：一种是与法定证据制度相对应的证据裁判原则；另一种是与自由心证证据制度相契合的证据裁判原则。我国学术界讨论的证据裁判原则更多是后者。当然，也有少数学者主张证据裁判原则既存在于法定证据制度之中，也存在于自由心证证据制度之中，但他们却认为人类社会自从有了诉讼制度，就有了事实上的证据裁判原则。这一认识尽管与本文有暗合，但因主张事实上的证据裁判原则，涵盖了神示证据制度阶段，因而与本文的分歧大于共识。还需注意，陈光中教授将诉讼证明方式的演进分为神明裁判、口供裁判、证据裁判三个阶段，但排斥法定证据制度时代的证据裁判原则。他认为，尽管该时代"司法裁判者也采用证人证言、物证和书证等其他证据，但是由于主要依

靠刑讯获得的口供定罪，因而不能认定已经产生了证据裁判原则"[8]。这意味着，我国学术界明显排斥法定证据制度对应的证据裁判原则。就与自由心证证据制度对应的证据裁判原则而言，较早的研究认为其"基本含义有三方面内容：第一，认定案件事实必须依据证据，除此之外别无其他根据，这是理性认识的要求；第二，裁判必须根据具有证据能力的证据作出，这是对证据资格的法律要求；第三，证据必须在中立的法庭上出示，并经合法的质证、认证程序后方可作为裁判的依据。这是对证据的正当程序要求。上述三方面含义呈递进关系，且必须同时满足才能符合证据裁判原则的基本要求"[9]。这一阐述基本上为后续的学术研究所认可，本文对此也持肯定态度，但对学术界的如下观点存疑：其一，该原则直接适用的阶段除庭审之外，还应该包括侦查程序、公诉程序；其二，该原则适用的主体除了审判人员，还应该包括侦查人员和检察人员。这两方面的学术主张在一定程度上为最高人民检察院2012 年修订的《人民检察院刑事诉讼规则》所支持。[10]需要明确，这两点主张是大陆法系的普遍做法，还是在制度移植上的创新，提出这样观点的学者并未阐述。

　　准确界定刑事诉讼的基本范畴，是立法特别是"固根本、稳预期、利长远"之刑事诉讼法典制定的前提，因而以大陆法系刑事证据制度演进为参照，将上述两类证据裁判原则进一步分为：理论追认的证据裁判原则；欧洲大陆启蒙立法中的证据裁判原则。理由在于：西方的启蒙运动是传统和现代的分水岭，自由心证证据制度对应的证据裁判原则恰恰是启蒙思想及其实践的产物。康德指出："启蒙，就是人类从其自身造成的不成熟状态中解放出来。"在这里，"不成熟状态就是允许或者要求别人代替自己思考，由于大多数人没有发扬他们运用自己理性的技能和勇气，所以这种状态是一种由自身造成的状态。在政治、宗教和道德等事务上，他们将自己的自由交给那些替他们思

---

[8]　陈光中：《证据裁判原则若干问题之探讨》，《中共浙江省委党校学报》2014 年第 6 期，第 17 页。

[9]　李静：《证据裁判原则初论——以刑事诉讼为视角》，中国人民公安大学出版社 2008 年版，第26 页。

[10]　2012 年《人民检察院刑事诉讼规则（试行）》第 61 条第 1 款规定："人民检察院在立案侦查、审查逮捕、审查起诉等办案活动中认定案件事实，应当以证据为根据。"2019 年《人民检察院刑事诉讼规则》第 61 条第 1 款规定："人民检察院认定案件事实，应当以证据为根据。"很明显，最高人民检察院对 2012 年的规定作了调整。

考的人"[11]。启蒙也好，启蒙运动也罢，说到底就是当时在欧洲大陆进行的反对君主专制。在法国，当时的启蒙思想家在很大程度上意识到他们的行为属于一种运动，非常明显地表现出消极和积极的特征：一方面是批判乃至否认传统的权威，尤其是教会的权威；另一方面是作出大胆的、建设性的尝试，以理解与解释人类和宇宙，尤其是界定人在社会中的地位和角色。在 18 世纪 40 年代，启蒙著作大量涌现，而"这个运动可以说是因法国大革命的爆发而自然终止的。在许多方面，法国大革命自然是这种波澜壮阔的从理智上抨击权威的浪潮的一种结果"[12]。也恰恰在法国大革命之后，为了巩固大革命的成果，拿破仑在《拿破仑治罪法典》（Code d' Insruction Criminelle）中确立了职权主义诉讼模式，与之对应的证据裁判原则确立，并且在日本及我国台湾地区的刑事诉讼立法中得到明确规定。启蒙立法确立的证据裁判原则与理论追认的证据裁判原则的区分，意在表明二者之间尽管内涵不同，但有内在联系。当下各国证据裁判原则的确立，并不是一蹴而就的，而是历史发展演进的结果。

尽管法律发展有渐进式与建构式之分，但我国作为法制后发展国家，很大程度上要向建构式的立法模式靠拢，在制度上必然要适度移植现代西方刑事证据的立法成果。建构式法律发展要求立法时要考虑全面，需要为法律的实施创造条件、营造环境等。这在我国刑事诉讼法典化之际对证据裁判原则的考察尤为必要。特别是在我国全面推进依法治国的进程中，习近平法治思想形成之际，建构论意义上的刑事诉讼立法出现新机遇，党领导立法（推进科学立法、民主立法、依法立法）、总揽全局、协调四方的比较优势已经形成，40 余年刑事司法发展已经积累了丰富的本土经验，《民法典》的出色制定表明我国的立法技术已经成熟，此时建构论意义上的法典化之关键在于学理研究能否提供支撑，重中之重是准确解读刑事诉讼的基本原则和主要制度。本文对证据裁判原则的分析便是这一系统解读的一部分，以期能清晰表述法定证据制度之下的证据裁判原则，将证据裁判原则发展演进规律分析到

---

〔11〕 ［美］罗伯特·C·所罗门、［美］凯特林·M·希金斯主编：《德国唯心主义时代》（劳特利奇哲学史·第六卷），褚昭华等译，中国人民大学出版社 2016 年版，第 6 页。
〔12〕 ［英］斯图亚特·布朗主编：《英国哲学和启蒙时代》（劳特利奇哲学史·第五卷），高新民等译，中国人民大学出版社 2009 年版，第 263—265 页。

位，将契合当下证据裁判原则（形成于法定证据制度之下）的法官独立性揭示出来。

（二）理论追认的证据裁判原则

这种证据裁判原则存在于欧洲大陆国家的纠问式诉讼模式之中，对应法定证据理论，以详细的法律规定明确了法官对被告人有罪之证明责任的要件，《加洛林纳法典》的经典规定如下："只有嫌疑人认罪或者有两个见证人证明其行为时，才可作出有罪判决。对于那种出于谨慎、未邀请两个见证人证明自己的行为，又不乐意认罪的嫌疑犯，不得作出有罪判决；另一方面又规定，那些例如在凶杀现场附近被碰见手持血斧以及住处发现死者钱包的人，不能轻易放过，可用刑讯强行取得其供词。"[13]1539年法兰西一世颁布的所谓的"条例及1760年的《路易法典》，及至19世纪中叶才开始施行的《奥地利刑事诉讼法》，先后确立了法定证据制度。法定证据制度是与纠问式诉讼相对应的，"纠问主义将诉讼程序中的侦查权、追诉权、辩护权、裁判权和执行权都直接归结于单一的纠问机关，证据从收集、调用到证据价值的判断都由法庭直接掌管，被告人只有接受纠问的义务而无任何辩解的余地"[14]。法定证据制度是为了适应纠问诉讼这样一种"严酷的诉讼环境，同时也为了控制法官过度的擅断，证据制度必须同实体法的构成要件紧密结合，必须确立一系列维护审判权威的制度与措施"，这些制度与措施包括：（1）不排除预断原则，即不拒斥"法官的预先断罪，相反希望法官利用职权积极收集证据、支持有罪的指控。……无须积极追求纠纷与主张的事实真相"；（2）自白唯一原则，将"被告人关于犯罪事实的坦白和自认看成是证据之王"；（3）完全证人原则，将证据制度区分为完全证人与非完全证人两大类型，"两个完全证人相互一致的证据构成一个独立的证据，非完全证人又进一步区分为四分之一证人与八分之一证人等不同的类型，非完全证人按照其等级进行累加后，建立在算术和上的证词可以构成一个完全证人"；（4）职权取证原则，要求"法官承担全部举证责任，依照职权积极收集证据、积极审判，当事人提交给法官的证据视为法官收集的证据"；（5）证据形式原则，一是按照不同的证据形式事先确

---

〔13〕 ［德］拉德布鲁赫：《法学导论》，米键、朱林译，中国大百科全书出版社1997年版，第121页。
〔14〕 陈浩然：《证据学原理》，华东理工大学出版社2002年版，第164—169页。

定其证明力，二是针对特定的犯罪，采取两面结构及口供至上的证据形式。[15]纠问式审判与中世纪的"神判"不同，前者是依照人的"理性"而作出裁判。它规定的是"'国家'审判犯人，而不是由'上帝'来审判。国家既是追诉者，也是法官。因此，程序结构是国家与犯人的两面结构。其程序形态是秘密主义和书面主义。所谓'纠问'，就是审问官单方面审问犯人的程序。这种纠问式的刑事程序是十分残酷的。依据理性进行审判，形成了证据裁判主义"[16]。在这一语境下，证据裁判原则是依照人的"理性"来裁判而非依神性来"神判"才被称为证据裁判原则，但是当时的立法并没有对该原则本身进行规定，而是基于事后的理论探讨被追认的，本文称之为"理论追认的证据裁判原则"。尽管是出于理论研究的事后追认，尽管其与现代证据法的内在要求存在张力，但这绝不意味着这一时期的证据裁判原则一无是处。值得肯定的是，其在否定神判与防止法官擅断方面具有历史进步性，其对证据证明力之规定一定程度上开启了系统性证据立法的先河；但是该立法规定刑讯及其在实践中的滥用而为启蒙思想家诟病，最终为启蒙立法所扬弃，并在与时俱进中完善，内涵逐渐得到丰富。在当下，欧洲大陆证据裁判原则是对证据能力的要求，契合程序正义与人权保障观念，是二战以后借鉴美国证据法的产物，并且与对法官心证的适度制约遥相呼应。

（三）启蒙立法中明确规定证据裁判原则

整体来看，"在实行职权主义的大陆法系国家，普遍奉行证据裁判原则。大陆法系国家在强调法官依职权调查证据的同时，一般都规定了严格的证据调查程序，一方面要求裁判必须依靠证据，同时严格规范法官调查证据的程序，以规范法官权力的行使，并最终达到发现事实真相的要求。因此，在大陆法系国家，法律大都明文规定了证据裁判原则"[17]。《法国刑事诉讼法》第427 条、第 536 条、第 537 条，《德国刑事诉讼法》第 244 条第 2 款、第 261条，《日本刑事诉讼法》第 317 条等规定了证据裁判原则，其中《日本刑事诉讼法》第 317 条"认定事实应当根据证据"的表述影响最大。在英美法系国

---

〔15〕 陈浩然：《证据学原理》，华东理工大学出版社 2002 年版，第 164—169 页。

〔16〕 ［日］田口守一：《刑事诉讼法》（第 7 版），张凌、于秀峰译，中国政法大学出版社 2019 年版，第 7 页。

〔17〕 宋英辉、李哲：《证据裁判原则评介》，《政法论坛》2003 年第 4 期，第 59 页。

家，"法律和诉讼理论中没有直接明确证据裁判原则，但其刑事诉讼中大量存在的规范证据关联性、可采性的规则以及刑事程序中关于证据出示、认定等规定，都与证据裁判原则的精神有相通之处"[18]。

日本学者认为证据裁判原则的含义有二：一是否定"神判"；二是"规范性的意义"。二者的关系应该是："从历史意义上否定所谓的神判"并不意味着它仅仅针对纠问式程序。否定神判虽然开始于纠问式诉讼程序，但后续之"规范性的意义"也同样排斥"神判"，而且从《日本刑事诉讼法》第317条"认定事实应当根据证据"的内在要求来看，"规范性的意义"强调"必须根据具有证据能力的证据，而且只有经过调查之后才能认定构成犯罪核心内容的事实。'事实'的概念、'依据证据'的概念都具有特殊的规范性意义。因此证据裁判主义中的证据能力概念是十分重要的"[19]。这一内容强调的是证据能力的重要性，强调取证本身的合法性，这样立法的结果，最终就是"禁止刑讯逼供"。[20]正因为该规范意义的证据裁判原则拒斥刑讯逼供，因而与纠问式诉讼之下的证据裁判原则格格不入，前者要求证据能力之规定符合人道与人性，这便是启蒙运动的成就，本文据此将该原则称为"启蒙立法中的证据裁判原则"，这里的"启蒙立法"既包括支撑证据裁判原则的有关证据能力的证据规则之确立（渐近发展之结果），也包括立法本身对该原则的明文规定。我国通说性的证据裁判原则也与"启蒙立法中的证据裁判原则"紧密相关，"何谓'启蒙'……，或许是'三不'的界限：刑事诉讼法禁止不择手段、不问是非及不计代价的真实发现！"[21]这一意义上的证据裁判原则的借鉴更是我国法典化意义上的证据立法[22]完善的应有之义，这就使侧重从"外在视角"探讨证据裁判原则变得至关重要。基于当下刑事证据乃至刑事诉讼的法典化，

---

[18] 宋英辉等：《刑事诉讼原理》（第3版），北京大学出版社2014年版，第205页。

[19] ［日］田口守一：《刑事诉讼法》（第7版），张凌、于秀峰译，中国政法大学出版社2019年版，第437页。

[20] ［日］松尾浩也：《日本刑事诉讼法》（下卷），张凌译，中国人民大学出版社2005年版，第4页。

[21] 林钰雄：《刑事诉讼法》（上册），中国人民大学出版社2005年版，第3页。

[22] 尽管我国学术界主张制定统一证据法或刑事证据法的呼声经久不衰，但笔者认为应该在刑事诉讼法中完善证据部分，理由在于：一是大陆法系证据立法模式在我国立法传统中的进一步延续；二是刑事、民事、行政三大诉讼中证据间的差异大于暗合；三是《刑事诉讼法》应该避免叠床架屋，其中的证据部分只能完善不能删除。

探讨法国大革命后的欧洲大陆证据裁判原则，特别是挖掘其与纠问式中证据裁判原则的更深层联系，能为我国立法确立证据裁判原则提供参照。

二、启蒙立法中的证据裁判原则

（一）纠问式诉讼下法官成为众矢之的

启蒙思想家伏尔泰认为："任何民族直至顺利建立起法律和立法权之前，从来都是不幸的。"[23]当然，这里的法律和立法权是以欧洲大陆 18 世纪的社会历史为背景，以启蒙思想为支撑，这里的不幸也是指欧洲大陆专制统治的不幸，即"不公正和压迫的主要根源在于教会、贵族与最高法院滥用他们掌握的权力和特权"[24]。但欧洲大陆当时的专制统治其专制因素也是逐渐累加起来的，至 18 世纪末该统治便陷入危机，最终引发影响深远的大革命。当然，法国专制统治下的旧制度需要辩证对待。从积极因素来看：一是司法权的独立性及其对王权的制约性，当时，无论是领主拥有解决个人纠纷的司法权，还是国王掌握刑事案件的司法权，均不依附于行政机关，都具有独立性。而且，许多城市还设立了高等法院，对王权进行限制，这一独立性恰恰是促使启蒙立法确立证据裁判原则的重要因素，并且为证据裁判原则的设立奠定了基础。二是旧司法制度中的民主因素，"司法习惯在很多方面变成了民族习惯。人们从法庭普遍接受了这一思想，即一切事务均可提交辩论，一切决定均可复议，利用公开性，讲究形式——这些都与奴役性格格不入：这就是旧制度留给我们的自由人民教育的唯一部分"[25]。这为此后立法中辩护权等的确立奠定了基础。从消极因素来看：一是法官阶层的腐败与最高法院等的反动。这源于国王为筹集资金出售司法职权，购买者司法职务世袭后，将司法权视为一种获取收入的手段，为了利益尽可能最大化，他们在国事中对抗王权，在办案中牟利。"由于国王为筹集资金而将出售'属于'他的司法职位的权利据为己有，他就与占有那些职位的司法官员发生冲突，后者不仅是难以驾驭的，而且是无知、自私且不可靠的。由于他不断地设置新的职位，这就使争权夺利

---

〔23〕 ［法］伏尔泰：《风俗论》（中册），梁守锵等译，商务印书馆 1997 年版，第 255 页。

〔24〕 ［英］斯图亚特·布朗主编：《英国哲学和启蒙时代》（劳特利奇哲学史·第五卷），高新民等译，中国人民大学出版社 2009 年版，第 305 页。

〔25〕 ［法］托克维尔：《旧制度与大革命》，冯棠译，商务印书馆 1992 年版，第 154 页。

的冲突大大增加。由于他对他的'官员'太直接地发号施令，授予他们几乎是独断专行的权力，这就使司法官员内部的冲突愈益激化。"[26]实践中，"更多的时候有点像一种司法权的专横滥用。这一点也许是许多法官对其职位所持的态度中所固有的。对他们来说司法职位是他们所拥有的一项'财产权，是其资产的一部分'，'对其职能他们拥有房屋和土地一样的所有权'。……他们将其职位利用到了极致——显而易见这是以诉讼当事人为代价的"[27]。换言之，"法官靠买官得到职务，其报酬来自当事人；法官常常拖延诉讼来勒索额外讼费，贿赂也是司空见惯"[28]。说到底，当时数量庞大而腐败的法官们"不是买官以图利，就是买官以自肥"[29]。与此相对应，"旧制度下的司法机关十分复杂、阻力重重、手续缓慢、费用昂贵；毫无疑问，这些是严重的缺陷，但是在司法机关从不存在对政权的屈从。而屈从不过是卖官鬻爵的一种形式，甚至更糟。这些致命弊病不仅腐蚀法官，而且很快毒害了全体人民，但在当时，司法机关却无视这种弊病。法官实行终身制，不求升迁，这两点对其独立性都是必不可少的"[30]，甚至在"1782年—1789年的审判中，人们会感受到愈益紧张的气氛。在审判中，对待穷人更加严厉，有一种无视证据的默契，相互的不信任、仇恨和恐惧都在增加"[31]。二是纠问式程序以及法官包揽追诉职能。专制统治后期，刑讯成为办案的常态，根源在于中世纪后期基于犯罪的严重危害，当局"将追究犯罪的任务交给法官，从而使法官与当事人合为一体。……此时根据纠问程序的本质，则允许在没人控告的情况下，由法官'依职权'干预。……纠问程序中就只有法官和被控人两方。被控人面对具备

---

〔26〕 ［法］米歇尔·福柯：《规训与惩罚》，刘北成、杨远婴译，生活·读书·新知三联书店2003年版，第89页。

〔27〕 ［意］莫诺·卡佩莱蒂：《比较法视野中的司法程序》，徐昕、王奕译，清华大学出版社2005年版，第169页。

〔28〕 ［美］伯尔曼：《信仰与秩序：法律与宗教的复合》，姚剑波译，中央编译出版社2010年版，第127页。

〔29〕 ［加拿大］帕特里克·格伦：《世界法律传统：法律的持续多样性》，李立红等译，北京大学出版社2009年版，第160页。

〔30〕 ［法］托克维尔：《旧制度与大革命》，冯棠译，商务印书馆1992年版，第152—153页。

〔31〕 ［法］米歇尔·福柯：《规训与惩罚》，刘北成、杨远婴译，生活·读书·新知三联书店2003年版，第86页。

法官绝对权力的追诉人，束手无助。对纠问式程适用的谚语是：'控告人如果成为法官，就需要上帝作为律师'"[32]。并且，在纠问式的审判方式中，虽然法定证据理论对认定事实作出了严格规定，但却较为草率地规定在特定情况下实施刑讯逼供，再加上整个程序运行的秘密性、审判的书面性，最终使"初审司法官拥有独自建构某种事实并加于被告身上的全权，正式法庭的法官所得到的就是这种以文件和书面陈述形式提供的现成事实。对他们来说，这些文件足以构成证据。他们仅在通过判决之前传讯被告一次。这种秘密的和书面的司法程序体现了一个原则，即在刑事案件中，确立事实真相是君主及其法官的绝对排他的权力"[33]，进而导致"法官成了犯人的敌人，成了那个身陷囹圄、桎梏加身、忍受折磨、前途莫测的人的敌人。法官不去寻求事实的真相，而是在囚徒中寻找罪犯，并为此而设置圈套。他认为：如果不能以此而取得成就的话，那就是失败，就有损他那称霸一切的一贯正确。逮捕的条件由法官掌握；为了证实某人无罪，就要先宣布他是罪犯，这被称为实行侵犯式诉讼。在 18 世纪，在文明欧洲的几乎所有地方，刑事诉讼程序就是这样的"[34]。

消极因素愈演愈烈，但随着社会生产力水平的提高，社会生活方式也在发生变化，再加上印刷术的普及，出版物的增多，中产阶级妇女识字能力的提高等，既刺激了启蒙思想的形成，也加速了启蒙思想的传播，人权观念也随之得到初步发展。在 18 世纪后半期，"作为司法过程中的拷问和肉刑两种情形都开始被认为是不能接受的"[35]，改革的趋势日益明显，法官阶层为了维护既得利益，推三阻四不予配合，最终"最高法院被认为阻碍了改革"[36]。诸多因素聚焦使法官阶层成为众矢之的，纠问式诉讼成为革命的对象，于是愤怒的法国第三等级率先攻占巴士底狱，大革命由此开始，启蒙思想也由理论

---

〔32〕 ［德］拉德布鲁赫：《法学导论》，米键、朱林译，中国大百科全书出版社 1997 年版，第 121—122 页。

〔33〕 ［法］米歇尔·福柯：《规训与惩罚》，刘北成、杨远婴译，生活·读书·新知三联书店 2003 年版，第 39 页。

〔34〕 ［意］贝卡里亚：《论犯罪与刑罚》，黄风译，中国大百科全书出版社 1993 年版，第 103 页。

〔35〕 ［美］林·亨特：《人权的发明：一部历史》，沈占春译，商务印书馆 2011 年版，第 15 页。

〔36〕 ［英］约翰·贝尔：《法国法律文化》，康家昕等译，清华大学出版社 2012 年版，序言第 13 页。

转为实践。法官们是"大革命最激烈的反对者，而很快大革命的断头台就砍落了不计其数的他们无比高贵的头"[37]。仅在波尔多，"当大革命来临之际，人们将该地区高等法院，或称为大理院的半数法官送上了断头台"[38]。罗伯斯庇尔也曾强调："刑事诉讼程序，一般说来，不过是法律对于法官弱点和私欲所采取的预防措施而已。……无论法官怎么样，他们总是人。明智的立法者决不把法官当作抽象的或铁面无私的人物，因为法官作为私人的存在是与他们的社会存在完全混合在一起的。明智的立法者知道，再没有人比法官更需要立法者进行仔细的监督了，因为权势的自豪感是最容易触发人的弱点的东西。立法者由于是通过一般法律处理事物，而不是通过个别判决处理人，因而不会怀抱偏见。他应当用明确的和固定的规则指导负责对人和私人利益作出判决的法官。"[39]因此，"法国的司法制度在革命前曾经是民众激烈抨击的对象，在革命后，则成为改革的目标。"[40]在这场革命中，纠问式诉讼模式被职权主义诉讼模式所取代，法定证据制度被自由心证证据制度所取代，当时证据裁判原则因釜底抽薪（废除刑讯）而瓦解，随之逐渐出现为当下所认可的证据裁判原则——启蒙立法中的证据裁判原则。

（二）启蒙立法中证据裁判原则的确立

现代刑事程序（主要是大陆法系的职权主义诉讼模式）是通过改造纠问式诉讼程序而逐渐确立起来的。1780 年 8 月 24 日，法国国王路易十六发布一项告示，取消了刑事诉讼中的"预审性拷问"，废除预审过程中使用的酷刑拷打。1788 年 5 月 1 日又取消了"事先拷问"，同时废除了"坐刑讯板凳"进行的讯问。1989 年，法国革命政府废除各种形式的司法酷刑及封建领主法庭，恢复刑事法庭庭审公开制度，同时规定被告人在与证人核对证词以及与控诉方进行对质时，即可得到诉讼辅佐人的协助，规定对最严重的重罪的审判开始实行陪审团制度。1792 年 4 月，法国开始使用断头台，"车裂、火刑柱、

---

〔37〕［意］莫诺·卡佩莱蒂：《比较法视野中的司法程序》，徐昕、王奕译，清华大学出版社 2005 年版，第 169 页。

〔38〕［加拿大］帕特里克·格伦：《世界法律传统：法律的持续多样性》，李立红等译，北京大学出版社 2009 年版，第 160 页。

〔39〕［法］罗伯斯比尔：《革命法制和审判》，赵涵舆译，商务印书馆 1986 年版，第 30—31 页。

〔40〕［美］约潮·亨利·梅利曼：《大陆法系》，顾培东、禄正平译，法律出版社 2004 年版，第 36 页。

'这些伴随着死刑的酷刑'将会消失；'所有这些司法恐惧都被人性和公众舆论所憎恨'，勒佩勒捷坚持道，'这些残忍的场面有损公共道德，与我们所处的人道的、启蒙的时代格格不入'"[41]。1792 年 10 月 24 日（共和国雾月三日）出台的《犯罪与刑罚法典》规定了很多刑事诉讼程序相关的规则，以及不遵守这些规则的诉讼程序即被宣告无效。在督政府统治时期，1801 年 1 月（共和国九年雨月）7 日法律规定，检察院可以主动追诉，并且有要求运用新的"执行凭证"对犯罪嫌疑人实行羁押的权利，这一新的凭证称为"押票"，其适用时间为 24 小时。同时，对预审程序进行改革，并将其交由预审法官进行，预审法官担任陪审团的领导人。此外，还设立了审理时不设陪审团审判抢劫犯罪的特别法庭。拿破仑统治之下，1808 年制定并于 1811 年生效的《刑事审理法典》（《重罪审理法典》）确立了至今仍有效的基本原则，即"职能分开原则：追诉职能、预审职能与审判职能分别交由不同的机关和司法官行使。追诉，原则上属于检察院（检察官）；案件的预审职能属于预审法官，而审判职能则属于审判法庭。为了治安之目的，法典第 10 条赋予省长类似于预审法官的查证犯罪、进行预审的权力。自此以后，法国历史上的不同制度与政府都广泛地实行了（刑事诉讼）职能分开原则"[42]。当时及此后的立法还贯彻了如下精神："法律决不把判定有罪或无罪的事情，只是听任法官的良心和法官随心所欲的意志来决定，而是坚决对法官说：'如果你们没有确凿如山的证据，你们就不要判罪。'法律所做的还不止于此：它还规定了证据的种类，确定了一些确定信念的规则（法官若没有这种确信就不允许判罪）。"[43]

（三）启蒙立法中的证据裁判原则旨在约束法官

启蒙立法中的证据裁判原则是在反对纠问式程序中的刑讯的基础上发展起来的，是法国大革命的结果。法国大革命在一定程度上"革"了法官们的"命"，因此该原则无疑起到确保庭审法官在定罪中根据证据依法办案、抑制法官恣意与滥用裁判权的作用。这又以纠问式程序中法官职业的独立为前提，并且作为专门的职业世代垄断。直至今天，"无证据则无法进行裁判，法

---

〔41〕 ［美］林·亨特：《人权的发明：一部历史》，沈占春译，商务印书馆 2011 年版，第 103 页。

〔42〕 ［法］贝尔纳·布洛克：《法国刑事诉讼法》，罗结珍译，中国政法大学出版社 2009 年版，第 47 页。

〔43〕 ［法］罗伯斯比尔：《革命法制和审判》，赵涵舆译，商务印书馆 1986 年版，第 31 页。

院的裁判必须使用证据以认定事实，称为'证据裁判原则'"[44]，仍然对法院及具体裁判案件的法官如何认定犯罪作出规定。当时，检察官的追诉职能是为了协调国家主动追诉犯罪的职权原则与法院审判的不告不理原则，这本身就是为了对法官定罪中的恣意进行抑制，认定事实要靠证据对出庭检察官来说是诉求，因而启蒙立法中的证据裁判原则并不直接约束检察官。不仅如此，当时的检察机关是作为进步因素引入改革的，至今仍获得较高的评价。林钰雄教授指出："具有现代雏形的检察官制，则始创于 1789 年彻底改造刑事诉讼的法国大革命，定型于 1808 年之《拿破仑治罪法典》。随后拿破仑东征西讨，顺势传播新创之检察官制；虽然拿破仑终究滑铁卢，但检察官制仍如雨后春笋般散播于欧洲大陆各国。……无论在法国或德国，检察官制皆属革命风潮与启蒙时代的产物，因而有'革命之子'（Kind der Revolution）及'启蒙遗产'（Erbe der Auflärung）的雅号。"[45] 相应地，"检察官之职责不单单在于刑事被告追诉，并且也在于'国家权力之双重控制'（dopplte Kontrolle der Statsgewalt）：作为法律之守护人，检察官既要保护被告免于法官之擅断，亦要保护其免于警察之恣意。"[46] 当然，它也不能直接约束警察机关，因为"警察机关只能进行——更准确地说也许是，'只应当'进行——因现行犯罪状态所要求进行的行为，或者只能进行在追诉与本义上的预审之前的'初步追查'（预备性调查）行为。判断证据不是警察机关的事情，而是司法机关（法院）的事情"[47]。在证据裁判原则不能直接规范检察官、警察行为的同时，恰恰因为检察官制度的引入，控审合一转变为控审分离，脱离追诉权的裁判权再加上既往的独立性，使法官独立地依据证据定罪有了可能，再加上检察官负举证责任，证据由检察机关提供、如何指控取决于检察机关，法官不能脱离证据、不能超出指控范围进行裁判（无控方之起诉，即无法官之裁判），[48] 同时

---

〔44〕 张丽卿：《刑事诉讼法理论与运用》，五南图书出版股份有限公司 2018 年版，第 334 页。

〔45〕 林钰雄：《刑事诉讼法》（上册），中国人民大学出版社 2005 年版，第 101—103 页。

〔46〕 林钰雄：《刑事诉讼法》（上册），中国人民大学出版社 2005 年版，第 101—103 页。

〔47〕 ［法］贝尔纳·布洛克：《法国刑事诉讼法》，罗结珍译，中国政法大学出版社 2009 年版，第 28 页。

〔48〕 林钰雄：《刑事诉讼法》（上册），中国人民大学出版社 2005 年版，第 43 页。

确立起诉法定原则以"防范检察官滥权并避免其被干预"[49]，因而此时法官较之既往（纠问式模式）受到了诸多约束。

当然，这一意义上的证据裁判原则确立后，由于对证据能力的要求，法官对案件事实的认定自然会约束审判前程序中的侦查机关、起诉机关，但这是从适用效果来说的，与立法时要解决的问题是两回事。而且，证据能力的形成是一个逐渐的过程，它与程序内在的价值密切相关："程序法律有自己的独立价值要求，如诉讼效率和程序稳定、平等参与等程序公正性。那些导致程序价值严重受损的运用证据的方式就会受到否定评价。尤其在二战之后，人权保障观念得以强化，证据能力的考量也以此为重点展开。"[50]证据能力是对证据取得方式的要求，明显排斥刑讯逼供及其他严重违背程序正义、侵犯被追诉人基本人权的取证行为，大陆法系的法官在庭审中首先要调查判断证据能力，辩护权的充分行使、直接言词原则、集中审理原则的贯彻，使法官兼听则明，特别是中间程序的设置，为被追诉人一方不服程序性裁判提供上诉途径，上级法院对证据能力认定结果之再认定，无疑是对一审法院及办案法官证据能力裁判等的监督与约束。

还应强调，启蒙立法中的证据裁判原则是以启蒙思想及其对应的刑事诉讼文化、证据理念为支撑的，后者主要包括无罪推定、程序正义、人权保障、公正审判等价值观念。这表明，当下的证据裁判原则在启蒙立法中的确立并不是孤立的事件，它与当时的社会条件、现实需求、政治架构、文化理念相契合，与刑事司法的发展方向相一致。从生成上看，是先有启蒙思想的形成与传播，后有法国大革命乃至今天意义上的证据裁判原则的确立与发展，证

---

[49] 其实，最初采用陪审制来制约法官，1791 年，法国陪审制入宪。陪审制是"19 世纪欧洲各国资产阶级斗争中常出现的斗争武器，中间阶级得以借由陪审制参与诉讼，资以对抗统治阶层及经常受其控制的职业性司法机构"，拿破仑也曾利用这种陪审制给保皇党定罪，但不久取消，改采检察官制。见林钰雄：《刑事诉讼法》（上册），中国人民大学出版社 2005 年版，第 73 页。引入法定原则的主要目的，一方面为控制检察官，防范其如纠问法官般滥用追诉权，另一方面也是为了避免行政上下其手，将检察官当作行政干预刑事司法的枢纽，毕竟，在不告不理原则下，如果控方被行政干预，审方纵使"独立"，也只能审判经过行政筛选的案件，独立司法的意义有限。见林钰雄：《刑事诉讼法》（上册），中国人民大学出版社 2005 年版，第 47 页。

[50] 李静：《证据裁判原则初论——以刑事诉讼为视角》，中国人民公安大学出版社 2008 年版，第 24 页。

据理念转变催生证据制度变革，观念与制度浑然一体，观念是行为的先导，这就使证据理念的制度表达——刑事证据立法的实施效果相对显著。进言之，欧洲大陆现代重要刑事证据制度的确立是一步到位的，刑事司法现代化是水到渠成的，传统到现代的转型较为彻底，残留的专制因素微乎其微。相反，我国的刑事司法现代化是制度先行，先有立法后有理念转变，立法可以速成，但是契合立法的理念却转变较为缓慢，再加上理念落后，所立之法难免貌合神离。同一部法律内制度之间存在张力，一旦理念落后于制度，就会从深层次上导致制度失灵，司法实践中的"潜规则"则与我国传统文化中的消极因素遥相呼应，是刑事诉讼现代化的深层阻力，这些消极因素与我国的"面子文化"相通，办案人员很多时候不是依照法律规定秉公办案，而是基于个人利益得失，考虑领导怎么看，同事怎么看，领导考虑社会怎么看，以此类推，最后对案件事实与真相的追求让位于案件事实之外的因素，导致错案滋生。这是我国在法典化态势下探讨证据裁判原则不容忽视的一个背景因素，仅有条文上的证据裁判原则没有诉讼文化的转变，法官极可能草率乃至恣意进行有罪事实的认定。因此，"立良法"的同时还要"化新人"，培育现代诉讼文化。

三、我国传统立法缺乏证据裁判原则的生成基因

陈光中教授将法定证据之下的裁判称为"口供裁判"，认为在"在中国古代漫长的封建专制主义时期基本上不实行法定证据制度，但同样实行'罪从供定'的口供主义和合法刑讯制度。在封建统治者的心目中，被告人认罪的口供是最诚实可靠的，'狱辞之出于囚口者为款。款，诚也，言所吐者皆诚实也。'尽管这一时期司法裁判者也采用证人证言和物证等证据，但是由于基本依靠刑讯获得的口供定罪，因而不能认为已经产生了证据裁判原则"。[51]笔者认同这一观点，但想强调的是，与前述大陆法系启蒙立法中证据裁判原则的确立相比，我国传统诉讼中没有法定证据制度对应的司法独立性，司法嵌入其中的社会也与西方社会完全不同，特别是我国古代证据制度背后的理念和法定证据制度及自由心证制度背后的理念背道而驰，因而我国古代传统缺乏

---

[51] 陈光中：《刑事证据制度改革若干理论与实践问题之探讨》，《中国法学》2010 年第 6 期，第 6 页。

证据裁判原则生成的基因，这是法典化态势下研究证据裁判原则的逻辑前提，也是我国当下确立证据裁判原则要面对的首要课题。

（一）文化观念排斥

与西方的基督教文明对法治的定位不同，我国"恰不像出世宗教那样，把现世人生看得很贱，而相反地乃是看得非常可贵，要郑重地生活去，唯恐有所亏失。如所谓'食无求饱，居无求安'者，个人欲望既在所摒斥，现世幸福亦不足尚。在人自己则以就正有道、求教高明为心；在社会或国家则以明礼义，兴教化为事。试问：于此谁能说'我的事，由我自己，你们不要管！？'一面这里没有像西洋那样过强集团，逼得人非提出这种消极性的自由要求不可。更一面这里充满着大家相勉向上之积极精神，早掩盖了它，……人己分界、群己权界数千年始终混含，难得确立"[52]。作为生活样法的文化，我国与西方差异明显，我国缺乏西方本体论意义上的自由主义，缺乏原子论意义上的个人主义，这些主义强调个人先于国家和社会，原子式的个人是国家、社会的出发点和归宿，也只有存在先于国家、社会的独立的个人，才会滋养人权思想、自由观念和程序正义、无罪推定等理念。进言之，只有本体论意义上的自由主义契合启蒙思想、支撑起社会契约论、为限制公权力提供理论依据，才能为防止法官擅断认定犯罪而对审判过程建章立制，才能为证明过程、证据准入机制设定规范。从启蒙运动看，最为突出的就是将全知全能的"上帝"替换为"理性"，这一"理性"是以数学为基础的技术理性，也是与人的认识能力、创造能力相关的实践理性。这一理性决定了刑事证据立法及其实践的面孔。我国传统社会家国同构，奉行家国本位观，主张国家、社会优先于个人，在一个关系性的架构中定义个人，这一关系性的架构是君臣、父子、兄弟、夫妻、朋友五维或五种关系，对应着一套价值观念。这一文化奠基于春秋战国时期——雅斯贝斯主张的轴心时代。陈来教授认为："轴心时代中华文明形成的基本价值成为主导中华文明后来发展的核心价值。经过轴心时代以后两千年的发展，中华文明确定地形成了自己的价值偏好，举其大者有四：责任先于权利，义务先于自由，社群高于个人，和谐高于冲突，

---

[52] 梁漱溟：《中国文化的命运》，中信出版社 2010 年版，第 69—70 页。

以及天人合一高于主客二分。"[53]这是以儒家思想为主要元素的传统文化，虽然历经"五四运动"以来的现代文化冲击而有所改变，出现多元化色彩，但其深层因素并未改变，至今仍深深影响我国社会的方方面面，制约我国社会的现代转型。周国平教授指出："中国今天处在转型时期，最需要也最缺失的东西正是法治和信仰。"[54]这同样表明，刑事诉讼文化同步转型是我国刑事诉讼法确立证据裁判原则要面对的重大课题，或者说是整个刑事诉讼领域在法律制度之外要面对的重点课题。

（二）司法依附行政

我国古代司法行政合一，司法依附行政，司法独立无从谈起。地方衙门的长官集行政、民事与司法大权于一身，直接处理司法事务，表现为司法与行政合一，中央一级政府虽然在组织形式上实现了司法和行政的分立，有专门的司法机关，但是它并没有独立性，而是直接向皇帝负责，并受其他同级行政机关的干扰。另外，皇帝作为最高统治者，其本身就是司法行政合一最典型的表现，其掌握着最高的审判权。[55]而且，由于没有设立专门的控诉机关，我国古代中央或地方长官集侦查、控诉、审判于一身，依职权主动追究犯罪，使司法权与行政权相混同。古代执行法律的人也"不是训练有素的法官，中国的制度设计也没有正式的法院，而是具有人文修养的行政官和行政官府。因而也就没有把法律活动区别开来，也就是说法律活动没有专门化"[56]。这表明："在中国古代，'司法'是行政的一部分，这种司法与对社会不轨行为的追捕、审判和行刑存在关联。司法权是地方各种职权中的一种；而在中央，行政活动发生了分化，朝廷设置了刑部作为最高司法机关。'司法'是法与刑的现实存在。负责刑事追捕和审判的官员接受的是围绕儒家诸经展开的通识训练，在他们身上并不存在专业的司法教习。"[57]饱读儒家经典

---

[53]　陈来：《中华文明的核心价值：国学流变与传统价值观》，生活·读书·新知三联书店 2015 年版，第 57 页。

[54]　周国平：《中国人缺少什么？西方哲学接受史上两个案例之研究》，上海人民出版社 2016 年版，第 6 页。

[55]　沈国琴：《中国传统司法的现代转型》，中国政法大学出版社 2007 年版，第 28 页。

[56]　[德] 何意志：《法治的东方经验：中国法律文化导论》，李中华译，北京大学出版社 2010 年版，第 175 页。

[57]　孙笑侠：《程序的法理》，商务印书馆 2005 年版，第 8 页。

的古代知识分子，在金榜题名后外出做官，断案仅仅是地方长官日常工作的一部分，此外他们要筹粮筹款上交纳贡，要兴修水利修桥补路造福百姓，要祈福敬神保五谷丰登，要树立典范劝人向善，要教化百姓安分守己，要防火防盗维持社会治安，这些是官员日常工作的主旋律，皇帝对其所属官员的考核重心也不是断案，而是民风淳朴、百姓安乐、政通人和。这意味着我国古代有法官、有刑事司法，但没有职业化、独立性的司法，缺乏助力当下法典化态势下证据裁判原则确立的法官独立性等元素。

（三）实践渐行渐远

我国古代法律的伦理特性极为突出，法律条文体现道德，道德规范具有法律效力。当时的社会也"没有产生纯粹的法律意识和法律评价，只是用道德意识支配法律意识，道德评价左右法律评价，致使道德思想作为'经国家、定社稷、序人民'的普遍原理，'照耀'在法律制度的'航道'上。不仅如此，继承前人衣钵的后人，又前仆后继地将法律与仁、德、孝、义、信、忠、敬、守、节、仪、廉、耻、忍等道德化的行为标准联系在一起，使伦理法律文化至今仍然在现代留有深深痕迹，并成为法律创制和法律实践的理论支点"[58]。学而优则仕，以吏为师，"具体到中国传统诉讼审判实践当中来说，通过官吏铨选而出仕为官的读书人一旦走上司法官的职位，他必然成为儒家化的司法官，其司法审判也必然成为儒家化的审判。事实上，自汉朝中叶以来，中国法律逐步与礼相结合，引礼入律开始出现，中经魏晋南北朝，在隋朝时期，法律的儒家化最终完成。在司法官的审判实践中，儒家思想也因此成为法律的最高原则"[59]。这样，天理、国法、人情具有内在一致性，如果在具体案件中，法律与人情冲突，便可以不按照法律裁判，而是依据人情或伦理纲常来裁判。因此，"中国古代的'司法'几乎很少以忠实地执行法律为目的，其宗旨通常在于贯彻伦理纲常"[60]。尽管古代的裁判不排除我国大多数判案者在办案中体现理论追认的证据裁判原则，但是有时候司法官员不遵循该证据裁判原则断案，反其道而行之，判决却能获得上至朝廷，下至百官、当事者、旁观者的一片叫好。

---

〔58〕 刘军平：《中国传统诉讼之"情判"研究》，中国政法大学出版社2011年版，第185页。

〔59〕 汤唯等：《当代中国法律文化本土资源的法理透视》，人民出版社2010年版，第194页。

〔60〕 胡旭晟主编：《狱与讼：中国传统诉讼文化研究》，中国人民大学出版社2012年版，第10页。

古代有一则案例，有一富豪，娶妻生一女儿后，妻子没有再为其添丁便早早离世，之后该富豪纳妾生一男孩，爱妾也命短离世，富豪此后不再续弦。女儿长大后婚嫁，富豪身体每况愈下，遂留一遗嘱，万贯家财中除一祖传宝剑归儿子外，其余全部留给女儿女婿，由姐姐姐夫将男孩抚养成人，因男孩年幼宝剑先由姐姐姐夫代为保管，直至男孩十五岁再物归其主，并且公开示人，确保遗嘱合法有效。后来，富豪离世，由姐姐姐夫抚养男孩长大。到男孩十五岁那年，他向姐姐姐夫讨要宝剑，姐姐姐夫拒绝归还，声称照顾弟弟多年，耗资巨大，搭钱若干，拒绝交还。最后，男孩告官讨个公道，公堂之上判案长官问明原委，惊堂木一拍，对夫妇二人大刑伺候，并责令将其他遗产及宝剑全部归还弟弟。因为根据遗嘱，结合传男不传女的遗产继承制，富豪神智正常时不可能不把遗产给儿子，事出反常必有隐情（姐姐姐夫亲情淡薄、嗜财如命、心肠歹毒）。还有一则案例，是苏东坡判的，其任职杭州时，一扇子店主欠债不还，被人告到官府。在法庭上，店主申诉苦况，云：年前父亲去世，留下债务若干；今春多雨，扇子滞销，偿还不能，实出无奈。东坡听后并不责怪，却命他取来一捆扇子，当堂挥毫题画，不多时，隧交店主拿去还账。时人闻知消息，早已候在衙外，结局是皆大欢喜。[61]

这样的案例在古代社会很多，其共同点为：判官不审查证据，不遵守约定俗成的衙门办案程序，不问实体请求，但却能处理得让人心服口服。对程序赤裸裸地违反，对证据及证据链等不闻不问，这样的"裁判"即便在法定证据制度之下也是不被允许的，法定证据制度关注的是证据在形式上（既必须又仅仅从形式上）符合要求，这表明我国传统社会的一些正向司法个案与证据裁判原则的内在要求是渐行渐远的。

（四）情判遥不可及

在我国法律儒家化、裁判艺术化的古代，"情判"可圈可点，"许多今天看来不依法而判、违反程序甚至匪夷所思的判决，只要深入到其中的语境中去理解，你就会感觉到，司法官并不是随意而判的，其一言一行都是煞费苦心。这正是情作用于司法审判的特色。……它与社会其他方面其实是紧密联系、相互作用的。因为情所渗透和影响的领域涉及整个社会的方方面面"[62]，

---

〔61〕 林语堂：《苏东坡传》，张振玉译，湖南文艺出版社 2017 年版，第 68—269 页。
〔62〕 刘军平：《中国传统诉讼之"情判"研究》，中国政法大学出版社 2011 年版，第 14 页。

情判离不开司法官对主流价值的深入理解，对风土人情的透彻领悟，对利益关系的全面权衡，对自身能力的完全自信，并且情判因为要求高而成为"一种中庸至善的最高境界"〔63〕。古代传统社会中，情的含义众多，"尽管'情'最主要的是指'情感'或'情理'等含义，但在中国古代的法律条文中，它往往还含有'情形'即'事实'的意思。当某个司法官在其判词或判牍中提到'情'时，可能既是指案件中的'情形'即有形的事实，也可能指'人之常情'即无形的人与人之间的关系或对事物的观念。司法官对'情'的认识将直接影响他对案件的判决。他或者因法顺人情而采取依法而判的做法，或者因为与人情相抵触而采取弃法顺情的做法"〔64〕，当此情与彼情冲突时，常态是重情压过轻情，甚至要法外施刑，但更多时候则体现慈悲为怀、孝行天下，屈法申情、伸张正义。

有一则案例，我国古代有一军官与隔壁有夫之妇有染，两情相悦，欲罢不能。一日凌晨，天下鹅毛大雪，寒风凛冽，该妇女的丈夫顶风冒雪赶路去外地做生意，出门时走得匆忙，行至途中，忽然担忧走时门没关紧，使喜欢赖床睡懒觉的妻子因被风吹到不觉而着凉感冒，遂半路折回。就在丈夫冒风雪离家后，军官翻墙入内，与该妇女缠绵在床，听到外面动静军官匆忙藏于床下，该妇女非常愤怒，质问丈夫为什么起早做生意而意外折回？丈夫回答说担心屋门敞开寒风吹到妻子，吹出病来。于是为妻子掩好被角，关好屋门顶风冒雪离开。此时藏于床下的军官听到两人谈话愤怒不已，从床下爬出来，抓起随身佩刀将妇人杀死，随即到衙门自白。衙门大老爷对军官作出嘉奖：杀一恶人，保一善人，大善之举，需要奖励。杀人之事置之脑后。如此"神"判，认为军官杀死的，是对丈夫歹毒、好吃懒做、不守妇道的淫妇、刁妇，为十恶不赦之人，丈夫勤俭持家、对妻子爱得舍生忘死，是一好人、大丈夫、真君子。军官的行为便是惩恶扬善，大义善举。最终作风不正、毁人家庭、滥杀无辜的军官却没有受到惩罚。这样的裁判意味着，司法官对案件的事实不是很重视，他们关注的是裁判的教化作用，尤其是在疑难案件中，往往对案情不作探究，直接依据情理作出判决。

---

〔63〕　王立民主编：《中国传统侦查和审判文化研究》，法律出版社 2009 年版，第 308 页。
〔64〕　刘军平：《中国传统诉讼之"情判"研究》，中国政法大学出版社 2011 年版，第 113—114 页。

　　还有一则案例，兄弟两人按照父母遗嘱继承了他们生前的田地，弟弟憨厚仍未娶妻，哥哥尽管厚道但嫂子刁蛮，父母生前分给哥哥的田地土质好，能旱涝保收，弟弟分得的田地为山坡地，贫瘠且常常收成不好。嫂子怂恿哥哥跟弟弟赖账，生说弟弟占便宜了，因为山坡地面积大。弟弟力争哥哥的那份地年年都有收成，并且产量高，是好地，自己反而吃了亏。双方争得不可开交，于是对簿公堂。县太爷询问案情之后，对哥嫂意图已然心中有数，于是再次询问双方，是不是彼此都认为对方占了便宜，兄弟二人均无异议。于是县太爷直接让二人将土地交换耕种，并且永远不得再起争端，案结事了。哥嫂挑衅在先，只能被动接受。本案中，没有对实地丈量、没有评估产量，直接下判，但令人心服口服。当然，在法律不发达的传统社会，法律规定不可能事无巨细，在法律条文缺失的情况下，情判还可以弥补立法不足，维护社会和谐与稳定。

　　就情判而言，尽管看似出乎意料，但是判官都是饱读诗书之人，并且是学而优的精英中的精英，对儒家精义、封建纲常的理解入情入理，判词中情理分析一般有理有据，即便当下德才兼备的专家型法官也未必能够针对疑难案件的判决，做到政治效果、社会效果、法律效果的完美统一。可见，尽管经典的情判妙不可言，但可遇而不可求，为机缘巧合，因为判官具有个性化、案情具有个性化、断案时空具有个性化。因此，在当下的刑事审判中要求法官恪守证据裁判原则，依据证据认定有罪，对裁判最美好的期待不是创造经典，也不是毋枉毋纵，而是"无冤"。这一主张看似简单，却蕴含着对刑事司法中证据裁判规则的透彻理解。我国传统社会中既有情判、妙判，也有判官在审案中滥用职权，敲诈勒索涉案人、刑讯逼供后草菅人命。当然也有依法依证据认定的，但是后一种情况即便存在，也没有形成一脉相承的传统，因而说情判对应的意境与证据裁判原则的内在要求是格格不入的，欣赏可以、效仿不得。

　　综上所述，尽管我国传统社会的刑事司法有可圈可点之处，对判官的业务能力等堪称楷模者历朝历代均可罗列，但终究没有一以贯之地传承，其复杂面孔中能对接证据裁判原则的积极因素更是少之又少。而且如陈光中教授所指出的，刑讯逼供对应口供裁判也是整个司法多重面孔的一部分，"千里为官只为财"常态下，贪赃枉法之辈也大有人在，与证据裁判原则内在要求格格不入。这些因素综合起来表明，我国传统司法与证据裁判原则的内在要求存在矛盾，南橘北土不可硬来。

四、我国当下助力证据裁判原则法典化的因素

2014 年，党的十八届四中全会通过《中共中央关于全面推进依法治国若干重大问题的决定》，并将全面依法治国纳入"四个全面"战略布局，此后历次重要会议和习近平总书记重要讲话均强调全面依法治国。2020 年 11 月召开的中央全面依法治国工作会议，明确了习近平法治思想在全面依法治国工作中的指导地位。"习近平法治思想是马克思主义法治理论中国化的最新成果，是中国特色社会主义法治理论的重大创新发展，是习近平新时代中国特色社会主义思想的重要组成部分，是新时代全面依法治国必须长期坚持的指导思想"[65]，也是此后刑事诉讼立法的根本遵循和刑事司法的行动指南。还需指出，习近平法治思想是法治中国、法治政府、法治社会建设的总纲，具体到刑事诉讼还需要立法者在准确领悟其精髓的前提下，将其融入《刑事诉讼法》中。在学习习近平法治思想的过程中，读原著、学原文、悟原理是前提，也是刑事诉讼法学研究要把握的一个方向，在提高政治站位的前提下，把握我国当下刑事法治建设的精髓，守正创新、推陈出新，为刑事诉讼法典的制定提供理论支持，是时代需要，也是刑事诉讼法学发展的需要，下文尝试分析证据裁判原则引入刑事诉讼法典的有利条件。

（一）刑事诉讼法典制定的推动因素

1979 年 7 月 1 日，第五届全国人大第二次会议通过《刑事诉讼法》，作为"一日七法"之中的刑事诉讼法，对刑事司法的保障功不可没，此后在 1996 年、2012 年、2018 年历经了三次修正。刑事诉讼法的发展完善是明显的，从中西对比的角度看，我国的《刑事诉讼法》仍有诸多问题待解决，但是制定一部相对完善乃至一步到位的有中国特色的社会主义刑事诉讼法典并不为学者所看好，因而像针对 1996 年《刑事诉讼法》如何修正的学术研究态势实不可期。从这一点来看，我国刑事诉讼法典的制定将任重道远。

---

〔65〕 中共中央宣传部、中央全面依法治国委员会办公室编:《习近平法治思想学习纲要》，人民出版社、学习出版社 2021 年版，第 1 页。

可喜的是，我国全面依法治国的推进，习近平法治思想的形成，使最大限度地凝聚社会共识成为可能，使高质量的刑事司法成为必要，使高水准的刑事诉讼法典的制定成为可能。其一，刑事诉讼法典的制定是法治发挥"固根本、稳预期、利长远"作用的需要。"小智治事，中智治人，大智立法。治理一个国家、一个社会，关键是要立规矩、讲规矩、守规矩。法律是治国理政最大最重要的规矩"〔66〕，作为"国家治理体系和治理能力的重要依托"，法治发挥着"固根本、稳预期、利长远"的重要作用，〔67〕这一重要论述在《习近平法治思想学习纲要》中被多处强调。2021 年 12 月 6 日，习近平总书记在十九届中央政治局第三十五次集体学习时指出："当前，我国正处在实现中华民族伟大复兴的关键时期，世界百年未有之大变局加速演进，改革发展稳定任务艰巨繁重，对外开放深入推进，需要更好发挥法治固根本、稳预期、利长远的作用。"〔68〕2020 年 5 月 29 日，习近平总书记在主持十九届中共中央政治局第二十次集体学习时针对"充分认识颁布实施民法典重大意义，依法更好保障人民合法权益"的讲话强调："民法典在中国特色社会主义法律体系中具有重要地位，是一部固根本、稳预期、利长远的基础性法律，对推进全面依法治国、加快建设社会主义法治国家，对发展社会主义市场经济、巩固社会主义基本经济制度，对坚持以人民为中心的发展思想、依法维护人民权益、推动我国人权事业发展，对推进国家治理体系和治理能力现代化，都具有重大意义。"〔69〕在法治发挥"固根本、稳预期、利长远"作用的大前提下，《民法典》是"固根本、稳预期、利长远的基础性法律"，是一部名副其实的具有开创性的中国特色社会主义法典，是法治"固根本、稳预期、利长远"作用在《民法典》中的延伸。刑事诉讼事关国家安全、公共安全、社会秩序维护、个人生产生活秩序保障、被追诉人合法权益保障等重大问题，同样需要发挥法治"固根本、稳预期、利长远"的重要作用，也需要作为基本法的《刑事诉讼法》增条扩容升级换代为刑事诉讼法典。

─────────────

〔66〕 中共中央文献研究室编：《习近平关于全面依法治国论述摘编》，中央文献出版社 2015 年版，第 12 页。

〔67〕 习近平：《论坚持全面依法治国》，中央文献出版社 2020 年版，第 3 页。

〔68〕 习近平：《坚持走中国特色社会主义法治道路 更好推进中国特色社会主义法治体系建设》，《求是》2022 年第 4 期，第 10 页。

〔69〕 习近平：《论坚持全面依法治国》，中央文献出版社 2020 年版，第 278—279 页。

其二，刑事诉讼法典的制定是满足刑事司法良法善治的需要。高质量、高水平、全面系统的刑事诉讼法典无疑是刑事诉讼领域中良法的高级版，它能够承载依法治国对刑事司法的各种要求，能够为刑事司法的展开提供指引（相关内容下文将进一步阐释，在此不再展开）。

其三，刑事诉讼法典的制定是实现《刑事诉讼法》体系化的需要。随着全面依法治国的深入推进，刑事司法的价值追求更高，但我国既有的刑事诉讼法法源的问题同样不容忽视。《刑事诉讼法》本身条文少，规定粗线条，司法解释并不是针对个案，而是基于立法的原则性规定进行细化，最高司法机关在细化中"善意"地扩大解释，再加上解释主体的多元性，解释中因部门利益所驱动，平级解释之间的不协调在所难免。办案人员依照本部门的解释实施诉讼行为，公检法分工负责的原则在一个案件的推进中可能出现检警冲突、诉审冲突，这与刑事诉讼领域严格司法、司法公信力的内在要求背道而驰。在这种情况下，刑事诉讼法学研究历经 40 余年，已经取得丰硕的成果，满足了立法的理论储备；尽管刑事诉讼司法解释众多、条文数量庞大，实践也不尽如人意，但是立法经验、实践经验的积累已经能够满足立法需要。

其四，刑事诉讼法典的制定是贯彻党的领导的需要。"党的领导是中国特色社会主义最本质的特征，是中国特色社会主义制度的最大优势，是社会主义法治最根本的保证"[70]，也只有在党的领导下，刑事诉讼法典才能够统筹全局、协调各方，能够将分歧统一到全面依法治国的政治高度，站在以人民为中心的根本立场，聚焦公正司法，实现科学立法、民主立法、依法立法，让人民群众在每一个司法案件中都能够感受到公平正义。

一旦刑事诉讼法典的制定提上日程，证据裁判原则科学合理地规定在刑事诉讼法典之中便是理所当然的。如果这一判断成立，证据裁判原则的研究便应该聚焦于它的法典化。这里有一个大致思路：其一，符合刑事诉讼规律，反映中国特色。其二，能够将刑事证据制度各单元、各元素协调起来，最终符合司法规律、契合刑事诉讼法典的立法预期。其三，定位准确，与刑事诉讼的其他原则、制度相协调，并且统筹推进、同步入法。其四，立法应该体

---

〔70〕　中共中央宣传部、中央全面依法治国委员会办公室编：《习近平法治思想学习纲要》，人民出版社、学习出版社 2021 年版，第 13 页。

现前瞻性，对实践起引领作用，对人民的刑事司法预期要切实回应。

（二）刑事诉讼文化转型瓶颈被突破

我国既往刑事诉讼文化转型之所以相对缓慢，是因为学术界在研究过程中总是试图将现代西方刑事诉讼文化"平移"到我国，将法理学对法律文化的研究"置换"为诉讼文化，因割裂我国的文化传统而流于空洞。既往的刑事诉讼文化研究可以追溯到 20 世纪 90 年代初，龙宗智教授曾强调："我们的刑事诉讼研究，不能仅限于执法过程本身作法理推导，而应当从更广阔的社会生活和社会思想中吸取养分，应当从国家管理社会控制的宏观背景来探讨具体的司法模式，应当研究诉讼文化。"[71]此后的刑事诉讼文化研究仍是寥若晨星。法理学作为一门对法的一般理论、基础理论、法学方法论、法的意识形态进行研究的学科，也是仅列举现代法律文化是什么，而对于如何实现之"进路"保持沉默。这样，"平移"也好，"置换"也罢，仅仅在目标上着墨，而在目标如何实现上止步不前，或者在重复表述目标是什么后戛然而止。究其根本，刑事诉讼文化作为观念，是人的观念，是人对刑事诉讼的观念，只见观念不见人的研究是存在问题的，学术研究的瓶颈，也是刑事诉讼文化转型的瓶颈，再好的观念得为人所接受，成为一种传统，才能形成文化。恰如一个单位，大部分员工都在办案中重实体，绩效考核也理想，名利双收，而有少部分人却重程序，办案效率低下，因此被领导认为工作拖沓，付出没有回报后，这些人再独自追求程序正义的可能性有多大？结果是不言而喻的。这样，以刑事诉讼中办案人员的观念转变为核心的刑事诉讼文化转型，在很大程度上便成为研究者的一厢情愿，"平移"不对人。当然，仔细区分，刑事诉讼文化应该对应专门机关及其工作人员，他们也会因为诉讼职能的不同而被进一步区分，与之相对的是涉案人员与诉讼参与人等，按照一般理解，前者会构成文化中的大传统，后者则是文化中的小传统，前者是主流文化（但并不意味着后者不重要），基于大传统和主流文化的主导地位，再加上现代刑事诉讼的国家追诉原则，所以此处分析仅仅围绕专门机关及其工作人员展开。不过，全社会践行社会主义核心价值观、在党领导下推进全民守法，守法的关键是知法、信法，信法便有可能在行动上守法，在刑事诉讼中较为典型的

---

[71] 龙宗智：《上帝怎样审判》，中国法制出版社 2000 年版，第 74 页。

可能是公民文化形成后，个案中感知案件事实的人，作为证人应法庭审判的需要积极出庭作证。

在新时代中国特色社会主义全面建设的过程中，习近平新时代中国特色社会主义思想的形成，尤其是习近平法治思想的形成，使立法、司法、守法、法学教育、法治队伍建设出现新局面，新时代中国特色社会主义刑事司法理念得以形成，使刑事诉讼文化转型有了目标和归宿，使刑事诉讼文化转型的实现具备了条件。其一，践行社会主义核心价值观为刑事诉讼文化全面转型奠定基础。前文指出，我国长期以来，无罪推定、程序正义、人权保障、公正审判等理念受到传统文化的排斥，随着刑事诉讼立法的推进，制度层面的刑事诉讼现代化效果显著，观念性的刑事诉讼文化转型迟缓、流于口号。在坚持中国特色社会主义法治的道路上，要坚持依法治国和以德治国相结合，"发挥好法律的规范作用，必须以法治体现道德理念、强化法律对道德建设的促进作用"，"立法、执法、司法都要体现社会主义道德要求，都要把社会主义核心价值观贯穿其中，使社会主义法治成为良法善治"[72]，在坚持建设德才兼备的高素质法治工作队伍中，强调"要加强理想信念教育，深入开展社会主义核心价值观和社会主义法治理念教育，推进法治专门队伍革命化、正规化、专业化、职业化，确保做到忠于党、忠于国家、忠于人民、忠于法律"[73]。社会主义核心价值观中的文明、自由、平等、公平、法治、诚信等与现代刑事诉讼文化具有高度契合性，这一核心价值观是对以儒家思想为主的传统价值观的凝练与升华，使刑事诉讼文化的转型具有了社会道德土壤。

其二，坚持以人民为中心的立场，对刑事司法提出了高质量要求，使程序正义内化于心成为可能。习近平法治思想强调要"牢牢把握社会公平正义的价值追求"，认为"司法是维护社会公平正义的最后一道防线。司法公正对社会公正具有重要引领作用"，提出"要懂得'100−1=0'的道理，一个错案的负面影响足以摧毁九十九个公正裁判积累起来的良好形象。执法司法中万分之一的失误，对当事人就是百分之百的伤害"，要求"所有司法机关都要紧

---

[72] 中共中央宣传部、中央全面依法治国委员会办公室编：《习近平法治思想学习纲要》，人民出版社、学习出版社 2021 年版，第 42 页。

[73] 习近平：《论坚持全面依法治国》，中央文献出版社 2020 年版，第 5 页。

紧围绕让人民群众在每一个司法案件中都感受到公平正义这个目标来改进工作",[74]政法工作要"让人民群众切实感受到公平正义就在身边"。最高人民法院院长周强指出:"坚持践行和弘扬社会主义核心价值观,用一个个'小案件'讲好'大道理',让人民群众切实感受到更有力量、有是非、有温度的新时代司法。"[75]办案的高质量要求既是办案人员的压力也是动力,践行程序正义、彰显程序正义、远离错案,使程序公正、实体公正的内在要求深入办案者心中。

其三,坚持建设德才兼备的高素质法治工作队伍,一定程度上决定了办案人员要以现代刑事诉讼文化来武装头脑,实现对党、国家、人民、法律的忠诚。2018 年 8 月 24 日,习近平总书记在中央全面依法治国委员会第一次会议中强调:"坚持建设德才兼备的高素质法治工作队伍。全面推进依法治国,必须着力建设一支忠于党、忠于国家、忠于人民、忠于法律的社会主义法治工作队伍。要加强理想信念教育,深入开展社会主义核心价值观和社会主义法治理念教育,推进法治专门队伍正规化、专业化、职业化,提高职业素养和专业水平。要坚持立德树人,德法兼修,创新法治人才培养机制,努力培养造就一大批高素质法治人才及后备力量。"[76]其中,"坚定的理想信念是政法队伍的政治灵魂。……理想信念是共产党人精神上的'钙',精神上'缺钙'就会得'软骨病'。……坚持党的事业至上、人民利益至上、宪法法律至上"[77]。此处的三个至上与刑事诉讼中的人权保障与程序法定等观念相契合。就法官队伍建设而言,最高人民法院院长周强指出:"发扬自我革命精神,全面贯彻新时代党的建设总要求,坚持以党建带队建促审判,努力锻造忠于党、忠于国家、忠于人民、忠于法律的法院铁军……持之以恒严格教育、严格管理、严格监督,引导广大法院干警以忠诚干净担当的实际行动,在全面建设社会

---

[74] 中共中央宣传部、中央全面依法治国委员会办公室编:《习近平法治思想学习纲要》,人民出版社、学习出版社 2021 年版,第 32—34 页。

[75] 周强:《在习近平法治思想指引下 奋力推进新时代司法为民公正司法》,《求是》2022 年第 4期,第 17—22 页。

[76] 习近平:《论坚持全面依法治国》,中央文献出版社 2020 年版,第 231 页。

[77] 中共中央文献研究室编:《习近平关于全面依法治国论述摘编》,中央文献出版社 2015 年版,第 99 页。

主义现代化国家新征程中履职尽责、建功立业。"〔78〕最高人民检察院检察长张军指出："检察机关要认真落实全国政法队伍教育整顿总结会部署，坚定不移巩固深化政法队伍教育整顿政治建设、正风肃纪反腐、素能培训、正向激励、制度建设五方面成果，以永远在路上的定力和自我革命精神加强检察队伍建设。"〔79〕

其四，坚持抓住领导干部这个"关键少数"，政法系统领导干部的"关键少数"要做到支持司法、带头守法，以点带面，必然使具体的办案人员在办案中守法，按照法律精神开展司法工作，"无罪推定、程序法定"无疑会成为办案的指引。而且，当下的领导干部尤其"要守法律、重程序，这是法治的第一位要求。要严格在宪法法律范围内活动，严格依照法定权限和程序行使权力，作决策、开展工作多想一想法律的依据、法定的程序、违法的后果，自觉当依法治国的推动者、守护者"〔80〕。

不仅如此，办案人员也应顺应上述形势，结合自身的学习、工作、职业规划而主动求变，共同转变。首先，情感认知。我国近年来处于纠正错案、反腐败的高压态势下，再加上在政法队伍中实施教育整顿，因办错案件而受追究，因以法谋私、枉法裁判而受惩罚者，不乏其人。办案中需要高度负责，勿以恶小而为之，否则一旦疏忽，便会出错，小错不改，就会一错再错，越陷越深，最终无法回头。警钟长鸣，这会使非当事者办案人员对无罪推定、程序正义、人权观念、职业意识的认可度空前提高。其次，趋于向善。反面教训与正面引导共同作用，错案责任追究终身制建立，外在宣传与内在自省、廉政教育与自我批评、个人自省与强化监督相结合，党内监督与国家监察全覆盖，最终使办案人员的观念发生转变，顺势而为一顺百顺，逆势而上自找麻烦，轻则出力不讨好，重则失业乃至身陷囹圄，利弊权衡之下接受新观念，观念引导行为。最后，共同向善。观念发生转变的同事之间又相互影响，部门之间、单位之内、系统之内的共识也在逐渐形成，最终使现代司法理念逐

---

〔78〕 周强：《在习近平法治思想指引下 奋力推进新时代司法为民公正司法》，《求是》2022 年第 4 期，第 17—22 页。

〔79〕 张军：《坚持以习近平法治思想为指引 加强新时代检察机关法律监督》，《求是》2022 年第 4 期，第 23—29 页。

〔80〕 中共中央宣传部、中央全面依法治国委员会办公室编：《习近平法治思想学习纲要》，人民出版社、学习出版社 2021 年版，第 146—147 页。

渐内化于心，办案规范与办案机制使办案人员同向同行，使现代司法理念外化于行。这里，从个人转变到群体共识，是出于分析的方便，现实中大多数时候是相互影响，但是只有群体性、民族性的共识才能代表一种文化的真正形成，或者说某一方面文化转型的实现。在我国《刑事诉讼法》的历次修正中，程序正义等的推进是缓慢的，但恰恰在习近平法治思想的推动下，刑事诉讼法典制定，法典中程序正义的贯彻落实，会反向促进办案者观念的转变，会助推程序正义等入心、入脑。办案者在办案过程中自觉，在学习中自省，完成自我能力与素质的提升。个人主动求变与外在要求促变会使办案者发生改变，刑事诉讼文化的转型便得以最终实现。

（三）司法"去行政化"等改革成效喜人

党的十八届三中全会通过《中共中央关于全面深化改革若干重大问题的决定》，其中第九部分"推进法治中国建设"涉及五方面内容，与本文密切相关的是：其一，"确保依法独立公正行使审判权检察权"：（1）改革司法管理体制，推动省以下地方法院、检察院人财物统一管理，探索建立与行政区划适当分离的司法管辖制度，保证国家法律统一正确实施；（2）建立符合职业特点的司法人员管理制度，健全法官、检察官、人民警察统一招录、有序交流、逐级遴选机制，完善司法人员分类管理制度，健全法官、检察官、人民警察职业保障制度。其二，"健全司法权力运行机制"，其中要改革审判委员会制度，完善主审法官、合议庭办案责任制，让审理者裁判、由裁判者负责。明确各级法院职能定位，规范上下级法院审级监督关系"，要推进审判公开、检务公开，录制并保留全程庭审资料。增强法律文书说理性，推动公开法院生效裁判文书，等等。其三，"完善人权司法保障制度"，提出要健全错案防止、纠正、责任追究机制，严禁刑讯逼供、体罚虐待，严格实行非法证据排除规则，等等。

党的十八届四中全会通过《中共中央关于全面推进依法治国若干重大问题的决定》，与本文相关的重要议题有：首先，第四部分"保证公正司法，提高司法公信力"，从"完善确保依法独立公正行使审判权和检察权的制度、优化司法职权配置、推进严格司法、保障人民群众参与司法、加强人权司法保障、加强对司法活动的监督"六个方面展开。[81]其次，第七部分"加强和改进党对全面推进依法治国的领导"，其中"各级领导干部要对法律怀有敬畏之心，牢记法律红线不可逾越、法律底线不可触碰，带头遵守法律，带头依法办事，不得违法行使权力，更不能以言代法、以权压法、徇私枉法"，这无疑与习近平法治思想之"坚持抓住领导干部这个关键少数"相对应。"保证司法公正，提高司法公信力"，既是对全面深化改革、法治中国建设中司法改革等相关的延续，也体现在习近平法治思想的核心要义"十一个坚持"之中：其一，在"坚持党对全面依法治国的领导"中，坚持党领导立法、保证执法、支持司法、带头守法；其二，在"坚持以人民为中心"中，围绕牢牢把握社会公平正义的价值追求，"重点解决司法公正和制约司法能力的深层次问题"；其三，在"坚持中国特色社会主义法治道路"中，围绕加快形成有力的法治保障体系，要完善"执法人员、经费、资源、装备等向基层倾斜制度"；其四，在"坚持全面推进科学立法、严格执法、公正司法、全民守法"中，围绕推进公正司法，与前述全面推进依法治国中的推进公正司法，提高司法公信力高度契合；其五，在"坚持建设德才兼备的高素质法治人才队伍"中，围绕首先要把法治专门队伍建设好，指出要健全法官、检察官员额管理制度，规范遴选标准、程序，加强执法司法辅助人员队伍建设；其六，在"坚持抓住领导干部这个'关键少数'"中，围绕领导干部要做尊法学法用法的模范，指出要建立领导干部干预司法活动、插手具体案件处理的记录、通报和责任追究制度，建立法治建设成效考核制度，等等。[82]其中，"努力让人民群众在每一个司法案件中都能感受到公平正义"是证据裁判原则的目标追求，"推进以审判为中心的诉讼制度改革"是证据裁判原则嵌入其中的机制，与证据裁判原则的内涵也有密切关系，本文将在下一部分探讨。基于法国证据制度史上司法权的独立性在证据裁判原则形成中的意义重大，再加上我国传统社会的司法依附行政，对比分析司法的去行政化及其效果是十分必要的。

1. 司法的"去行政化"改革初见成效，前景好

党的十八届三中全会对深化司法体制改革作出全面部署，明确提出"改

---

〔81〕 习近平：《论坚持全面依法治国》，中央文献出版社 2020 年版，第 90 页。

〔82〕 参见中共中央宣传部、中央全面治国委员会办公室编：《习近平法治思想学习纲要》，人民出版社、学习出版社 2021 年版，第 147 页。

革司法管理体制，推动省以下地方法院、检察院人财物统一管理"。建立跨行政区划的法院、检察院，旨在落实中央关于深化与行政区划适当分离的司法管辖制度，避免地方保护主义对司法的干扰。这些跨区域的法院、检察院的设立，与省以下地方法院、检察院的人财物统一管理一样，对于破除司法权运行中的地方保护主义意义重大，有助于使司法权回归到其本该具有的职能定位。当然，省以下法院、检察院的人财物统一管理，受制于一个地区的经济发展，受制于当地的财政状况，仍有一些现实问题需要克服。

习近平总书记在党的十八届四中全会上指出："我国是单一制国家，司法权从根本上说是中央事权。各地法院不是地方的法院，而是国家设在地方代表国家行使审判权的法院。司法机关人财物应该由中央统一管理和保障。世界各主要国家也普遍实行由国家或某一个专门机构统一管理司法人员、经费等司法行政事务。考虑到全国法官、检察官数量大，统一收归中央一级管理和保障，在现阶段难以做到。"[83]可见，随着未来我国经济发展水平的进一步提升，国家变得更加富强，在时机成熟时，中央对法院、检察院的人财物进行统一管理是可行的。但是，从现实看，从各级法院管辖刑事案件的分布看，大多数犯罪案件一审在基层法院，根据管辖权规定，危害国家安全、恐怖活动、可能判处无期徒刑、死刑的重罪案件，以及《最高人民法院关于适用〈中华人民共和国刑事诉讼法〉的解释》第15条规定的"重大、复杂案件"、"新类型的疑难案件"、"在法律适用上具有普遍指导意义的案件"一审在中级人民法院，这就使人财物省级统管的基层、中级法院审理一审案件没有顾虑，进而地方政府、党委的干预可以不加理会，一审对外关系理顺二审便顺理成章，进而使法院审判权在大多数情况下都能做到依法独立行使。

2. 司法的"去行政化"改革进展顺利

在我国的司法改革中，最重要的一个方面便是司法人员的分类管理制度，也就是众所周知的"员额制"改革。时至今日，员额制改革早已完成，入额法官的薪酬已经有所增加，尽管还存在这样那样的问题，但整体形势较好。现实中的问题有：（1）地区之间的收入相比不平衡。员额内法官的收入与地区的经济发展水平、地区的财产收入成正比，因而经济发展的不平衡会对法

---

〔83〕　习近平：《论坚持全面依法治国》，中央文献出版社2020年版，第62页。

官的收入有所影响，进而影响法官队伍的稳定性。（2）员额的"额"数之多少在各地之间分布不平衡。员额制改革中，入额法官的编制名额是确定的，取决于改革之初的核算，并且不能任意增加。这样，可能会出现今后一段时间内不会有入额法官退休，未能入额的原助理审判员等入额遥遥无期的情况，有的则出现空额，但符合条件的法官不够，短期填补空缺有难度。（3）错案责任倒查问责制、终身负责制使法官顾虑重重。员额内法官一旦在办案中出现错误，便要终身承担责任，没有时效限制。（4）法院的司法辅助人员，如法官助理、书记员等，因为被设定为单独序列，不能在工作中晋升入额，所以其积极性和责任心会受到影响，导致人员稳定性差，同时还存在人少工作负担重等问题，这会影响员额法官与辅助工作的契合度等。尽管存在这些问题，但在党支持司法的前提下，很快会得到解决，而且整体改革的成效还是非常明显的。员额制的推行使法官独立办案成为常态。

3. 禁止行政等干预司法基本达到令行禁止

如果说前述改革是为法官独立裁判所做的积极部署，那么独立审判的消极意义上的应对便是禁止行政干预司法、禁止领导干部插手案件，这又与习近平法治思想之"坚持抓住领导干部这个关键少数"存在内在关联。习近平总书记指出："做到严格执法、公正司法，还要着力解决领导机关和领导干部违法违规干预问题。这是导致执法不公、司法腐败的一个顽瘴痼疾。一些党政干部出于个人利益，打招呼、批条子、递材料，或者以其他明示、暗示方式插手干预个案，甚至让执法司法机关做违反法定职责的事。在中国共产党领导的社会主义国家里，这是绝对不允许的！"[84]为了解决这一问题，可以采取以下方法：一是"要建立健全违反法定程序干预司法的登记备案通报制度和责任追究制度，对违反法定程序干预政法机关执法办案的，一律给予党纪政纪处分；造成冤假错案或者其他严重后果的，一律依法追究刑事责任"[85]。对此：2015年3月18日，中共中央办公厅、国务院办公厅印发《领导干部干预司法活动、插手具体案件处理的记录、通报和责任追究规定》；

---

[84] 《严格执法，公正司法》，《十八大以来重要文献选编》（上），中央文献出版社2014年版，第720—721页。

[85] 中共中央文献研究室编：《习近平关于全面依法治国论述摘编》，中央文献出版社2015年版，第73—74页。

2015 年 3 月 26 日，中央政法委员会第十六次会议审议通过了《司法机关内部人员过问案件的记录和责任追究规定》；2015 年 9 月 6 日，最高人民法院、最高人民检察院、公安部、国家安全部、司法部印发《关于进一步规范司法人员与当事人、律师、特殊关系人、中介组织接触交往行为的若干规定》，以上统称"三个规定"。近年来，多名领导干部因插手案件而被依法依规处理，基本做到"零容忍"，"三个规定"落实到位，严肃处理后的威慑效果显著。二是纪检监察的监督落实。2018 年 3 月，监察改革在全国范围内推行，监察与纪检合署办公，党内监督与国家监察相统一，各级监委按照干部管理权限对公权力的行使者进行监督、调查、处置，各级纪委也相应地履行监督、执纪、问责职责，在纪检监察工作中，坚持廉政教育与反腐败相结合，实现标本兼治，其中就有对领导干部等插手案件的监督，一视同仁做到全覆盖。以上两方面是依法依规的刚性措施，还有其他方面的教育引导措施，最终使行政权力、领导干部等对法官独立审判的干预得以遏制。

　　上述三方面相互作用、相互影响，最终使法官独立审判成为可能，为证据裁判原则的法典化提供制度支持。

五、法官公正审判促成要素中的证据裁判原则

　　《刑事诉讼法》历经 40 余年的发展，先后有 4 部出台，法律条文从最初的 156 条发展到今天的 308 条，成就喜人。其中，党的十八大以来，全面依法治国战略的形成及推进，尤其是习近平法治思想的形成，对我国法治建设提出了新要求。制定刑事诉讼法典便是其中一环，它的根本立场是以人民为中心，因此"必须牢牢把握社会公平正义这一法治价值追求，努力让人民群众在每一项法律制度、每一个执法决定、每一宗司法案件中都感受到公平正义"[86]。这意味着在既往打击犯罪与保障人权的动态平衡中立法轨迹被改变，当下刑事诉讼法典要站在以人民为中心的立场来制定，这里的人民与支撑欧洲大陆或两大法系证据裁判原则的原子论意义上的个人不同，而是一个群体或复数的概念。如果说个人权利与国家公权在现代刑事诉讼立法中被置于对抗性的架构中，则新中国的 4 部《刑事诉讼法》均未切实体现这一点。在

───────────

〔86〕　习近平：《论坚持全面依法治国》，中央文献出版社 2020 年版，第 229 页。

习近平法治思想的引领下，我国的刑事诉讼法典也不会向对抗性架构靠拢，在党全面领导之下，以人民为中心的根本立场，实现公正司法，让人民群众在每一个司法案件中都感受到公平正义的要求，使法官公正审判成为必要，使证据裁判原则在刑事诉讼法典中的确立成为前提和保障。

（一）刑事司法从打击犯罪迈向公正司法

我国 1979 年《刑事诉讼法》，是按照解决敌我矛盾来定位的，此后出台的《民事诉讼法》则是按照解决人民内部矛盾来定位的。相应地，敌我矛盾用斗争的方式来解决，人民内部矛盾用调解的方式来解决。因此，刑事诉讼中将被追诉人视为敌人，追诉犯罪就是为了打击敌人。敌我之间你死我活，对敌人的仁慈就等于对人民的残酷，这就导致刑事诉讼中被追诉人的权利保障被忽视，整个刑事诉讼重结果、轻过程，重打击、轻保护。当然，这在一定程度与当时的计划经济相契合，计划经济之下，社会人口流动性小，人与人之间的关系简单，涉及的犯罪较为简单，案件侦破也相对容易，实体出错的可能性及其危害性小。随着我国由计划经济向市场经济的转轨，社会流动性变大，社会关系变得相对复杂，犯罪情形也变得复杂，案件的侦破难度加大，导致追诉主体办案的压力增大。不过，市场经济是以主体自由为前提的经济，这就使既往忽视程序、漠视被追诉人权利的办案方式暴露出问题，因而实体追求与办案过程之间产生张力，这就需要在理论上有所应对。于是，从 20 世纪 90 年代初开始，当时年轻的刑事诉讼法学者进行比较研究，介绍现代西方的制度和理论，刑事诉讼理念也在发生转变。在此背景下，学术界认为刑事诉讼的目的应该由既往的惩罚犯罪转变为惩罚犯罪和保障人权并重，提出了刑事诉讼双重目的论。也正是在这一理念的支撑下，1996 年对《刑事诉讼法》进行第一次修正，此次修正的主要内容包括：庭审引入对抗式，检察机关在提起公诉时仅向法院移送主要证据的复印件、证据目录、证人名单，开庭前辩护律师无法查阅卷宗，律师可以介入侦查程序，自审查起诉之日律师便可以被委托为辩护人进行辩护活动，看上去较 1979 年《刑事诉讼法》完善了"一大步"。令人遗憾的是，《刑事诉讼法》实施效果不佳：一是刑事辩护陷入困境。修法的本意是发展辩护制度，结果却因追诉机关的抵制等导致从事辩护的律师减少，刑事案件的辩护率较修法前不升反降，刑事辩护中的会见难、通信难、阅卷难、庭审辩护意见被采纳难、涉嫌伪证后的维权难成为常态。二是修法前的"先定后审"为对抗式审判中的"先审后定"所取代。庭审走过场的问题依然存在，最终使《刑事诉讼法》修正的预期大打折扣，甚至因为辩护难等被评价为修法"前进了一小步，倒退了两大步"。

2000 年前后，基于实践中存在的诸多问题，学术界再次出现修正《刑事诉讼法》的呼声，最后宪法学者、法理学者也参与到这次修法的讨论中来，参与讨论的学者之多，讨论的问题之广，成为法学学术史上一次重要的修法讨论。全国人大常委会还将《刑事诉讼法》的修正列入当时的修法计划，但最终因为涉及问题多、分歧较大而一延再延，直到 2012 年才再次被提起，此后又迎来了 2018 年第三次修正。在此之前，最高人民法院、最高人民检察院、公安部、国家安全部、司法部于 2010 年出台《关于办理死刑案件审查判断证据若干问题的规定》与《关于办理刑事案件排除非法证据若干问题的规定》，这两个规定首次引入证据裁判原则。以此为开端，[87] 2017 年出台的《最高人民法院 最高人民检察院 公安部 国家安全部 司法部关于办理刑事案件严格排除非法证据若干问题的规定》严格排除非法证据规定，以及此后最高人民法院出台的《人民法院办理刑事案件排除非法证据规程（试行）》（三项规程之一）等，表明刑事证据单行法的发展势头不减。在一定程度上，《刑事诉讼法》的推进与单行证据规定是并行不悖的，其中以《刑事诉讼法》为主，以司法解释上的单行证据规定为辅，共同推进证据制度的发展。但因为证据裁判原则在《刑事诉讼法》中的缺失，体现证据裁判原则的内容过于分散，再加上打击犯罪的优先考虑，保障人权的制度落实始终困难重重，这就使证据裁判原则的内容非常分散，甚至制度与制度之间存在冲突，证据制度的整体发展也受到影响。

需要注意的是，我国学者在 1996 年《刑事诉讼法》修正后，开始关注错案研究，尤其是 2013 年的"浙江张氏叔侄案"及此前的"杜培武案""佘祥林案"等引起社会各界、最高人民法院、党和国家主要领导人的关注，错案的防范及其救济成为理论研究的弱点和实践关注的焦点，强调"让人民群众在每一个司法案件中都感受到公平正义"。错案发生的内在逻辑是：错案（无

---

〔87〕　2013 年为防范错案，中央政法委出台防范指导意见，公、检、法三机关也出台相应的解释和
　　　规定，证据上的规定是一个重要组成部分，历次《刑事诉讼法》修正后对应的最高司法机关的
　　　解释，两院三部等针对某一刑事诉讼问题出台的联合解释，均对完善刑事证据起到重要作用。

辜者被判有罪）形成→庭审走过场→庭审实质化→推进以审判为中心的诉讼制度＝审判者裁判，裁判者负责……。制度内的逻辑又引起制度外的改革等：审理者裁判与负责→司法改革去地方化＋司法改革去行政化。这最终导致刑事司法要上升到全面依法治国的高度来推进。习近平总书记指出："造成冤案的原因很多，其中有司法人员缺乏基本的司法良知和责任担当的问题，更深层次的则是司法职权配置和权力运行机制不科学，侦查权、检察权、审判权、执行权相互制约的体制机制没有真正形成。"[88]因此，"深化司法体制改革，建设公正高效权威的社会主义司法制度，是推进国家治理体系和治理能力现代化的重要举措。公正司法事关人民切身利益，事关社会公平正义，事关全面推进依法治国。要坚持司法体制改革的正确政治方向，坚持以提高司法公信力为根本尺度，坚持符合国情和遵循司法规律相结合，坚持问题导向、勇于攻坚克难，坚定信心，凝聚共识，锐意进取，破解难题，坚定不移深化司法体制改革，不断促进社会公平正义"[89]。而且，全面依法治国作为"四个全面"之一，要与其他"三个全面"相辅相成，放在"四个全面"的战略布局中来把握和推进。因此，每一个司法案件中的公平正义要上升到在党的领导下"科学立法、严格执法、公正司法、全民守法"的高度来落实。这意味着，在刑事诉讼法发展演进的过程中，对程序正义与无罪推定的追求仍任重道远，而从党领导之下全面依法治国的部署中，以人民为中心的法治立场出发，"必须坚持公正司法。公正司法是维护社会公平正义的最后一道防线。所谓公正法，就是受到侵害的权利一定会得到保护和救济，违法犯罪活动一定要受到制裁和惩罚。如果人民群众通过司法程序不能保证自己的合法权利，那司法就没有公信力，人民群众也不会相信司法"，"坚持公正司法，需要做的工作很多。我们提出要努力让人民群众在每一个司法案件中都感受到公平正义，所有司法机关都要紧紧围绕这个目标来改进工作，重点解决影响司法公正和制约司法能力的深层次问题。群众反映，现在一个案件，无论是民事案件还是刑事案件，不托人情、找关系的是少数"，因此要做到"'公生明，廉生威。'执法司法是否具有公信力，主要看两点，一是公正不公正，二是廉

---

〔88〕 《习近平：加强党对全面依法治国的领导》，人民网，http://jhsjk.people.cn/article/30704130，最后访问日期：2022 年 7 月 25 日。
〔89〕 习近平：《论坚持全面依法治国》，中央文献出版社 2020 年版，第 147 页。

洁不廉洁"〔90〕。

这里有一个重要的逻辑转换,《刑事诉讼法》及刑事证据制度的立法推进逻辑因数起错案而被重视,以错案救济和防范为出发点,站在以人民为中心的根本立场上,让人民群众在每一个司法案件中都感受到公平正义,需要公正司法,需要在党的领导下"支持司法",除弊兴利,废除不合理的办案机制体制等。司法改革也好,刑事诉讼法典的制定和证据裁判原则的确立也罢,有明确的结果导向,需要的不是惩罚犯罪与保障人权在立法的动态平衡中逐步推进,而是党领导之下的统筹全局、协调各方的多措并举,追求一步到位,证据裁判原则及其对应的制度同时确立,确保司法公正的实现。按照既往立法趋势,程序正义的落实是渐进的,现在一步迈到公正司法,既往立法缓慢推进程序正义制度化出现了跳跃,其中制度和观念的张力恰恰需要在习近平法治思想的引领下被逐渐消解。可见,从证据裁判原则的确立来看,既往是沿着立法轨道的推进逻辑,现在则是结果出发的保障逻辑。

(二)证据裁判原则重在促使法官公正审判

现代证据裁判原则的确立,是针对纠问制下独立办案的法官滥权而采取的应对措施。我国当下,杜绝错案(错判)对应的积极意义便是法官的公正审判,这是由司法亲历性、案件事实认定内在要求(由果溯因的证明)决定的。相比法国,纠问式下的法官滥权(刑讯逼供等)导致司法不公,我国司法地方化与司法行政化导致庭审走过场而发生错判,这就决定了我国在实现公正司法的过程中,需要给法官创造条件实现公正审判。这里对应着一个深层次的问题,原子论意义上的自由主义认为个人优于国家和社会,国家存在的目的便是为个人自由提供保障,国家必须主动打击犯罪,但担心国家在打击犯罪中滥用权力反而使涉案者的自由或权利受到限制或侵害,因而必须对公权力的行使者进行限制。法国纠问式之下法官被革"命",启蒙立法中证据裁判原则限制法官,既是制度转型中的前因后果,也是国家与个人对抗之框架的法理使然。在我国,国家、社会优于个人,从传统社会的家国同构到新中国的集体优位,从关系的框架中定义个人到新中国中的无产阶级一分子,

---

〔90〕　中共中央文献研究室编:《习近平关于全面依法治国论述摘编》,中央文献出版社 2015 年版,第 67—71 页。

便易生国家保护个人、个人依赖国家的依赖性架构，在刑事诉讼中则体现为权利与权力的对抗不明显，权力主导色彩明显，权力约束与制约不明显，也恰恰是在这一既有的程序机制中，我国因全面依法治国追求公正司法，强调法官公正审判而不是规制法官，通过改革减少对法官的制约约束，为法官公正审判创造条件，提供保障。

为法官公正审判创造条件、提供保障，并不是一件孤立的事情，除了司法去行政化与去地方化改革，最为重要的便是优化审判程序，也即"推进以审判为中心的诉讼制度改革"。就这一改革而言，理论上有不同的解读，但以完善一审普通程序中的法庭审判程序为核心是毋庸置疑的，首先，要真正能够体现庭审的各项原则，即直接言词原则、集中审理原则、公开原则等。这就要对直接言词原则内在要求的作证制度规定到位，如果证人等不出庭作证却要采纳侦查中询问等笔录，那么一定要同时满足必要性、可靠性两个条件。这意味着"必须严格证明的事项，只能以法定的证据方法证明，并且严守法定的调查程序，所得证据才有证据能力。……所谓'合法调查'，即指必须'严格证明'"〔91〕，或者说"调查证据之程序，附属于审理程序，通常应于审判期日进行，因此，支配审理程序之基本原则，亦为组成'合法调查'概念之要素，也都是严格证明的相关证据规定，包括直接审理原则、言词审理原则及公开审理原则之规定，其中又以直接审理原则最为重要"〔92〕。其次，要充分保障辩护权，或者庭审要落实有效辩护原则的诸多内容，法律援助要扩大范围，辩护人与被告人之间就辩护方面的协调、交流要有所保障，不能使辩护制度流于形式。对于学术界针对独立辩护人制度的反思、对协同辩护之提倡有必要在制度设计上有所体现。再次，证据调查中证据能力的审核机制要建立起来，大陆法系庭审中审判主体具有一元性，因而要在程序上设置准入机制，可以充分利用庭前会议，让辩护双方对证据取得合法性提出异议，能够及时解决的先解决，不能及时解决的，在法庭调查阶段先解决资格问题。当然，对于在庭审中才知悉取证合法性存在问题的，也要允许被告依法提出异议，在证据调查完毕后，应当告知对方提出反证，询问有无意见，对异议之

---

〔91〕 张丽卿：《刑事诉讼法理论与运用》，五南图书出版股份有限公司 2018 年版，第 358—359 页。
〔92〕 林钰雄：《刑事诉讼法》（上册），中国人民大学出版社 2005 年版，第 346 页。

处分等不服应该允许提出异议。证据调查程序要细化：调查→询问对方当事人有无意见→处分→异议。在法庭调查结束后，围绕证据证明力和法律争点进行辩论。非法证据排除规则应被纳入证据能力的审核机制之中，只有在对每一项证据开展调查前先确认被追诉人是否对取证合法性存在异议，才能将非法证据排除规则落到实处。这是我国刑事诉讼法典一定要结合律师辩护、庭审调查等予以细化的，一方面给法官的公正审判提供具有可操作性的办案规则，另一方面给辩护一方创造空间，这样才能使法官兼听则明，才会使"人民群众在每一个司法案件中都感受到公平正义"。

相对启蒙立法中的证据裁判原则，结合全面依法治国及习近平法治思想对刑事诉讼法典的内在要求，本文主张证据裁判原则是作为保障法官公正审判的一环来体现的，但还需要指出的是，这一原则与审判中心主义的内在要求是一致的。或者说，只有在审判中心主义的支撑下，证据裁判原则才有贯彻落实的可能。结合前文的分析，首先，"认定事实，要靠证据"应该表述严谨，可以借鉴台湾地区所谓"刑事诉讼法"第 154 条第 2 款的规定："犯罪事实应依证据认定之，无证据不得认定其犯罪事实。"这表明，认定有罪必须要依据证据，如果没有证据便不能认定有罪，与无罪推定原则要求"不能依法认定为有罪之前，任何人都应当被假定为无罪"具有一致性，因此可以说：证据裁判原则与无罪推定原则是一个问题的两个方面。其次，证据裁判原则直接对应的就是个案法官，主要是一审法院的法官。因为，按照刑事诉讼原理，结合无罪推定原则，只有经过审判才能确定被告人有罪，确定被告人有罪要靠证据（例外的是众所周知的事实、特定的事实，等等），因而从裁判权的专属性来看，就是裁判案件的法官或由法官（以及陪审员）组成的合议庭等。一般而言，并不是一种原则、一种理论，其对应的范围越广越好，原则的价值在于其能对法律现象、法律行为提供方向性、宏观性的指引，一旦超出边界其便丧失了存在的意义，使认定有罪的裁判权出现泛化。再次，证据能力的要求，是证据裁判原则不可缺失的内容，证据能力与非法证据排除紧密相关，证据未被排除是证据具有证据能力的前提。这意味着，法官的公正审判也好，证据裁判原则的确立也罢，需要非法证据排除规则切实发挥作用。最后，要经过法庭调查或严格证明程序。这里的调查要做到：在实物证据的调查中，应该贯彻物证的鉴真规则；在言词证据的调查中，应该贯彻传闻证据规则。如果与一审审理原则相结合，要落实直接言词原则、集中原则、公开原则、辩论原则等。这就意味着，证人、鉴定人、警察等的出庭作证应该常态化，不解决这一问题，法官的公正审判也好、证据裁判原则也罢，只能成为空谈。

（三）在消解侦查中心主义中确立证据裁判原则

我国的证据裁判原则不仅不能直接调整审判前的公诉程序（立案后的侦查与起诉阶段）的证据收集及审查，而且还要通过消解侦查中心主义而确立。侦查中心主义是我国学术界针对侦查、起诉、审判阶段，实际上侦查阶段起支配作用而进行的理论概括。通俗地讲，在侦查、起诉、审判阶段中，审判起支配作用，侦查中的处分、起诉中的指控仅仅是审判的准备，前两个阶段对案件事实的认定对一审法官没有效力，法官的裁判形成于庭审之中，通过双方举证、质证，听取双方的诉讼主张及理由，居中作出判断。相反，侦查阶段的案件处理如果为后续的程序全部确认，便是侦查中心主义。侦查行为及其后果"绑架"了后续的逮捕、起诉、审判（一审乃至二审），后一个程序对前一个程序的处理决定变成了"走过场"，办案便是对前一结论全盘接受后的背书，一旦侦查程序违法，便一步错、步步错，一错到底。这是我国既往错案发生的基本逻辑，这受当时"重实体、轻程序""重打击、轻保护"的观念所影响。如我国《刑事诉讼法》制定之初，受阶级斗争观念影响，以敌我矛盾解决刑事诉讼问题，视被追诉人为阶级敌人，因而一旦有人被怀疑涉嫌犯罪，嫌疑人便被当成客体对待。出于证据收集和案件侦破的压力，以及口供中心主义的长期影响，办案人员便会对被追诉人进行刑讯逼供以获取口供，以口供为前提收集其他证据，用其他证据印证口供的真实性，将证据制成笔录随案移送，后续程序不是在查明案件事实、核实证据等方面下功夫，而是通过侦查案卷笔录得出办案结论，这样，专门机关的流水作业便决定了被追诉人的命运，而且一旦涉案嫌疑人处于被羁押状态，侦查程序对整个刑事审判的预决作用就会非常明显。在这一纵向结构之中，一般辩护权不发达，律师的辩护作用和辩护空间小，这也是我国既往大多数错案的成因之一。

因此，要在审判中由法官经由审理、依靠双方提出的证据形成裁判结论，便意味着对侦查阶段的改造，这一思路在《刑事诉讼法》修正、公正司法对应的改革中有所呈现，但是仍需要继续推进改革。在这一过程中，侦查机关的侦查行为受检察机关监督控制，检察机关办案程序的诉讼化改革试点、控制羁押率等，值得肯定，但是认为证据裁判原则适用于检察机关，这是侦查中心主义在作祟。尽管我国宪法将检察机关认定为监督机关，但绝不意味着其监督权可以凌驾于法官的裁判权之上，特别是在被追诉人不认罪的案件中，检察机关对证据的认定仅仅出于对案件质量负责、对被追诉人负责的办案要求，但绝不能把这种情况下对证据的审查作为证据裁判原则来理解，否则两大法系适用于一审程序中的法官定罪在一定程度上泛化为"绑架"一审法院法官裁判的有罪结论，这是不容忽视的，也是审判中心主义在审前程序中延伸的体现。这表明，证据裁判原则也好，庭审实质化或一审中心主义也罢，是需要以公诉程序改革为支撑的。审判之前的公诉程序依靠证据对（犯罪嫌疑人不认罪）案件事实的认定，仅仅是一种阶段性、程序性的认定，不具有约束法官的效力，或者说这种认定仅仅构成庭审中的裁判对象。

余　论

既然证据裁判原则仅仅是对一审普通程序中法官办案的要求，再加上刑事诉讼是以确定被追诉人刑事责任为目的的诉讼活动，作为一个由果溯因的追诉犯罪过程，需要依靠证据还原犯罪过程，因而需要围绕证据的收集、运用而推进程序。证据是诉讼的灵魂或基石，是否有罪要依靠证据来认定。在庭审阶段、在证据制度中起着至关重要的引领作用，对刑事证据的立法和刑事证据运用起着规范作用，因而既可以作为刑事诉讼的审判原则，也是证据的基本原则，我国刑事诉讼法典应该予以明确。基于《刑事诉讼法》中证据部分独立成编，因而本文建议在我国刑事诉讼法典中增加一款，即"犯罪事实的认定应当依据证据，没有证据不能认定犯罪事实"。该款中的证据必须经过查证属实，才能作为定案根据。与新增规定一起，或者将其中的查证属实调整为"依法开庭查证属实"，以与严格证明程序相呼应。当然，证据裁判原则的确立不是孤立的，它需要完善的辩护程序支撑，应该同步完善总则中有关辩护的内容，在各个诉讼阶段完善辩护律师的辩护权，使契合证据裁判原则证据能力要求之取证合法性获得支撑。

证据裁判原则主要适用于被告人不认罪的一审普通程序，尽管它在我国当下司法实践中占比较小，但绝不意味着这一程序的不重要，它是二审程序、死刑复核程序、审判监督程序的基础。同时，严格完善的普通程序，还是认罪认罚从宽制度适用的前提与基础。因为一审普通程序贯彻审判中心主义，必然对侦查程序、起诉程序中的认罪认罚案件的分流起到促进作用，不认罪案件的普通程序的完善，可以给被追诉人认罪案件完善的程序选择权，在与办案机关认罪协商中，办案机关才会有所重视。也只有认罪认罚从宽制度从侦查到审判设计得充分，才会更好地实现程序分流，也只有少数案件适用普通程序，证据裁判原则才会更好地对案件审理发挥作用，被告人才会在案件办理中感受到公平正义，才会减少不必要二审程序上诉、信访等。还需指出，在认罪认罚的案件中，因为诉讼重心的前移，检察机关要在审查起诉程序中对认罪认罚案件作出实体性认定，西方学者将这种机制称之为"检察裁判"。对于这个问题，要求检察机关依据证据认定有罪事实，与不认罪案件中一审程序法官"对有罪事实认定靠证据"之最初意义上的证据裁判原则有异曲同工之处。也可以说，在认罪认罚案件中，检察机关要靠证据对认罪后的犯罪事实认定，（相比庭审的证据裁判原则）是弱意义上的证据裁判原则，或者是对证据裁判原则的一种例外或补充。但此处之例外并不是检察裁判可以不依据证据进行，依靠证据认定犯罪事实仍是原则要求，只是相对于庭审的证据裁判原则而言，认定犯罪事实要靠证据是另一种意义上的证据裁判原则的必然要求。当然，在刑事诉讼法典中，在认罪认罚案件的审查起诉程序中，该原则也应该以立法的方式明确规定。这是另外一个问题，与本文探讨的证据裁判原则不是一回事。

还需要说明，在我国《刑事诉讼法》今后的发展过程中，在程序正义、无罪推定、人权保障、公开审判等没有经过立法充分规定的前提下，一并在刑事诉讼法典中规定符合公正司法预期的各项制度，必然使法官面临办案的压力，但必要适度的压力也是动力。不仅如此，法官的公正审判也会带动检察官、侦查人员观念的改变。久而久之，依法办案会促进他们程序正义等观念的形成。如果说前文分析的习近平法治思想使我国刑事诉讼文化的转型有了可能，在具体个案中针对程序性裁判，对证据能力的严格审查，对法官、检察官都是（相对以往）在工作方式上的转变，司法责任的强化，使法官、检察官均能严格依法办案，假以时日，程序正义观念便会切实形成，刑事诉讼文化的转型便在诉讼机制中促成。这意味着，刑事诉讼文化转型较之前述和以往的探讨更具有针对性，当然，这是以当下全面依法治国之推进和习近平法治思想的引领为前提的。不仅如此，习近平法治思想的重要一点是党带头守法，依法治国建设的目标是全民守法，会促使社会公民（潜在的证人）、鉴定人、警察观念的转变，也会在支持司法的实际行动中，使证人、鉴定人、警察积极出庭作证，使直接言词原则在刑事诉讼法典之内获得制度保障的同时，也会在观念上、社会上获得支持。法官等上述程序正义观念的形成、社会普通公民支持司法特别是出庭作证，也会促使公民对刑事诉讼的认识发生转变，最终有助于他们接受现代刑事诉讼理念。这恐怕也是我国法治、刑事诉讼法典"利长远"作用的重要体现。

刑事诉讼法典的制定及证据裁判原则的确立是全面依法治国、习近平法治思想的内在要求，反过来看，法典的制定及证据裁判原则的实施，刑事司法公正获得保障，刑事案件质量有所提升，会使全面依法治国与习近平法治思想的内涵更加丰富，最终二者相互作用，使中国特色的刑事法治实现良法善治。

刑事诉讼中的"同意"及其理论展开

宋志军
毛泽金 *

摘　要	刑事诉讼中的同意是指具备一定资格的刑事诉讼主体在排斥暴力和强迫因素的基础上，为实现特定目的，在知情、明智的情况下进行平等对话与协商，自愿对自身现实利益进行限定或处分，明示或默许对方按照特定方式减损自身利益或据此获得利益的行为。根据同意的形成方式和同意的作用范围，可将刑事诉讼中的同意分为明确同意与默许同意、相对同意与涉他同意。知情、自愿与有意构成了同意的前提，主体、客体与程式是同意的要素，前提与要素的满足通常意味着同意的成立和生效。刑事诉讼中的同意能够作为合意的一种，强调诉讼主体的程序参与乃至决策参与，有助于实体真实的发现，契合了刑事司法民主理论。
关键词	刑事诉讼；明确同意；默许同意；相对同意；涉他同意

"国家的合法性和公民的政治义务都依赖于公民的同意"，这是洛克的同意理论的核心命题，通常被认为是同意的政府理论的主要渊源之一。在随后的几个世纪里，同意理论始终是政治哲学领域关键的基础理论。同意理论在其他学科中也受到了普遍关注：在伦理学领域，同意理论蕴含自由、尊严和责任等公认伦理价值，故无论是美德论、功利论抑或义务论均在一定程度上表现出对同意理论的认可；在法学领域，同意理论通常与公民对自身利益的处分密切相关，刑法学领域中的被害人承诺被认为是一种违法阻却事由。刑事诉讼中也存在大量的"同意"现象，从犯罪嫌疑人、被告人到被害人，乃

---

* 　宋志军（1971—），诉讼法学博士，广西大学法学院教授、博士生导师，主要研究方向为刑事诉讼法学、证据法学和少年司法。毛泽金（1996—），清华大学法学院博士研究生，主要研究方向为刑事诉讼法学。

至证人都可能成为同意的主体。所以，对刑事诉讼中的同意进行系统的理论研究是有必要的。

一、刑事诉讼同意理论的提出

刑事诉讼法学理论界对同意及其相关理论尚未开展深入研究。最先对刑事诉讼领域中的同意理论进行研究的是孔令勇博士，其在《被告人认罪认罚自愿性的界定及保障——基于"被告人同意理论"的分析》一文中提出了"被告人同意理论"的概念与基本范畴。孔令勇博士认为，"被告人同意理论"是对刑事诉讼中被告人同意行为的抽象，由同意的功能、同意的对象、同意能力的界定以及同意能力的保障构成。在此基础上，孔令勇博士以"被告人同意理论"为分析框架，对被告人认罪认罚自愿性的界定标准、评价要素及其保障措施进行了论述，在一定程度上展示了同意理论在刑事诉讼法学研究中的理论价值。尽管很少有学者关注刑事诉讼同意理论，但在"同意"的具体制度以及与"同意"相关的基础理论方面，研究成果较为丰富。"同意"的具体制度表现在认罪认罚从宽、同意测谎、同意监听、同意搜查、同意人身检查等方面；在刑事诉讼基础理论的探讨过程中也偶有涉及同意理论的研究成果，主要是对诉讼合意理论、诉讼契约理论所做的论述。邵劭教授在《论测谎程序中被测人之同意》一文中提出，测谎要获得正当性，就必须以被测人同意为前提。因此，应当把被测人同意作为程序启动的要件之一，并对实施测谎的人科以相应的告知义务，规范同意的形式、内容和效力等，才能构建完善的测谎制度。马方教授在《同意监听法制评析》一文中提出，同意监听是同意人对其秘密通信权这一重要隐私权的放弃，此种放弃必须由本人亲自作出；除特别紧急情况外，应由同意人通过签署书面同意书的方式明确表达其同意的意思表示。此类研究颇多，本文将立足前人学者之研究，把握刑事诉讼同意理论的整体性，力图在研究中能有所突破。

刑事诉讼中的同意理论具有重要的理论价值。无论在刑事诉讼基本理论还是刑事诉讼具体规则的形成与完善方面，同意理论均能展现出独特的理论价值。首先，同意理论在论证刑事诉讼正当性方面能够发挥积极的作用。在越来越强调参与式民主的当下，被害人与被追诉人共同参与刑事诉讼决策，由参与刑事诉讼的各方主体以一种平等的姿态进行沟通、协商与对话，并在此基础上形成共识。显然，一个允许诉讼主体共同参与、共同选择的决策形成过程是更民主的，因而也更能够被认为是正当的。其次，刑事诉讼的过程就是诉讼行为发生效力的过程，是诉讼行为中的表意方式之一，是诉讼行为形成的一种基本表现形式。无论是在诉讼行为的成立方面，还是在诉讼行为的生效方面，同意都发挥着重要的作用。最后，刑事诉讼的过程就是诉讼主体开展共同行动的过程，同意理论基于其自身的伦理内涵能够对刑事诉讼活动进行积极指引，使刑事诉讼活动能更好地平衡自由、尊严与责任等多项伦理价值。但是，与同意理论有关的具体制度又极有可能潜藏着一些风险，这些风险可能会让刑事诉讼主体的"同意"变得更加危险——不受控制或者变成暴力的一项工具。所以，我们的研究并不仅仅是为了建构一个理论，更重要的是通过对理论的研究尽量发现并减少可能面临的一些潜在威胁，这些威胁不是同意理论带来的，相反，研究同意理论将帮助我们尽量地弱化这些威胁的影响。

可以说，"同意"是刑事诉讼研究过程中必须面对的一个理论问题，研究该课题，有助于深化刑事诉讼的基础理论、拓展刑事诉讼的研究空间。尽管信息法学、医事法学以及刑事实体法中已经出现了大量有关"同意"法律效果的研究，但是关于同意理论更为基础性的研究却集中于政治学与伦理学领域，某种程度上，后者与刑事诉讼的联系可能更加密切。刑事诉讼同意理论的提出与建构需要借鉴政治学和伦理学这两个领域的智慧；此外，为更好地分析刑事诉讼同意理论，本文还需要使用组织社会学上的概念与术语，故研究刑事诉讼同意理论需要大量运用其他学科的理论研究成果。本文将会为认识刑事诉讼从对抗模式提供一个崭新的视角。

二、刑事诉讼同意理论的政治学和伦理学基础

尽管"同意"一词在日常生活中被广泛使用，但是很少有人会仔细思考，我们作出的同意究竟意味着什么。事实上，有关同意的理论在许多领域都为学者们所关注，但自近代以来，同意理论最为高光的时刻却发生在政治学领域。政治学领域的学者们对该理论抱有浓厚的兴趣，这种兴趣持续了几个世纪，或许更为久远。简单来说，同意理论是有关"同意"的理论。但是，如果要更加深入地探讨这个理论，如此解释显然是不够充分的。同意理论是什

么？关于这个问题，我们确实难以给出一个放之四海而皆准的答案；换言之，同意理论是一套庞大的理论模型，在不同的学科有着不同的理论面孔。基于此，笔者将选择政治学与伦理学领域部分具有代表性的有关同意理论的观点，为刑事诉讼同意理论的建构奠定理论基础。

（一）政治学领域的同意理论

政治哲学意义上的同意理论，通常是指那些以个人的自愿行为为基础来解释政治义务与政治合法性的理论。[1]需要说明的是，尽管我们在古老的哲学论著中就已经发现有关同意理论的一些印记，但现代意义上的同意理论却是在自由主义出现和发展的过程中不断形成的。霍布斯、洛克、卢梭等启蒙思想家几乎都对同意理论有着不同的理解，不过在历史背景已经发生巨大变化，自由主义已在哲学、经济以及社会政策等领域取得压倒性优势的今天，学者们对于不是纯粹自由主义者的霍布斯和卢梭的观点的重视程度有所降低，洛克似乎成为古典同意理论的唯一合法代表。[2]洛克的同意理论，也因此成为研究同意理论的学者批判或继承的基础。所以，关于政治哲学领域内的同意理论的论述，笔者将以洛克的契约论、西蒙斯的政治自愿主义以及罗尔斯的新契约论为理论基础，进一步论证刑事诉讼同意理论。

洛克关于同意理论的经典表述可见诸《政府论》（下篇），其主要观点是：为了联合成为一个共同体的人们，将实现目的所必需的一切权力都交给这个共同体的大多数。多数人的同意就是一种"较大的力量"，可以促使由某些人基于每个人的同意而组成的共同体以整体的形式保持一致的行动。这个共同体或整体就是洛克所称的"国家"，其中的多数人享有替其余的人作出行动或者决定的权力，人人都应根据这一同意而受多数人的约束。在洛克的同意理论当中，"多数人的同意"是一个关键概念，只有通过对"多数人的同意"进行解读，我们才能够更好地理解洛克所主张的同意理论。首先，洛克所说的多数人，是指"某些人"中的多数人而非所有人中的多数人。正如洛克所述，"只要一致同意联合成为一个政治社会，这一点就能办到，而这种同意，是完

---

[1] 毛兴贵：《同意、政治合法性与政治义务——现代西方同意理论述评》，《哲学动态》2009 年第 8 期，第 35 页。

[2] 张乾友：《我们如何共同行动？——"同意理论"的当代境遇》，《文史哲》2016 年第 4 期，第 147 页。

全可以作为加入或建立一个国家的个人之间现存的或应该存在的合约的。因此，开始组织并实际组成任何政治社会的，不过是一些能够服从大多数而进行结合并组成这种社会的自由人的同意"〔3〕。归根结底，洛克所谓的多数人也不过是少数人中的多数人罢了。其次，在"多数人"之外的少数人仍然需要服从多数人的权威。洛克的同意理论未能很好地说明"少数服从多数"为何正当，而仅仅是以一种"如果不是如此，观点无法成立"的逻辑搪塞了事。〔4〕有学者认为，这个结论（多数同意说）直接与同意理论原来强调的政治义务——除非经由本人同意，没有一个人应受到任何政府的约束——相抵触。〔5〕至少可以确定的是，无论洛克所主张的多数同意说是否正确，至少其在论证上是存在欠缺的。"多数人的同意"为洛克的同意理论制造了麻烦，洛克却以"默认的同意"这一概念尝试实现自身理论的逻辑自洽，这或许是洛克同意理论中最受诟病之处。洛克表示，"当一个人根本未作出任何表示时，究竟怎样才可认为他已经同意，从而受制于任何政府。对于这个问题，我可以这样说，只要一个人占有任何土地或享用任何政府的领地的任何部分，他就因此表示他的默认的同意，从而在他同属于那个政府的任何人一样享用的期间，他必须服从那个政府的法律"〔6〕。"默认的同意"尽管未能说明为什么少数必须服从多数，但是却很好地回应了"多数人的同意"所面临的困境，将沉默的大多数也纳入作出同意的范围之中。只不过，"默认的同意"在解决了一个问题的同时，又引出了另一个问题：这个试图为人们开辟自由的概念，在某种意义上却伤害了人们的自由——在更多情况下，"默认的同意"只是不得不同意的一种状态，人们根本没有任何不同意的机会与空间，"同意"事实上意味着一种选择的机会或者说是一种拒绝的机会，不得不作出同意实质上只是一种强制。后来的同意理论家们如休谟、皮特金对洛克的"默认的同意"进行了诸多批驳，尽管洛克的同意理论存在许多缺陷，但却无法因此而全盘否认其价

---

〔3〕 ［英］洛克：《政府论》（下篇），叶启芳、瞿菊农译，商务印书馆 2018 年版，第 59、第 60、第 61 页。

〔4〕 在洛克看来，如果大多数人不能替其余的人作出决定，他们便不能作为一个整体而行动，其结果只有立刻重新解体。

〔5〕 唐慧玲：《同意与服从——论同意理论对政治义务的证成及其理论困境》，《江海学刊》2015 年第 4 期，第 215 页。

〔6〕 ［英］洛克：《政府论》（下篇），叶启芳、瞿菊农译，商务印书馆 2018 年版，第 74 页。

值。至少有一点，洛克是超越同时代的理论家的，即洛克从"历史性同意"转向"个人同意"，这也是后来的同意理论家们论述的基础：洛克摆脱了对原始契约的依赖，从而奠定了"个人同意"在同意理论中的正统地位。

在对洛克的同意理论进行修正和继承的基础上，诞生了一批"洛克式的同意理论家"，A·约翰·西蒙斯就是其中的杰出代表。西蒙斯的同意理论建立在对"历史性同意"进行批驳的基础之上，个人的同意是西蒙斯的基本观点。简而言之，西蒙斯认为典型的同意理论包含四个基本命题：（1）人生而自由；（2）人放弃自己的自然自由（并受义务之约束），只有自愿发出自己希望如此的明确信号才算数；（3）以同意的方法保护公民免遭国家的伤害；（4）国家是为其公民的利益服务的工具。[7]在西蒙斯看来，洛克在《政府论》中提出的三种同意行为即承诺、书面契约和授权他者，只有第三种才是真正的同意行为。同意的行为都是审慎思虑后的自愿行为，其目的可以理解为改变参与各方的权利结构，并使"同意者"产生义务。据此，在同意的结构中，"授权"是第一性的，而根据授权产生的某种服从或不干涉他人作某种行为的"义务"是第二性的。同意有两个一般性的条件：首先，同意必须是有目的的（或许这就足够了），并且是有意为之的；其次，同意必须是自愿作出的。[8]然而，在涉及有关政治义务与政治合法性的议题时，西蒙斯则认为"默许"或"沉默"是同意理论的真正阵地，同意理论要想具有说服力，必须倚重这根支柱。我们可以从另外一个角度来考察什么样的同意才是有效的。试想，如果不同意的方式是不合理或难以操作的，又或者不同意会给潜在的同意者带来严重的损害，在这种情境下作出的同意真的是有效的吗？刑法学中的例证能够帮助我们更好地理解"同意"。刑法学领域中，被害人承诺可以作为一种违法阻却事由，具体的情境可能是这样的：张三同意李四对自己的身体造成一定的伤害，只要尚在容许的范围之内（至少生命权不能由张三本人如此处分），李四的行为就不构成犯罪。但是，如果张三不同意李四作出伤害自己的行为的后果是自己的生命将无法得到保全，那么张三据此作出的同意，在

---

〔7〕 ［美］A·约翰·西蒙斯：《道德原则与政治义务》，郭为桂、李艳丽译，凤凰出版传媒集团、江苏人民出版社 2009 年版，第 57—65 页。

〔8〕 ［美］A·约翰·西蒙斯：《道德原则与政治义务》，郭为桂、李艳丽译，凤凰出版传媒集团、江苏人民出版社 2009 年版，第 70—71 页。

法律上是无效的，这意味着李四仍然需要为自己的伤害行为承担责任，尽管在表面上李四的行为是经过张三同意的，但我们并不认可这种同意的效力。另一种情况同样也容易理解，以前述情形为例，如果张三拒绝伤害提议的方式是在两分钟内跑完 1000 米，否则就视为张三同意被伤害，该情形下不同意的方式明显是不合理的。正如西蒙斯所主张的，表示不同意的方式必须是合理的，而且是十分容易操作的；且不同意给潜在同意者所带来的后果不是极端有害的。[9] 笔者认为，这两项条件的意义或许超出了西蒙斯主张的"默许的观点"，也超出了政治领域。试想一下，如果并非如此，这种在有效性方面存在缺陷的同意，无论是明确表示的还是默许默认的，都同样令人无法接受。在同意理论的其他方面，这两项条件同样至关重要。笔者的分析是局限在同意理论范畴之内的，上述分析无意动摇也无法动摇西蒙斯同意理论在政治学上的成立。事实上，西蒙斯在同意理论方面已经做得很好了：在谈论政治义务之前，西蒙斯对一般性的同意理论的阐述已经足够细致，这对刑事诉讼同意理论的提出无疑是极为有利的。例如，西蒙斯所主张的"同意需有目的且有意为之"的观点，对于刑事诉讼法学界的讨论有很重要的启示。当我们在刑事诉讼中讨论同意时，似乎不太有人关注同意是有"方向"的，我们更多的只是在强调自愿，然而这样的认识明显是不足的。

在对罗尔斯的观点进行论述之前，需要说明罗尔斯并非真正的同意理论家。但是，作为古典契约论（contractarianism）的继承者和发展者，也是现代契约论（contractualism）代表人物的罗尔斯对同意理论还是有为数不多的论述——这些论述对于同意理论的完善而言是至关重要的。笔者对罗尔斯的《正义论》中的相关论点进行分析。如果说，洛克等古典契约论者重点关注的是如何以同意理论来论证公民的政治义务与政治合法性，那么罗尔斯重点关注的就是公民的政治义务与政治合法性如何实现正义。对于同意理论中存在的诸多问题，罗尔斯已经给出了答案。例如前述"多数人的同意"的困境，在正义理论中是不应该存在的——一个满足了正义原则的社会，是接近于一个能够成为一种自愿体系的社会，因为它满足了自由和平等的人们在公平的

---

[9] ［美］A·约翰·西蒙斯：《道德原则与政治义务》，郭为桂、李艳丽译，凤凰出版传媒集团、江苏人民出版社 2009 年版，第 73—74 页。

条件下同意的原则，更准确地说，此处的同意是一种假设。在一个正义的社会中，公民有义务服从正义的制度，这也就意味着"同意"不是必需的，无论公民是否同意，当他面对的是一个正义的制度，他就必须服从。而在有关同意理论的文献中，《正义论》有一部分的引证频率是极高的，即罗尔斯所主张的"默认甚至同意明显的不正义制度不会产生职责。人们一般都同意：强迫作出的诺言从一开始就是无效的。同样，不正义的社会安排本身就是一种强迫，甚至是一种暴力，对它们的同意并不具有约束力"[10]。总结罗尔斯关于正义原则的观点，我们不难发现其对"同意"的态度完全是以"公平的正义"作为评价标准的：当人们所面临的是一个正义的制度时，无论同意与否，服从是必须的；而当人们所面临的是一个非正义的制度时，同意并不会为人们增添责任或者是义务。然而，笔者必须指出的一点是：所谓"公平的正义"只是一个纯粹的概念，而当我们在对同意理论进行研究时，往往会界定出一个具体的、历史的语境，这就意味着"公平的正义"的含义可能会发生变化。

为了说明这一点，笔者将控制罗尔斯正义理论中的变量，以"刑讯"作为分析的范例，来说明"公平的正义"是如何在不同的语境当中发生变化的。第一，我们需要考察一种"公平的正义"之下的平等的"原初状态"（original position），据罗尔斯所述，它应被理解为一种用来达到某种确定的正义观的纯粹假设的状态。这一状态的一些基本特征是："没有一个人知道他在社会中的地位——无论是阶级地位还是社会出身，也没有人知道他在先天的资质、能力、智力、体力等方面的运气。我甚至假定各方并不知道他们特定的兽的观念或他们的特殊心理倾向，正义的原则是在一种无知之幕（veil of ignorance）后被选择的。"[11]在理解了这一假设后，我们可以将视线转移至刑事诉讼程序当中：没有一个人知道我们自己是否会成为刑事诉讼中的犯罪嫌疑人、被告人，也没有一个人知道我们自己是否会成为刑事诉讼中的被害人。第二，基于丹尼尔·埃普斯（Daniel Epps）教授提出的一个假设，将对抗制的刑事诉讼推演到极致：代表国家行使公诉职能的检察官将不遗余力地将每个涉嫌犯

---

[10]　［美］约翰·罗尔斯：《正义论》，何怀宏、何包钢、廖申白译，中国社会科学出版社 1988 年版，第 343 页。

[11]　［美］约翰·罗尔斯：《正义论》，何怀宏、何包钢、廖申白译，中国社会科学出版社 1988 年版，第 12 页。

罪的人送上审判席，并且会最大限度地追求最大化的定罪和量刑。[12]在强大的国家机器和充满敌意的检察官面前，个人的地位、出身等差异都不再影响诉讼进程。在这种状态下，理性的人将会如何设计刑事诉讼制度？[13]一般的理性人不会再将"刑讯"的方法以法律的形式确定下来，这就意味着刑讯逼供在罗尔斯的体系之中是一项不正义的制度；人们会倾向于选择那种尽可能文明的，对人的权利能够有效保障的取证方法，那么后者就能够被称为正义的制度。

至此，笔者的观点应该是能够为人们所接受的。但是，笔者接下来将对罗尔斯的观点提出一些质疑：刑讯逼供制度下的一切供述都是无效的吗？或者说，刑讯逼供制度下的供述之所以无效，是因为刑讯逼供制度自身，还是其他？对此，西蒙斯有不同的主张："不公平的制度对无辜者施加的压力，未必与个人同意的条件有任何关系……强迫作出的承诺没有约束力，是因为它们不是真正意义上的自愿行为；但是，一个制度的不义，未必会影响一个人对该制度的同意。"[14]首先，从制度设计层面来理解西蒙斯的观点：如前所述，刑讯逼供制度在通常的理性人看来不是一个正义的制度，但是并非所有人都会拒绝这项不正义制度。我们可以借助罗尔斯的观点对其进行考察。处在原初状态中、处在无知幕后的各方是自由、平等而理性的个人，他们拥有两种基本的道德能力，即具有正义感和合理生活善的能力。[15]无知之幕背后的理性的人们，有可能会出于最大限度地实现实质正义的考虑（尽管他们对他人的利益是冷淡的），而接受这种被我们普遍视为"不正义"的制度。这就意味着，或许刑讯逼供制度的"不正义"并非那么彻底，同样是理性的人，对该制度的认识也可能存在分歧。甚至在某种意义上，以刑讯的方法来撬开那些顽固的罪犯的嘴巴，还会被认为是正义的——无论是支持还是反对这一观点，都是发生在具体的历史语境之下的。由此，我们不能轻易得出"所有

---

〔12〕 Daniel Epps, "Adversarial Asymmetry in the Criminal Process", 91 *N.Y.U. L. Rev.* 762, 2016.

〔13〕 罗尔斯认为，"公平的正义"有一个特征，它把处在原初状态的各方设想为是有理性的和相互冷淡的（mutually disinterested），这应该被理解为对他人利益冷淡的个人。

〔14〕 [美]A·约翰·西蒙斯：《道德原则与政治义务》，郭为桂、李艳丽译，凤凰出版传媒集团、江苏人民出版社 2009 年版，第 79 页。

〔15〕 王锋：《从古典契约到现代契约——一种方法论的超越》，《前沿》2003 年第 1 期，第 74 页。

刑讯逼供制度之下的陈述都是无效陈述"的结论。[16]其次,在刑讯逼供下作出的供述之所以无效,是因为人们的自由意志受到极大的压制,哪怕"刑讯"只是作为一种威胁而尚未实施。可以这么理解,只要一项制度的威胁足够现实且强大,完全能够产生毁灭人的自愿性的效果,那么我们就可以认为由此作出的同意(承诺)是没有约束力的。罗尔斯的问题出在哪里,是值得我们进一步思考的。笔者认为,人们是否会接受一项制度、在不正义的制度的强迫下作出的承诺是否具有效力,这些问题只能在具体的情境之中予以考虑。而在一定程度上对同意理论采取拒绝态度的罗尔斯,是无法有效回答该问题的。或许,罗尔斯没有错,只是正义理论并不适合用于分析具体的同意问题,但是在同意理论的其他方面,正义理论却能够体现出其理论价值:以这个时代的正义理念来校正同意理论。

至此,笔者对政治学意义上的同意理论做一个总结。在理论的目的方面,政治学意义上的同意理论多是用来证明国家权威与公民义务的合法性的,同意理论萌芽于遥远的古希腊,形成于近代资产阶级革命时期。时至今日,尽管同意理论对政治义务与政治合法性进行论证的说服力已大不如前,但同意的理论价值仍然不容否认。其他领域的同意理论与当前所述的同意理论毕竟存在巨大差异,至少理论的目标是不一致的。传统的同意理论,为同意理论在其他领域的拓展留下了什么?笔者认为,政治学意义上的同意理论更多的是为我们论述某些具体事项的正当性提供了依据。例如,在紧急情况下,医生为失去知觉的患者进行治疗,在无法征得患者同意时所采取的治疗手段有违知情同意的规定,这对患者的同意权造成侵害,但为了更大的利益,医生依然会采取符合医疗规范的治疗手段。同意理论在医学领域的展开,为医生的这种治疗行为提供了正当性支持。当然,和同意理论在政治学领域面临的困境一样,同意理论的这种作用或许不是充分的条件,但是却一定是必要的条件。至于什么是"正当",可能存在着不同的判断标准,但无疑罗尔斯的正义理论将为我们提供有益的借鉴。除此之外,政治学意义上的同意理论也有一些足够具体的规则,西蒙斯等同意理论家为"同意"设定了具体的条件,

---

[16] 在讯问制度之中,犯罪嫌疑人、被告人所作出的有关自己实施了犯罪行为的供述,在某种特定意义上也能够被视为一种同意,是一种对特定事实的接受、认可与承认。下文将对此进行更加充分的说明。

并有丰富且具象的例证供我们理解。这些具体的论述对于同意理论在微观层面的运用也具有积极的意义。最后，如果不对一般的法理展开研究，"多数人同意"或者"群体性同意"对本文的意义并不重大，但出于行文完整性的考虑，笔者依然对其展开一些阐述。

（二）伦理学领域的同意理论

伦理学是一门极为复杂的学科，但是其中的一些基本概念是可以达成共识的：在元伦理学之外，规范伦理学与美德伦理学是伦理学当中的两大体系。规范伦理学是以道德、规范和行为为中心的伦理学；美德伦理学则是以品德、美德和行为者为中心的伦理学，[17]而这两个体系均涉及同意理论。通常认为，以边沁、密尔等人为代表的结果论（功利论）和以康德、罗尔斯、诺齐克为代表的"义务论"属于规范伦理学，而"美德论"则属于美德伦理学，代表人物为亚里士多德和麦金太尔。这三种类型的伦理学理论都关注同意问题，且无一例外地认可同意的伦理价值，而它们之间的区别主要表现为如何定位同意的这种价值。[18]尽管如此划分是较为粗糙的，但是受智识与篇幅的限制，笔者无法尽述所有伦理学流派中的同意观念。有鉴于此，笔者将以密尔、诺齐克和亚里士多德的部分论著为范本，对伦理学领域中有关同意的理论做一些简单的梳理，本部分的目的在于：初步了解伦理学家是如何看待"同意"的，并结合他们的主要观点，来分析同意理论的建构应当具备怎样的伦理取向。

约翰·斯图尔特·密尔（John Stuart Mill）被认为是古典功利主义的集大成者，其主要观点在《功利主义》一书中有着集中体现。无论理论家对正义的问题做何种解释，至少密尔认为，"不经任何一个人的同意就将其作为牺牲品""强迫一个人遵从另一个人关于什么是自我利益的想法"都是不正义的。可见，同意的观念在密尔的理论中占有一席之地。如果有人认为以上论述尚不能证明"同意"在功利理论中的重要性，或认为"同意"在功利理论中的地位不够明确，那么接下来的论证或许会更具说服力。在接下来的论证中，笔者将会把密尔的正义观与功利主义理论中的同意结合起来。密尔认

---

〔17〕 王海明：《新伦理学》，商务印书馆 2002 年版，第 7 页。

〔18〕 吕耀怀：《论同意的伦理价值》，《上海师范大学学报》（哲学社会科学版）2016 年第 6 期，第 12 页。

为:"正义这个观念含有两种要素,一是行为规则,二是赞同行为规则的情感";"善有善报"也是正义的要求之一。"善有善报是人们最自然合理的期望之一,也必定得到了受惠者们的当时默认,否则施惠的举动就会非常少见,所以,一个人如果接受了恩惠,在必要时却拒绝回报,那就会辜负他人的上述期望,使人遭到真正的伤害。"[19]可见,对一种正义所要求的行为规则的"默认"是重要的,对"善有善报"观念的默认事实上就是一种对行为规则表示赞同的情感——这种情感正是正义感的一个组成部分。通过对正义规则的赞同、默认,或许更贴切地说是一种同意,正义的行为规则才能够按照人们合理期待的那样得到确立与实施。反之,没有人们的这种赞同、默认和同意,正义是不完整的,正义的行为规则也得不到贯彻,至少在密尔的观念中是这样的。

上述这一切与目的论(功利论)又存在什么联系呢? 当前的全部论述,都是在密尔功利主义的框架下展开的,结论自然应当回归功利主义。密尔认为,如果我们的义务是根据每个人的应得来对待他,以德报德,以恶治恶,那么就必然会得出,我们应当平等地善待所有应得到我们平等善待的人(只要没有更高的义务禁止这样做),社会应当平等地善待所有应当得到它平等善待的人,亦即平等地善待所有应绝对得到平等善待的人。这是社会正义和分配正义的最高抽象标准,一切社会制度以及所有有德公民的行为,都应当尽最大的可能达到这个标准……它包含在"功利"或"最大幸福原理"的内涵之中。[20]从密尔关于正义的论述部分,我们可以发现其中的"同意"事实上还有一个方法论的意义:前已述及,"善有善报"是一种正义的行为规则,人们怀有赞同这种行为规则的情感。同意或承诺之后的反悔将会给人带来极大的伤害,用功利主义的话语,应当是"减少快乐、带来痛苦"的,因而也被认为是一种恶的行为。又根据前述社会正义和分配正义的观点,这种行为值得我们采取"以恶治恶"的行动。在密尔眼里,辜负别人的期望其实是应当受到制裁的,而同意的观念在其中很重要。笔者将援引一项经由学者证明过

---

[19] [英]约翰·穆勒:《功利主义》,徐大建译,世纪出版集团、上海人民出版社2008年版,第53—62页。

[20] [英]约翰·穆勒:《功利主义》,徐大建译,世纪出版集团、上海人民出版社2008年版,第63页。

的结论作为本部分的结尾：在功利主义这种结果论的伦理学理论中，同意的价值是相对于其欲最大化的善而言的。也就是说，同意是一种工具善，其只有在能促进目的善之最大化的前提下才具有价值。[21] 笔者相信本部分论述对于刑事诉讼同意理论的提出是极为有益的。

在伦理学上，诺齐克应当是一位义务论者，尽管其是因为一部政治哲学著作而成名的。义务论者通常会肯定，如果行为符合道德"应当"的行为规范的形式，那么这种行为就是道德的，而不必考虑行为的效果。诺齐克同样没有提出完整的、成体系的同意理论，但是其主要观点却体现出了同意的重要价值。首先，笔者将简单介绍诺齐克的理论。"人们可以把权利当做对所要从事的行为的边界约束（side constraints）：不要违犯约束 C。其他人的权利决定了对你的行为所施加的约束。这种观点与另外一种观点是不同的，后者试图将边界约束 C 纳入目标 G 之中。边界约束的观点禁止你在追求其目标的过程中违反这些道德约束，而目的在于使侵犯权利达到最小化的观点则允许你侵犯权利（违反约束），以便减少社会上的侵犯总量。"[22] 显然，前一种观点，即边界约束的观点是诺齐克主张的以权利为基础的义务论；而后一种观点，则是以社会的侵犯权利总量最小化为目的的功利论。二者之间最显著的区别在于，权利是否能被侵犯。诺齐克给出了一个具体的答案，"对行为的边界约束反映了康德主义的根本原则：个人是目的，而不仅仅是手段；没有他们的同意，他们不能被牺牲或被用来达到其他的目的。个人是神圣不可侵犯的"[23]。尽管密尔也强调"不经任何一个人的同意就将其作为牺牲品"——这一点我们不应产生误解——但是，密尔对权利的强调远不如诺齐克，如果结合诺齐克极端自由主义者的身份，这一点将是不难理解的。

其次，与罗尔斯、密尔相同的是，诺齐克也拥有一套独特的正义论体系。诺齐克认为，"分配正义"（distributive justice）不是一个中性词汇，所以最好还是用一个中性的术语来代替它——"持有正义"（holding justice）。持有正

---

〔21〕 吕耀怀：《论同意的伦理价值》，《上海师范大学学报》（哲学社会科学版）2016 年第 6 期，第 13 页。

〔22〕 ［美］罗伯特·诺奇克：《无政府、国家和乌托邦》，姚大志译，中国社会科学出版社 2008 年版，第 35 页。

〔23〕 ［美］罗伯特·诺奇克：《无政府、国家和乌托邦》，姚大志译，中国社会科学出版社 2008 年版，第 37 页。

义由三个主要论题组成：第一个论题是持有的原始获取，即对无主物的占有；第二个论题是从一个人到另一个人的持有的转让；第三个论题是持有的不正义的矫正。诺齐克主张，在一个自由的社会里，不同的人控制着不同的资源，新的财产来自于人们的自愿交换和自愿行为，"通过正义的步骤从正义的状态中产生的任何东西自身都是正义的"[24]。此处可通过一个例证来对诺齐克的观点进行进一步的阐释，尽管这个例证与财产获取与交换并无关联，但同样涉及权利、同意与正义。同意搜查是指侦查人员为发现应拘捕之人或者犯罪证据或者得没收之物，在获得搜查相对人同意的前提下，未申请令状而直接进行的搜查。[25]按照诺齐克的说法，权利是行为的边界约束，即我们在依据一项权利作出某种行为时，不应侵害他人的权利。在刑事诉讼中，侦查人员以及其他行使国家权力的人员作出某些代表公共意志的行为所依据的"权力"，在诺齐克看来，事实上只是一种较为特殊但不是新的类型的"权利"而已：在群体层面上不会"冒出"任何新的权利，联合起来的个人也不会创造出任何并非已有权利总和的新权利。[26]为了更好地运用诺齐克的持有正义原则，我们将公民享有身体权、隐私权和财产权等权利以及侦查人员享有一系列侦查权利的状态定义为一种正义的状态——事实上，鲜有人会认为这样的假设是非正义的。在这种状态之下，公民与侦查人员分别控制着不同的"财产"和"资源"：公民本人或为犯罪嫌疑人，或持有犯罪证据，或持有得没收之物；侦查人员则拥有行使或不行使国家强制的某种权利，拥有在诉讼程序中影响量刑乃至定罪的权利。此时，一方手中所持有的东西正好是对方想要获取的。例如犯罪嫌疑人希望警察不要对自己采取强制手段，甚至希望可以在后续的诉讼程序中得到程序上和实体上的从宽处理；而警察则希望犯罪嫌疑人能主动配合侦查工作，能获取犯罪证据或得没收之物等。如何获取这些新的"财产"，并且还能够使得这些财产和资源在转移占有之后依然处于正义的状态？根据诺齐克的观点，应该是通过一种"正义的步骤"，显然，自愿交换及自愿行为是"正义的步骤"的一种。在同意搜查规则中，公民自愿缩小

---

[24] ［美］罗伯特·诺奇克：《无政府、国家和乌托邦》，姚大志译，中国社会科学出版社2008年版，第179—182页。
[25] 万毅：《同意搜查若干法律问题研究》，《法商研究》2009年第3期，第54页。
[26] ［英］洛克：《政府论》（下篇），叶启芳、瞿菊农译，商务印书馆2018年版，第108页。

自身权利的边界约束，并同意侦查机关侦查权利的边界约束延伸至原先自身权利的边界内，这意味着侦查机关在获得搜查相对人同意的前提下进行搜查没有侵犯公民个人权利；公民通过自愿限缩自身权利的边界约束，给予侦查机关所欲获取的事物，同意其进行搜查以实现某种目的，这个步骤我们也很难认为其是不正义的。这种"自愿交换"或"自愿行为"构成了同意搜查规则正当性的部分理由，至少从侦查机关的角度看，其获取"新的财产"的过程及最终的状态都是正义的——这种论证路径较为充分地说明了"在权利被抛弃之后发生了什么"的问题。

最后，我们还是将眼光转移至诺齐克的理论，其伦理学观点同样引人注目：从生物进化论的观点来看，伦理规范的起源和基本功能是使人们互利的合作得以顺利进行。道德的根本作用是协调（coordination）。而道德之所以具有普遍性，是因为人们通过协调与合作，从而共同得益的可能性是普遍存在的。"它使得基于互利的最广泛的自愿合作成为强制性的；而且只有此是强制性的。"〔27〕从该角度观察同意搜查，公民与侦查机关之间事实上形成了一种互利的合作，这种合作不能是"非自愿"的，强迫之下的合作既违背了"尊重的伦理"，也违犯了"正义的步骤"。

美德伦理学家认为：做具有美德的人比做符合道德规范的事更重要、更具决定意义，因而美德比规范更重要、更具决定意义。麦金太尔主张："无论如何，在美德与规范之间具有另一种极其重要的联系，那就是，只有具有正义美德的人，才可能知道怎样施行规则。"〔28〕国内有学者对亚里士多德关于"同意"的论述存在部分误读，他们援引的文本是："既然德性同感情与实践相关，既然出于意愿的感情和实践受到称赞或谴责，违反意愿的感情和实践则得到原谅甚至有时得到怜悯，研究德性的人就有必要研究这两种感情和实践的区别"〔29〕，随后便认为，这里所谓"出于意愿的情感和实践"，显然包括经行为者本人同意的行为。因为如果不是行为者本人同意的行为，那么，他往

---

〔27〕 ［美］罗伯特·诺齐克：《苏格拉底的困惑》，郭建玲、程郁华译，商务印书馆 2015 年版，导读，第 5 页。
〔28〕 王海明：《新伦理学》，商务印书馆 2002 年版，第 9 页。
〔29〕 ［古希腊］亚里士多德：《尼各马可伦理学》，廖申白译，商务印书馆 2003 年版，第 61 页。

往也就没有作出这种行为的意愿,他就不会自愿地作出这种行为。[30]事实上,这种理解是不够准确的。

首先,我们要了解亚里士多德是如何解释"出于意愿的行为"的:出于意愿的行为指的是一个人在能力范围内、在知情的情况下,即在并非不了解谁会受到影响、会使用什么手段、会有什么后果(例如他要打的是谁,要用的是什么武器,打的后果是什么)的情况下作出的行为。而且,在所有这些方面,所说的行为既不能出于偶性,也不能出于强制。[31]为了方便论述,笔者将"同意"的两方命为同意的发出者与同意的接受者;那么,一个关涉同意行为的两方,即行为的发出者与行为的接受者则正好与同意的两方相反——这才是我们通常所谓的"同意"的一般模型。如前所述,"有正义的美德的人,不会在未经他人同意的情况下侵犯他人",我们可以将该命题改写得为更易于理解:有正义的美德的人,只有在经他人同意的情况下,才会作出减损他人利益的行为。借用上述有关同意的模型,"他人"是同意的发出者,却是行为的接受者;"有正义的美德的人"是行为的发出者,却是同意的接受者。我们现在便能够发现,该学者论述的问题出在哪里了:该学者对何谓"出于意愿的行为"以及行为的主体均未能有正确的理解。在亚里士多德的体系中,"出于意愿"所指的是出于行为发出者的意愿——这种意愿不是同意,因为在同意模型中,行为的发出者应该是同意的接受者——并且,出于意愿的行为不能受到偶然因素或强制因素的影响,此时我们才可以对该行为作出"称赞或谴责"。如果按照"出于意愿的行为显然包括经行为者本人同意的行为"来理解,那么同意理论就不成其为同意理论了,更无法形成"有正义的美德的人,只有在经他人同意的情况下,才会作出减损他人利益的行为"的判断——对于"出于意愿的行为"的理解混淆了同意的主体与行为的主体,而这显然也与亚里士多德的本意相去甚远。事实上,亚里士多德关于"同意"的论述主要集中在《尼各马可伦理学》第五章的"受公正、不公正的对待与意愿行为"一节之中。我们所称的同意,更多的是像亚里士多德在该节中所

---

[30] 吕耀怀:《论同意的伦理价值》,《上海师范大学学报》(哲学社会科学版)2016 年第 6 期,第 13 页。

[31] [美]罗伯特·诺奇克:《无政府、国家和乌托邦》,姚大志译,中国社会科学出版社 2008 年版,第 166 页。

列举的例证：一个给出自己的全部财物的人，如荷马说格劳克斯对狄俄墨得斯——以黄金盔甲换青铜甲胄，以一百头牛换九头。亚里士多德认为，不能自制者[32]只不过是在做着他认为他不应当去做的事情。[33]

其次，我们再来看亚里士多德是如何判断某人做某事是否是出于其意愿的。此处所说的意愿，同样不等于同意；但如果是违反意愿，则可能会构成强迫。[34]初因和强迫的程度是判断一个行为是否违背意愿的关键，并且这两者应当结合起来理解：未达到充分的强迫，不会使初因从自身转向外部。这对于我们思考刑事诉讼中的一些行为是否违背意愿或许能有一点启发：显然，我们不能认为，"只要选择的空间尚未被完全挤占、只要强迫的程度尚未达到彻底的充分程度，就不能说是被迫的"。同意的空间是否存在，不能看是否有选择的空间，有时选择的空间小得可怜，在同意理论中，我们就不能认为这种同意是真正的同意。或许，只需要达到亚里士多德所称的"以其自身而言是违反意愿"的程度即可，然而，对此进行判断同样存在难度。

最后，我们需要将视线转移至同意理论与美德论之间的关系：在《尼各马可伦理学》中，能够将二者衔接起来的，是关于公正的理论。亚里士多德认为，公正是交往行为上的总体的德性。它是完全的，因为具有公正德性的人不仅能对他自身运用其德性，而且还能对邻人运用其德性……正是由于公正是相关于他人的德性这一原因，有人就说唯有公正才是"对于他人的善"。[35]从中我们可以抽象出一个"推己及人"的原则：一个有公正德性的人会用和对待自己一样的方式去对待他人。在此基础上再谈同意理论才是有意义的，他人在减损本人的利益时，本人希望这是经过本人的同意的；同样，本人在减损他人的利益时，本人就应当征得他人的同意。这才是有公正德性

---

[32]　亚里士多德所称的"不能自制者"，就是那些坏的、可谴责的人；放弃经推理而得出结论的人；总是出于情感而做他知道是恶的事的人等。此处可以简单理解为不按常理和逻辑行事的人。

[33]　［古希腊］亚里士多德：《尼各马可伦理学》，廖申白译，商务印书馆 2003 年版，第 166 页。

[34]　如前所述，亚里士多德所称的"意愿"是指行为发出者的意愿。这种情形很常见，人们几乎所有的自主和有意的行为都在此列，但是这种行为在同意理论中是无意义的。至于"违背意愿"，则是违背行为发出者的意愿，并在此基础上发出一个行为。例如，甲将一百元钱交给了乙，原因是乙用刀子顶住甲的身体。此时同意理论中，我们说甲因受到了来自外部事物的强迫而处分自己财产是违背意愿的。然而，亚里士多德却不这么认为。

[35]　［古希腊］亚里士多德：《尼各马可伦理学》，廖申白译，商务印书馆 2003 年版，第 143 页。

的人在交往中会采取的一种方式。笔者希望上述推论的前提,即"他人在减损本人的利益时,本人希望这是经过本人的同意的"能够为人们所接受。如果前述结论是正确的,那么此时再提及"有正义的美德的人,只有在经他人同意的情况下,才会作出减损他人利益的行为"这个命题,就显得合乎情理了。

在基本观点上,功利论认为根据同意的内容来展开行动能够获得最大的幸福;义务论认为经过同意展开的行动符合正义的步骤;美德论认为减损他人利益之前应当先获得他人的同意。尽管同意理论在伦理学领域的发展尚不成体系——这一点与刑事诉讼法学领域的现状极为相似,但没有学者会否认有关"同意"的理论在刑事诉讼法学领域是十分重要的。笔者认为,从理论品格的角度来说,无论是在伦理学还是在刑事诉讼法学领域,有关同意的理论都可能自成体系,并为刑事诉讼法学研究的深化提供理论滋养。所以,将伦理学和刑事诉讼法学领域中与"同意"相关的理论称为"同意理论"是合适的。如果说,政治学意义上的同意理论多用来论证公民的政治义务与政治合法性,所强调的是群体的同意、对权威的服从,那么伦理学意义上的同意理论则多用以指导人们的具体行动,并在此过程中实现正义或公正,最终实现对善的追求。当然这种区分并不绝对,这并不影响我们的结论:伦理学领域的同意理论是有关正义之实现的学问,对人们的基本行动有着指导作用——从政治伦理学或者法律伦理学的角度而言,这种指导作用还将辐射至政府和司法机关的行动,这种指导作用不区分规范伦理或者美德伦理,二者将做相同的要求。同意理论蕴含重要的伦理价值,如"尊重""责任"等,最终是为了实现特定的伦理目标。伦理学与法学的一个明显区别值得我们注意:伦理学的最终目标与法学的最终目标并不相同。最后,笔者要予以说明的是,尽管伦理学领域的同意理论通常是用来指导具体的行动,规范的也是日常意义上的同意,但对刑事诉讼中的理论发展与制度建构同样有启示意义。只是,正如伦理学说有着自己的价值目标,法律学说同样会首先设定一个价值取向。笔者认为,将正义作为我们的目标是合适的。而在此之前,笔者将首先来证明在刑事诉讼中,同意理论是存在的。

三、刑事诉讼同意理论之证成

在对刑事诉讼同意理论展开具体论述之前,笔者认为有必要对刑事诉讼同意理论的"存在"提供充分的依据，在展现刑事诉讼同意理论总体面貌的基础上，为后文奠定基础。在此过程中，主要涉及两个问题：其一，刑事诉讼同意理论是什么；其二，刑事诉讼同意理论和其他的同意理论之间的关系是什么。事实上，这是对同意理论"多重面孔"的一个回应：我们难以断言同意理论是什么，正如前文所述，同意理论在不同学科的展现、目的及作用存在重大的差别。为了更好地理解这种具有多重面孔的复杂理论，笔者认为对同意理论的认识应是一个循序渐进的过程，本部分是整个认识过程的起点。所以，笔者无意在此对刑事诉讼中的同意理论展开太过细致的探讨，只是希望读者能够在本部分的论述中，初步感受到刑事诉讼当中是存在同意理论的：这种同意不是指仅仅由刑事诉讼法条文所规定的同意，而是指存在于刑事诉讼制度、规则与活动中的同意。这有助于说明刑事诉讼同意理论的内生性，并证明同意理论的研究是必要的。

（一）协同型刑事诉讼模式为"同意"奠定了基础

如果说刑事诉讼主体在刑事诉讼中的法律地位是刑事诉讼模式中"静态"的构成要素，那么，刑事诉讼主体在刑事诉讼中的法律关系就是刑事诉讼模式中"动态"的构成要素——二者共同构成了完整的刑事诉讼模式。具体而言，刑事诉讼模式的划分在很大程度上依赖于上述"静态"与"动态"的两个要素；而"法律关系"的要素在某种意义上是对诉讼主体的"法律地位"在诉讼活动中的一种体现。所以，如果要对刑事诉讼模式作出划分，我们或许有很多的方法，只需要把握其中一个要素，就能够反映出每一种具体诉讼模式在单一向度上的发展程度。例如，有学者认为，就刑事诉讼关系的设定来看，可以分为对抗性和非对抗性两种司法模式；其中的"非对抗性司法模式"又可分为两种类型，其一是压制型司法，其二是协同型司法。[36]这种划分主要基于两项标准：首先是根据"公平对抗"的标准区分对抗性与非对抗性司法；其次是在非对抗性司法的基础之上，根据"压迫强制"的标准区分压制型与协同型司法——当强制的要素弱到了极致便会发生协同，需要注意的是，此处排除了公平对抗的情形。本部分所称的压制型与协同型司法模式，

---

[36] 参见张建伟：《协同型司法：认罪认罚从宽制度的诉讼类型分析》，《环球法律评论》2020 年第 2 期，第 38—40 页。

正是基于我们在设定刑事诉讼关系时对"压迫强制"要素的一种把握。笔者着重考虑的是，在压制要素强到了极限和弱到了极限的时候，刑事诉讼各方主体将会如何处理彼此的关系、如何开展共同行动、如何形成共识表达等。可以设想的一种情形是，当压制强到了极致，刑事诉讼就会出现 P. 诺内特所描述的"压制型法"的特征。[37] 在这种情形下，被追诉人完全被当作是实现某种目的的手段，且这个目的通常与被追诉人自身的利益无关：处理彼此关系依靠暴力；开展共同行动诉诸服从；形成共识表达基于强制。在压制强到了极致的情形下，自由和尊严的伦理价值无法得到体现，刑事诉讼双方的关系是压制与服从。事实上，这种关系设定也能够反映出刑事诉讼各方主体的法律地位。而在另一种情形之下，压制要素弱到了极致，但是很难说存在一种完全没有压制的状态。以侦查活动为例，几乎所有警察的讯问活动都会对犯罪嫌疑人施加某种程度的压力，而不管警察的态度多么和善。可以说，完全没有压制的观点与完全自由的意志一样不切实际。但是我们这里设想的是，存在一种尽可能少的压制要素的状态。在这种状态之下其实可以分化为两种观点：一种观点要求平等武装、公平对抗；另一种观点要求摒弃对立，协同合作。略加思索我们就能发现，压制与服从之外的关系设定无非就是设计一个自由、公平的竞技场或者索性就放弃敌对的状态而直接握手言和。在刑事诉讼中，这两种观点分别对应压制型司法和协同型司法。从历史发展的轨迹来看，有学者认为："不可不知，协同型司法恰恰源于对抗制司法模式，是对抗制司法的反动。"[38] 这种观点是正确的。当我们不断将压制要素从刑事诉讼的模式当中剥离，首先出现的是一种平等的状态：要么是平等对抗，要么是平等协商。很显然，我们可以直观地感受到，当我们刚刚从单方面的压制模式中走出来的时候，接下来出现的应当是诉讼双方的继续对抗，只不过是人们有意地将这种对抗设计为相对平等。在此基础之上出现的协同型司法模式舍弃了对抗制中"对抗"的要素，却继承了对抗制中"平等"的基调。在协同型模式之下，诉讼双方处于这样一种状态：处理彼此关系依靠协商；开展

〔37〕 ［美］P. 诺内特、P. 塞尔兹尼克：《转变中的法律与社会：迈向回应型法》，张志铭译，中国政法大学出版社 2004 年版，第 35 页。
〔38〕 张建伟：《协同型司法：认罪认罚从宽制度的诉讼类型分析》，《环球法律评论》2020 年第 2 期，第 40 页。

共同行动诉诸合意；形成共识表达基于平等。协同型的刑事诉讼模式与刑事诉讼同意理论据此产生了密切的联系。一方面，同意理论的成立要求诉讼双方能够拥有平等对话的机会，刑事诉讼中压制要素的弱化创造了"平等"的条件，协同型的诉讼模式又创造了"对话"的条件。这同时意味着，具体同意行为的作出有赖于平等的司法模式提供的基础。另一方面，同意理论能够为协同型的诉讼模式提供正当性支持并指导刑事诉讼各方开展活动。尤其是在协同型司法模式中，被追诉人如何形成合意、合意形成之后意味着什么，是需要同意理论来作出解释的。

（二）刑事诉讼同意理论是内生与移植的交融

无论是哪个领域的同意理论都向我们展示了一个事实：同意至少是双方的同意；两方或两方以上的主体开展共同行动的途经之一就是基于同意的共同行动。只要存在共同行动，就有可能发展出一套有关同意的理论和同意的规则。显然，无论刑事诉讼究竟出于何种目的而进行，都无法否认刑事诉讼是一种由多方主体共同参与的活动，同意理论完全有可能在刑事诉讼领域得到新的诠释。近年来刑事诉讼领域的学者们或许已经注意到了有关同意理论的问题，但却更多地将目光投放在同意的制度外衣上，主要集中在同意测谎、同意监听、同意搜查等具体的刑事诉讼制度当中。但是，从严格意义上讲，无论我们对与同意有关的制度研究有多么深入，都不能说我们已经形成了刑事诉讼同意理论，提出并论证一个系统的理论应当同时关注认识论、本体论和价值论三个部分，而目前包括人们对上述具体制度乃至认罪认罚从宽制度的研究，至多只关注刑事诉讼同意理论的应用价值，或许还偶尔涉及同意理论的本体构造，但无一例外，均不成体系。那么，刑事诉讼同意理论是什么，刑事诉讼同意理论与其他领域中的同意理论的关系是什么？我们要清楚的是，刑事诉讼同意理论的形成与刑事诉讼的历史并非同步，政治学、伦理学领域中的同意理论的形成同样如此。从一开始，人们产生的是朴素的同意或者不同意的观念，例如，刑事诉讼中的被追诉人在讯问过程中大喊冤枉，这就是一种"不同意"；相反，刑事诉讼中的被追诉人在讯问过程中直呼有罪，事实上，就是对追诉的一种"同意"。这种观念长期存在于刑事诉讼领域，人们只意识到被追诉人的如实招来对案件的办理大有裨益，这也催生出一些强迫被追诉人服从的行为。

在此基础上有关同意的理论逐渐形成，这个形成过程所需要的前提条件是被追诉人的权利需要得到保障，平等和尊重的理念蕴含其中。在这个时期，法律一般会对公权力作出限制以避免对公民个人的权利造成侵害，表现在具体的制度上，公权力的行使者将会小心翼翼地行事，甚至某些行为的合法有效还依赖于公民个人的同意。最后才形成本文所主张的刑事诉讼同意理论，该理论深深植根于刑事诉讼的历史之中，同时也依赖其他领域的同意理论予以的必要支持，最终将反哺刑事诉讼理论与刑事诉讼实践。例如，同意理论要求"同意行为"的作出免遭强迫；又如，同意理论所蕴含的责任伦理要求主体在作出"同意行为"后受到一些限制。笔者相信这些观点对于刑事诉讼理论、制度和实践而言均是至关重要的。此时再回到先前的问题中来，刑事诉讼同意理论与其他领域中的同意理论的关系是什么？显而易见的是，我们所谓的"刑事诉讼同意理论"不是单纯地将其他学科的理论照搬到刑事诉讼法学领域，我们应当注意到刑事诉讼同意理论的根基就在刑事诉讼领域本身。

同意理论在近现代政治学领域的高度成熟不能够说明同意理论起源于政治学领域，正如有学者认为，"早在近代之前，就有某些政治领域之外的同意观念的运用。例如，大卫·约翰斯顿所说的'确认了授权、生成了义务并将风险与责任从这一方转移至另一方'的同意，在很大程度上就是同意在非政治领域的运用"[39]。如前所述，同意理论的基础是存在共同行动，每个领域开展的共同行动都有可能孕育出同意理论，政治学领域如此，刑事诉讼法学领域同样如此。从这个意义上来讲，刑事诉讼同意理论是"内生性"的理论。另一方面，刑事诉讼同意理论确实需要其他领域中的同意理论给予支持，尤其是关于正当、正义的判断以及具体的规则设定，刑事诉讼法学自身能够提供的理论支撑是不足的。从这个意义上来讲，刑事诉讼同意理论是"移植性"的理论。综上所述，笔者认为刑事诉讼同意理论在事实上是一种内生与移植的交融体，既根植于刑事诉讼理论与实践，又借鉴其他领域中同意理论的规则与范式。但是，从更为本质的意义上来看，刑事诉讼同意理论的"内生性"就决定了其与其他领域之中的同意理论会存在很大的差异，例如"多数人同

---

〔39〕 吕耀怀：《同意理论的衰败及其向非政治领域的溢出》，《中国社会科学报》2019 年 8 月 20 日，第 2 版。

意""群体性同意"的概念置于具体刑事诉讼的活动中，就不具备政治学领域
中的重要意义了。笔者希望通过以上论述能够让读者感受到刑事诉讼同意理
论是存在的，并且我们对刑事诉讼同意理论的研究能够对刑事诉讼法学研究
有所助益。如果本部分论述还存在什么不足，那一定是尚未对刑事诉讼同意
理论做一个明确的定义。不过正如本部分伊始所陈述的，本部分的目的只是
想让读者有一个直观的感受，而具体的陈述笔者将于下文展开。

四、刑事诉讼同意理论的语义分析

刑事诉讼同意理论是一个全新的课题，如果缺少基本范畴，读者将很难
理解本文所谓的刑事诉讼同意理论为何物，也将不利于刑事诉讼同意理论的
体系化。基本范畴意义上的刑事诉讼同意理论指的是人们对刑事诉讼中的
"同意"现象的概括和反映，所以当我们论及刑事诉讼同意理论的基本范畴
时，应当以刑事诉讼中的"同意"为中心：刑事诉讼中"同意"的概念、分类
及构成形成了刑事诉讼同意理论的基本范畴。在某种意义上，刑事诉讼同意理
论的基本范畴是人们对同意理论展开深入研究的前提和基础，只有当人们对基
本范畴的认识达成某种程度的一致时，才能在同一体系内进行对话和交流。

（一）刑事诉讼中"同意"的所指

有学者认为，概念化思维具备普遍性或一般性的特征：概念不是用来把
握具体事物的思维方式，它是概括了一类事物的共通点的观念。[40]作为理性
思维方式之一的概念化思维方式，区别于形式化思维、形象思维、试错型思
维和象思维等不同的方式。尽管概念化思维或许无法最有效地"接近原初的、
终极的存在状态"，又尽管概念思维是不生成意义的（nonmeaning-generating），
而只限于对已有意义的规定、组织和系统化，[41]但是对于一个新的事物的研
究，从概念出发无疑还是一种较为保守和稳妥的做法。在这个意义上，刑事
诉讼中"同意"的概念可以由三个部分组成：定义、特征和实质。定义旨在
规定刑事诉讼中"同意"的意义；特征用以说明刑事诉讼中的"同意"与其
他类型的"同意"的区别；实质能够阐明刑事诉讼中"同意"的本质属性。

---

〔40〕 张祥龙：《概念化思维与象思维》，《杭州师范大学学报》2008年第5期，第4页。
〔41〕 张祥龙：《概念化思维与象思维》，《杭州师范大学学报》2008年第5期，第5页。

据此，我们可以了解刑事诉讼中"同意"的基本内涵，本部分的论述也将以此为基础展开。

在谈论刑事诉讼中"同意"的定义之前，笔者还需要对论述背景进行简单的说明。同意的定义包含两方面：一是区别于其他领域的同意；二是区别于《刑事诉讼法》中的同意。一方面，前文的分析给我们提供的一条经验是，对其他领域的同意理论进行研究能够帮助我们更好地认识刑事诉讼中的"同意"问题。这首先就产生了一个冲突：应当如何运用现有的同意理论的成果来建立刑事诉讼中的同意理论。而另一方面，概念化思维告诉我们，对一类事物的共通点进行概括就可以形成一个概念，这似乎意味着只要我们将《刑事诉讼法》中所有的"同意"整合即可得到一个确定的概念。但是，事实并非如此。因为我们尚不明确什么是刑事诉讼中的"同意"，又如何能够在刑事诉讼法当中发现真正的"同意"呢？笔者的想法是：尽管我们目前无法确切定义刑事诉讼中的"同意"，也无法准确筛选刑事诉讼法中的"同意"，但是通过前文的论述，我们大体上能够判断哪些事物具备同意的内涵、哪些事物具备同意的外观；然后根据其他领域有关同意理论的研究成果以及刑事诉讼背景的特殊要求，我们留下刑事诉讼中的"同意"应当具备的要素，剔除那些不属于刑事诉讼中的"同意"的要素——这项工作做得越充分，我们就越能够得出接近刑事诉讼中"同意"的定义，这是一个类似于"大浪淘沙"的过程。笔者将择其要者言之。

首先比对分析《刑事诉讼法》第 15 条和第 197 条，一个具备同意的内涵，一个具备同意的形式：（1）《刑事诉讼法》第 15 条规定："犯罪嫌疑人、被告人自愿如实供述自己的罪行，承认指控的犯罪事实，愿意接受处罚的，可以依法从宽处理。"（2）《刑事诉讼法》第 197 条规定："法庭审理过程中，当事人和辩护人、诉讼代理人有权申请通知新的证人到庭，调取新的物证，申请重新鉴定或者勘验。公诉人、当事人和辩护人、诉讼代理人可以申请法庭通知有专门知识的人出庭，就鉴定人作出的鉴定意见提出意见。法庭对于上述申请，应当作出是否同意的决定。"

借鉴政治学领域的同意理论，我们可以发现"同意"是这样一个过程：公民通过赞同、支持或认可等方式，对自身的权利和利益进行限制以形成国家或共同行动；在政治学家看来，政治义务就如此而产生。事实上，刑事诉讼中的同意也具备相似的特性，同意的发出者必须在一定程度上对自己的现实利益进行处分，并在此基础上为了某个目的而进行活动。仅凭这一点，我们就能对上文的问题作出回答：《刑事诉讼法》第 197 条中法院是否"同意"的决定，并非刑事诉讼同意理论中的"同意"，在该条规定的语境中，尽管法院可能是同意的发出者，但其所作之决定无涉自身之利益。《刑事诉讼法》中与该规定相类似的条文还有许多，这些条文的一个共同点是司法机关对当事人、诉讼参与人或者其他司法机关的某种请求作出同意、批准、许可，也可能是司法机关对自身或者某些事项作出决定和安排，但本质上都属于一种具有审批性质的职权行为。相似的问题在刑法学领域同样存在，有学者认为，政府机构所作的许可与个人同意的区别在于：后者是由个人自我决定权派生出来的，而行政机关的这种同意的效力，则来自行政管理权中的处分权，它不属于同意的应用，而是一种独立的正当化事由，即所谓的业务行为或者行政许可。[42] 与此不同的是，《刑事诉讼法》第 15 条虽然没有明确出现"同意"的字样，但其确实是有关同意的规定。需要注意，如果我们谈论的仅仅是同意的表现形式，而不论其是否属于本文所称的刑事诉讼中的同意，那么能够表示同意的方式其实是多种多样的。例如，《刑事诉讼法》第 15 条中的"承认"，再如，第 39 条中的"许可"，又如，第 135 条中的"批准"，这些词语在经过解释后都能够作为"同意"的同义词使用。甚至，我们可以从反面理解"同意"：《刑事诉讼法》第 45 条中的"拒绝"，第 234 条中的"提出异议"，第 305 条中的"不服"，这些词语在经过解释之后都能够作为"同意"的反义词使用，也就是说在这些情况下都可以"不同意"。从这一点我们可以发现，"同意"的形式并非是第一位的，关键要看某一项特定的活动中是否含有同意的实质。此时再回到《刑事诉讼法》第 15 条的规定来对同意的结构进行分析：同意的发出者是犯罪嫌疑人、被告人，同意的内容是指控的犯罪事实、接受处罚，同意的形式是承认和愿意，同意的目的是获得从宽处理或者其他。笔者认为，这样的理解是能够被人们所接受的。

伦理学领域的同意理论同样能够给我们带来许多启示，其中最为关键的是，减损他人的利益需要征得他人同意。这种同意，最直接的要求就是不得

---

[42] 车浩：《自我决定权与刑法家长主义》，《中国法学》2012 年第 1 期，第 94 页。

以强迫的方式形成。在刑事诉讼领域中，很容易发现类似的情形。《刑事诉讼法》第 52 条规定，严禁刑讯逼供和以威胁、引诱、欺骗以及其他非法方法收集证据，不得强迫任何人证实自己有罪。以同意理论审视不得强迫自证其罪条款，我们能够发现对于公安司法机关而言，要求犯罪嫌疑人、被告人自证其罪事实上属于一种减损他人利益的行为，所以，公安司法机关不能以强迫的方式要求被追诉人自证其罪。换一个角度来看，情况会有所不同：犯罪嫌疑人、被告人能够同意自证其罪？即主动满足公安司法机关"欲而不言"的这种要求。事实上，认罪认罚从宽制度就是一种鼓励犯罪嫌疑人、被告人自证其罪的制度，而认罪认罚从宽制度自始至终都强调"自愿"与"同意"。这也就意味着，刑事诉讼中的同意还有一些特殊的要求：同意或不同意，是一项不受强迫的自由，刑事诉讼主体可以选择平等协商的方式，由多方主体共同决定刑事诉讼的进程。在《刑事诉讼法》第 52 条之中，我们能够发现犯罪嫌疑人、被告人是否作出自证其罪的行为是存在选择空间的，犯罪嫌疑人、被告人可以选择"自证其罪"，哪怕犯罪嫌疑人、被告人没有这么做，也不必担心招致任何不利后果。

基于此，我们大体能够为刑事诉讼中的"同意"下一个较为完整的定义，由于我们的分析尚不足，所以此处的定义依然带有理论构想的成分，不可避免地会存在不足之处。笔者认为，刑事诉讼中的同意是指具备一定资格的刑事诉讼主体在排斥暴力和强迫的基础之上，为实现特定的目的，在知情、明智的情况下进行平等对话与协商，并自愿对自身现实的利益进行限定或处分，明示或默许对方按照某种特定方式减损自身利益或据此获得利益的行为。

（二）刑事诉讼中"同意"的特性

刑事诉讼中"同意"的特性，简而言之就是刑事诉讼中的"同意"所具有的能够使其区别于其他类型的"同意"的特质。对特性进行把握，能够帮助我们更好地理解刑事诉讼中的"同意"。刑事诉讼中的"同意"发生在刑事诉讼的场域之中，这是刑事诉讼中的"同意"最基本的特征。所谓的场域是一个利益和资本博弈的空间，它运作和转变的原动力在于场域的结构形式和场域内主体占有资本的差别。[43] 刑事诉讼的场域所指的正是这样的一张关系

---

〔43〕 宋志军：《刑事证据契约论》，法律出版社 2010 年版，第 5 页。

网络：刑事诉讼主体分别占有一定的资本，这种资本可以是法律规定的权利（权力），也可以是现实占有的优势，如犯罪嫌疑人、被告人持有的能够证明犯罪事实的证据等。刑事诉讼模式能够反映诉讼主体的资本占有状况，但更重要的是，刑事诉讼模式对刑事诉讼场域的结构形式做了最基本的设定。刑事诉讼中的"同意"正是发生在这样一种场域之内，刑事诉讼主体运用自己的利益和资本在场域内开展行动；一般而言，这种"同意"需要有诉讼法上的依据，并且至少能够发生诉讼法上的效力——有时甚至能对实体法乃至证据法产生一定作用，"同意"使得刑事诉讼主体的权利结构发生变化。尽管我们认为刑事诉讼中的同意与其他类型的同意之间具有密切的联系：例如刑事诉讼中的同意也具有"授权"的性质，但这种授权不是为了使自己获得政治义务，这是与政治学领域中同意理论的区别。与伦理学领域中的同意相比，刑事诉讼中的同意在范围上受到一定程度的限缩，刑事诉讼中的同意不考虑那些不能发生诉讼法效力的同意行为；更为重要的是，刑事诉讼中的同意需要受到来自法律的规范和约束，所以我们对"善"的追求是有边界的，不可能只在伦理学的框架下对一个同意行为进行评价，尽管这方面的评价很重要。刑事诉讼中的"同意"发生在刑事诉讼的场域内，意味着刑事诉讼中的"同意"具有自身独特的内涵，并且主要是用以分析刑事诉讼中的同意现象，如果机械地将其他领域的同意理论运用于刑事诉讼中，很有可能产生谬误。

刑事诉讼中的"同意"是指个体的同意，而不是群体的同意或多数人的同意。在政治学领域，存在着群体的同意或多数人的同意的观点，前已述及，所谓群体的同意或多数人的同意是为了弥补个体的同意在证成公民政治义务与政治合法性方面的不足，因为在事实上，全体公民很难达成一个关于政治义务与政治合法性的一致同意。此时，因为群体的同意出现而暂时缓和了这个尖锐的问题：政府的合法性取决于多数公民的同意……即在多数同意的情形下，所有的公民都负有政治义务。这个观点在政治学领域受到了猛烈的批判，但是这已经不在我们当前讨论的范围内了，正如笔者在前文所述，我们所称的刑事诉讼中的"同意"，并不是指那种公民对国家颁布的刑事诉讼法典的同意，而是指一种发生在刑事诉讼场域之内的、由刑事诉讼主体开展的具体行动。群体的同意或多数人的同意之类的概念在刑事诉讼场域之内是没有存在空间的。刑事诉讼中的"同意"在证明公检法机关的诉讼行为的正当性方面，只要能够说明公民个人对一项经过自己同意的事项具有服从或者遵守的义务就足够了。那么，在刑事诉讼中哪些个体能够发出"同意"？笔者认为，对同意理论的理解和认识切不可抱有偏见：那种认为刑事诉讼中的"同意"仅包括认罪认罚从宽制度等为数不多的情形，"同意"的发出者仅包括犯罪嫌疑人和被告人的观点是不正确的。在我国刑事诉讼法律体系之中，以认罪认罚从宽制度为代表的，具有强烈控辩协商性质的制度安排，固然是笔者所述刑事诉讼中的同意的典型样态，但是刑事诉讼中的"同意"不止如此。例如《刑事诉讼法》第 43 条规定，辩护律师经证人或者其他有关单位和个人同意，可以向他们收集与本案有关的材料。这种辩护律师经同意后进行取证的行为，也包含在笔者所述的刑事诉讼中的同意范围内。笔者此处只是想说明，刑事诉讼中的"同意"不仅仅是犯罪嫌疑人、被告人的同意，被害人、证人、辩护人和法定代理人等均有可能是同意的主体，当然，笔者无意否认犯罪嫌疑人、被告人的同意才是最主要的。此处的探讨能够帮助我们形成对刑事诉讼同意理论的完整的认识，尽管协作式司法模式是刑事诉讼中同意发生的重要场合，尽管被追诉人是刑事诉讼中同意的主要发出者，但是绝不能认为这就是刑事诉讼同意理论的全部。这一点决定了刑事诉讼同意理论的范围，事实上，后文将提及大量的刑事诉讼中的"同意"行为，但其与协作式司法模式的关系并不大。

刑事诉讼中的"同意"建立在平等对话的基础之上，参与"同意"的各方主体通过协商以形成有关刑事诉讼进程的共识性表达。在刑事诉讼中，存在许多类型的"同意"，但并不是都属于我们所谈论的刑事诉讼中的"同意"。在前一部分的讨论中，笔者尚未对公安司法机关能否作为同意的主体进行探讨，现在对该问题作出回应也还是合适的。从理论上来讲，公安司法机关也能够成为同意的发出者，只是同意的内容较为特殊，而我国的刑事诉讼法似乎没有类似的规定——但是这并不影响我们继续讨论该问题。在我国刑事诉讼法律体系中，能够发现许多看似是"同意"但其实不是"同意"的规定。如前述《刑事诉讼法》第 197 条关于法庭是否同意申请新的证人到庭、调取新的物证、申请重新鉴定或勘验的规定，笔者认为无论法庭是否同意，均不涉及法庭之利益，不符合我们通常关于"同意"的认知，从而将其排除在刑事诉讼中的同意之外。事实上，这种思路是从"同意"的角度来考虑的，即前述法庭的这种行为根本就不符合"同意"的基本形式，所以必然不属于刑事诉讼中的"同意"。此外笔者还提到了法庭的这种行为是一种具有审批性质的职权行为，这可以成为我们将该类行为排除在刑事诉讼中的"同意"之外的另一种思路，这种思路主要考虑的是刑事诉讼中同意的基本特征。我们需要回答的一个问题是，为什么这种具有审批性质的职权行为不属于刑事诉讼中的"同意"？通过对法条的梳理，我们能发现这种看似属于"同意"的具有审批性质的职权行为还有许多：例如公安司法机关是否同意变更强制措施，高级人民法院是否同意判处死刑，等等。笔者认为，刑事诉讼中的"同意"还存在一个重要特征，即我们所称的刑事诉讼中的同意是建立在平等对话基础之上的，参与"同意"的各方主体需要通过协商形成一个共识性表达，并且在后续的诉讼活动中开展共同行动。这也就意味着刑事诉讼中的同意对参与主体的地位、关系都有着独特的要求：参与"同意"的主体在地位上必须是平等的；在关系上需要经过协商的过程。此时再考察公安司法机关的绝大多数行为，就很容易地发现，一个决定的作出要么是基于职权，要么并不强调对方在决定形成过程中的参与，或者尽管是参与了，但其参与的程度远未能影响决定的内容。所以，哪怕在最终形成决定时，使用了"同意"之类的表述，也不是笔者所称的刑事诉讼中的"同意"。正如前文所提到的，"同意"的形式并非第一位的，关键要看某一项特定的活动中是否含有同意的实质。

（三）刑事诉讼中"同意"的实质

刑事诉讼中"同意"的实质，是我们认识刑事诉讼同意理论的关键所在。在确定刑事诉讼中"同意"的实质之前，笔者更愿意先对论证方向进行简要介绍：首先，我们的目光依然是停留在刑事诉讼场域中，但在本部分，笔者将引入一些组织社会学中有关行动、权力和规则的概念作为我们的分析工具；其次，笔者将利用前述工具来分析一种较为典型的刑事诉讼中的同意现象，可能会比以往协作式司法模式所包含的内容更加具体和丰富；最后，我们将从这个刑事诉讼法学之外的视角得出刑事诉讼中"同意"的实质，这或许能够帮助我们更好地认识、运用和控制"同意"。

组织社会学的观点认为，在任何一个行动领域中，权力都可以被定义为行动的诸种可能性的不均衡交换，也就是说，一群个体之间行为的可能性的不均衡交换和／或集体行动者之间行为的可能性的不均衡交换……权力不仅是一种实践，而且存在于行动领域的先在结构中，更为准确地说，存在于诸种资源的不对称之中，这些先在结构使行动者能够利用此类资源以从事他们的交易。[44] 依赖关系与权力关系是一对镜像概念，将二者结合起来进行分析，才能理解权力关系中双方影响力的大小和依赖关系的强弱。我们可以用一种简单的方式来理解：假如一方掌握了另一方需要的资源，那么后者对前者具有更强的依赖；这就意味着在这两方进行的集体行动之中（主要是指合作或者交换），前者比后者拥有更大的权力。"不确定性"也对权力的大小有重要的影响，某一行动者的行动具有越大的不确定性，该行动者就可能拥有更大的权力。所谓的不确定性，一方面是"客观上的"不确定性，另一方面是"人为的"不确定性，也称为主观性不确定性因素。[45] 我们需要明确一点，"规则"在很大程度上会对不确定性产生影响，进而影响行动者权力的大小。好在行动的规则不会也难以限制行动者的全部行为，甚至有些规则还允许行动者在一定程度内可以自由作出行动，这为权力的产生创造了空间。我们可以发现，集体行动中的行动者是通过利用自身所拥有的权力，与其他行动者进行协商性交换的方式开展行动，最终还是为了能够建立一个于己有利的权力关系。在此过程中，规则非常重要，不仅是因为规则会对行动者的权力产生影响，还因为规则会对交换过程进行约束和协调。此时回到我们的主题，笔者对组织社会学中的这些观点进行介绍，目的是考察刑事诉讼中的同意现象，并且希望能够通过这种方法，概括出刑事诉讼中"同意"的实质，接下来就进入这一过程。

按照前文的安排，现在应当选择一种典型的刑事诉讼中的同意现象作为我们的分析对象：速裁程序是比较合适的。我国《刑事诉讼法》第 222 条规定，基层人民法院管辖的可能判处三年有期徒刑以下刑罚的案件，案件事实清楚，证据确实、充分，被告人认罪认罚并同意适用速裁程序的，可以适用速裁程序，由审判员一人独任审判。这种简化刑事案件审判程序的规定，在其他国家也普遍存在。例如在日本的刑事审判制度中，除了普通程序，还存

---

〔44〕 ［法］埃哈尔·费埃德伯格：《权力与规则——组织行动的动力》，张月等译，格致出版社、上海人民出版社 2017 年版，第 83—84 页。

〔45〕 张肖虎、杨桂红：《权力、文化与科层现象——对组织社会学法国学派思想的评述》，《云南社会科学》2010 年第 6 期，第 124 页。

在简易程序（《日本刑事诉讼法》第 291 条第 2 款）、即决裁判程序（《日本刑事诉讼法》第 350 条之 2 第 1 款）以及略式程序（《日本刑事诉讼法》第 461 条），但毫无例外的是，适用这些程序都需要被告人同意。对于刑事诉讼中的这种情况，国外学者与国内学者的意见几近一致，即被告人因选择简易快速的案件处理方式，而放弃了正式裁判，这就是被告人的处分行为……经"犯罪嫌疑人的同意"，他选择了简易快速的审判程序之后就放弃了正式的审判程序……这时犯罪嫌疑人作出的"没有异议"的意思表示，就被视为放弃普通审判程序的处分行为。[46]

那么，组织社会学会如何看待这种现象？最核心的内容是权力，我们需要判断审判机关与被告人之间的权力关系。正如人们所熟知的，我们为刑事诉讼设定了一个"诉讼爆炸"的背景，法院希望能够与被告人达成某种一致，然后以更为简易快速的程序作出裁判；被告人的需求与"诉讼爆炸"倒没有多大的关系，通常来讲，他们只关注自己是否能够免于定罪或尽量减少量刑，甚至可以尽快从刑事诉讼程序中抽身，而他们的愿望能否实现不仅取决于事实和法律，还取决于作为审判机关的法院。事实上，这就形成了一种依赖关系（也是一种权力关系），法院和被告人都掌握了对方想要获取的资源：法院的权力是定罪和量刑；被告人的权力是选择审判程序。作为权力关系双方博弈的规则，刑事诉讼法允许审判机关和被告人通过现有的权力关系来做选择，这个规则的内容是如果被告人同意适用速裁程序，那么法院就可以通过速裁程序进行审判，尽管从组织社会学的角度来看，该规则其实没有太大的必要，因为不同行动者进行协商性交换本来就要求"下级愿意作出交换"，但是，与速裁程序相关的法律规定乃至整个刑事诉讼法在我们当前讨论的语境之下都能被称为规则。具体到交换的内容，我们发现法院获得了控制被告行动的权力——适用速裁程序对其进行审判；但是如前所述，法院以速裁程序对被告进行审判，是基于被告愿意：被告把自己的"获得正式审判的权利"交给法院，而法院将免于定罪、减少量刑或尽快终结刑事诉讼程序的权力交给被告人。最终结果是，法院能够避开烦琐的普通程序而以简易快速的程序处理完手上的工作；被告或许能够因为同意速裁程序的适用获得量刑上的优惠，如

---

[46] [日] 田口守一:《刑事诉讼法》，张凌、于秀峰译，法律出版社 2019 年版，第 32 页。

果这种观点不成立，至少被告也能够结束漫长的等待审判结果的过程——这种结果，对集体行动中的行动者而言，形成了对己方有利的权力关系——事实上，这就是集体行动的目的所在。

最后，我们将以前文的论述作为基础，来确定刑事诉讼中"同意"的性质。在此之前，笔者认为有必要对我们先前使用过的两个术语进行简单的说明：首先是集体行动，其次是权力。前者的问题较为容易理解，集体行动是组织社会学中使用的术语，而本文则以"共同行动"来指称刑事诉讼主体之间就某一事项达成合意，开展一致行动的行为。后者的情况稍显复杂，一般而言，笔者会在论及刑事诉讼主体的优势地位时来使用组织社会学意义上的"权力"一词，此时的权力具体指刑事诉讼主体所享有的权力、权利、利益，也可指刑事诉讼主体基于自己的优势地位而拥有的资源和资本，这些"权力"的具体内容在很大程度上是交叉的，但是"利益"一词所指似乎较其他的词语更为广泛，所以笔者偶尔也会以"利益"来指称前述"权力"的具体内容。除此之外，笔者则是在法律意义上来使用"权力"一词。此时，我们可以尝试总结刑事诉讼中"同意"的实质：从刑事诉讼中"同意"的概念出发，我们可得知刑事诉讼中"同意"的结构是同意的发出者限定或处分自身现实利益，同意的接受者据此减损发出者利益或据此获得利益。有学者认为，刑事诉讼中被告人的"同意"或者"无异议"往往指代一种由其本人作出的、用以处分其自身利益的授权性意思表示。[47]笔者认为，该观点是片面的：刑事诉讼中的"同意"是"限权"与"授权"的统一，所谓"授权"是"限权"的产物，是后于"限权"才产生的，此处需结合诺齐克的边界约束观点来理解。还有一种观点认为，同意是一种"免责"的行为，笔者认为该观点已经接近"同意"的实质，但依然未能说明同意最本质的内容。笔者认为，刑事诉讼中"同意"的实质是，参与同意的诉讼主体基于各自所拥有的权力，通过权力的协商性交换改变原有的权力关系，建立新的权力关系，使得刑事诉讼主体的利益结构发生变动的过程。

---

〔47〕 孔令勇：《被告人认罪认罚自愿性的界定及保障——基于"被告人同意理论"的分析》，《法商研究》2019 年第 3 期，第 63 页。

五、刑事诉讼中"同意"的理论模型

对理论进行模式化分析能够帮助我们更清楚地认识研究对象：一方面，理论模型能够让我们认识我们研究的是什么；另一方面，理论模型能够让我们清楚我们要继续研究的是什么。例如，当我们对刑事诉讼中的"同意"进行理论模型的建构，我们可以在分类的过程中认识同意，人们只有经过分类才能够知道刑事诉讼中的"同意"有如此多的类型；我们还可以在分类的过程中知道，刑事诉讼中的哪些"同意"更为复杂或者说存在问题，值得我们深入地对其进行讨论。笔者所遵循的正是这样的思路：首先，笔者将对刑事诉讼中"同意"的标准、类别与意义进行阐述；其次，笔者将选择刑事诉讼中"同意"的具体类型展开探讨，这种探讨并非平均用力，而是有的放矢。

（一）同意理论模型的要素：标准、类别与意义

刑事实体法领域的学者要比刑事程序法领域的学者更早地对本学科中的"同意"进行系统的探讨，其中也包括对同意进行分类。例如，在刑法学研究中，将实体法中的同意划分为十个类型：国家同意与个人同意、现实同意与推定同意、自然权利人同意与拟制权利人同意、事先同意与事后同意、自愿同意与强迫同意、有效同意与无效同意、可罚同意与不可罚同意、出罪同意与入罪同意、阻却构成要件符合性的同意与阻却违法性的同意、属于构成要件要素的同意和不属于构成要件要素的同意。实体法与程序法的规制对象存在差异，二者所称的"同意"发生的场域是不同的：前者的"同意"主要是指实体形成过程中的同意；后者的"同意"主要是指程序形成过程中的同意。所以，在刑法学者看来，"同意"主要用来判断一个行为是否具备构成要件该当性（刑法同意理论中的"合意"）和违法性（刑法同意理论中的"承诺"），进而判断一个行为是否具有可罚性——前述分类的后四种，皆与这个过程有关。其他关于"同意"的分类，有的从"主体"对同意加以区分（国家同意与个人同意，自然权利人同意与拟制权利人同意）；有的从"状态"对同意加以区分（现实同意与推定同意）；有的从"时间"对同意加以区分（事先同意与事后同意），均具有一定的合理性。最后，还剩下"自愿同意与强迫同意""有效同意与无效同意"，分别是从"构成"和"效力"角度来对同意进行分类。笔者并不赞同这种分类。当我们在对"同意"进行分类时，我们主要指的是那些在本学科有一定意义的"同意"。前述发生在实体法领域的"强

迫同意"和"无效同意",对案件的事实不会产生任何影响,这也就意味着作出这种区分是没有意义的。或许会有人认为,提出"强迫同意"和"无效同意"不是目的,通过这两者帮助人们更好地识别"自愿同意"和"有效同意"才是真正的目的,所以这种分类还是有一定意义的。对此,笔者不加否认,但是笔者认为,实现这种目的的最佳途经并不是对同意进行分类,而是在分析同意的构成要素时,准确区分"自愿同意"和"有效同意",因此同意的效力应当作为一个独立的问题来看待。

接下来,笔者将按照一定的标准对刑事诉讼中的"同意"进行分类,并简单说明这种分类所具备的理论意义。首先,根据同意主体的不同,可以将刑事诉讼中的"同意"分为审判机关的同意、检察机关的同意、侦查机关的同意、被追诉人的同意、被害人的同意、证人的同意、被决定强制医疗的人的同意等。此处所称的同意主体,是指那些发出"同意"意思的主体。从结构上看,这些主体是首先对自身现实利益进行限定和处分的一方。这种分类的意义是什么?需要知道,尽管我们所谓的刑事诉讼中的"同意"排除了暴力和强迫的因素,但是诉讼主体在力量上依然是不对称的,组织社会学认为,不同的诉讼主体之间存在上下级关系或权力大小不一。所以,通过区分同意的主体,可以更有针对性地设计同意的程式,笔者认为是有必要的。

其次,根据同意方式的不同,可以将刑事诉讼中的"同意"划分为明确的同意和默许的同意。所谓默许的同意,需要与推定的同意相区分:按西蒙斯的解释,默许仍然是一种姿态或者表达。称之为默许,只是指它是一种特殊的表达方式。[48] 而在推定同意的情况下,主体没有直接的表达机会,人们认为主体作出了"同意"的表示,只是以一个基础事实为前提,以过往事实或经验为依据,经过一种合理的推断得出"同意"的结论——这首先不是一个直接的同意。对明确的同意和默许的同意进行划分,主要是因为二者只是在最基本的要求上是一致的,如我们在后文会讨论到的前提、要素和效力方面,但是二者在具体要求方面或多或少会存在差别,西蒙斯就对"默许"的条件做了一些总结,这是值得我们注意的。笔者认为,明确的同意与默示的

---

〔48〕　[美]A·约翰·西蒙斯:《道德原则与政治义务》,郭为桂、李艳丽译,凤凰出版传媒集团、江苏人民出版社 2009 年版,第 73 页。

同意都属于现实的同意，这是刑事诉讼中"同意"方式的要求，由于推定的同意具有一种不确定性，笔者并不认为推定的同意属于刑事诉讼中的同意。再次，根据同意时间的不同，可以将刑事诉讼中的同意分为事先同意与事后同意。这种分类方法与前述刑法学者所采用的方法是一致的：关键在于区分同意接受方作出一定行为是在同意发出方发出同意之前还是之后。哪怕从一般的生活经验出发，也应该认识到先有同意，再有根据同意作出的行为。但是在有些情况下，同意的接受方在未获得同意发出方的同意的情况下，就作出了某种行为；同意的发出方在行为实施完毕后一段时间，表示自己对该行为是认可的，笔者将该情形称为"事后同意"。"王森规则"可以作为"事后同意"的例证，即当被告人的后行自愿行为消除了先行违法行为的污点时，适用"毒树之果"的例外。在王森诉美国案（Wang Sun v. United States）中，联邦最高法院裁定，犯罪嫌疑人回到警察局并且在口供上签字的后续行为足以免除坦白行为的先行违法性。[49]对此二者进行区分的意义正在于此：同意能够让一个不被允许的行为合法化，事后同意能够很好地证明这一点。

最后，根据同意效力的范围不同，可以将刑事诉讼中的同意分为相对的同意和涉他的同意。前者是指同意的效力只发生在同意的发出者与接受者之间；后者是指同意的效力不仅发生在同意的发出者与接受者之间，还会对同意之外的第三者产生影响。我国的认罪认罚从宽制度就较为典型，《刑事诉讼法》第 201 条规定，"对于认罪认罚案件，人民法院依法作出判决时，一般应当采纳人民检察院指控的罪名和量刑建议，但有下列情形的除外"。这就意味着，除部分法定情形之外，经辩方同意的指控罪名和量刑建议，一般会对第三者，即法院产生影响。有学者认为，无论采取何种量刑建议的生成模式（指平等交易模式和法定从宽模式），最终结果都将蕴含着控辩双方合意"从宽"的因素；同时，被追诉方对量刑建议的实质参与也应回归到法院对量刑建议效力之尊重。[50]"涉他同意"的结构较"相对同意"更为复杂，故笔者将对其展开论述。

---

[49] 宋志军：《刑事证据契约论》，法律出版社 2010 年版，第 256—258 页。
[50] 郭烁：《控辩主导下的"一般应当"：量刑建议的效力转型》，《国家检察官学院学报》2020 年第 3 期，第 21 页。

（二）明确的同意与默许的同意

刑事诉讼中的"同意"，根据同意方式的不同可以区分为明确的同意与默许的同意，并且如前所述，笔者认为明确的同意与默许的同意均属于现实的同意。《刑事诉讼法》第 174 条与第 282 条分别属于明确的同意与默许的同意——当然，这并不是绝对的。《刑事诉讼法》第 174 条规定，"犯罪嫌疑人自愿认罪，同意量刑建议和程序适用的，应当在辩护人或者值班律师在场的情况下签署认罪认罚具结书"；《刑事诉讼法》第 282 条规定，"未成年犯罪嫌疑人及其法定代理人对人民检察院决定附条件不起诉有异议的，人民检察院应当作出起诉的决定"。就二者的共同点而言，无论是前者还是后者都能够被认为是现实的同意，此处与推定的同意有所区分。所谓"现实"，是指同意发出者通过一定的表达方式即可直接让同意的接受者知悉同意的意思：在前述的条文中，同意发出者既可以通过"签署认罪认罚具结书"的方式来表示同意，又可以通过"不提出异议"的方式来表示同意。但是，无论是前者还是后者，同意接受者都能够直接知悉同意的意思，而不需要以某事实为基础进行推测、推理和推定。故笔者认为，现实的同意是确定的同意、直接的同意，在刑事诉讼中，我们所主张的正是这样一种现实的同意，而非推定的同意。

但是，值得注意的是，明确的同意与默许的同意也存在重大差别，这种差别以同意的方式为中心扩展至其他方面。接下来，笔者将对此做简要的说明。如何作出一种同意的表示？明确的同意会通过一种积极主动的方式表现出来，例如签署认罪认罚具结书，又如被追诉人在讯问笔录上签字，都代表着主体对某些特定内容的同意。另一方面，默许的同意是通过一种消极被动的方式表现出来，典型例证就是有机会表达异议而不表达异议，以此来表示一种同意。我们可以很容易地判断什么是明确的同意：口头的、书面的乃至肢体的方式，都可以表达出"同意"的意思。默许的同意就稍显复杂，例如面对人民检察院的附条件不起诉决定，未成年犯罪嫌疑人说"我没有异议"，此时是否属于默许的同意呢？似乎在前文之中，我们始终是将《刑事诉讼法》第 282 条作为默许的同意的例证。但是，此时的情况就有所不同了：未成年犯罪嫌疑人已经明确作出关于"是否同意"的表示，此时说它是一种默许可能就太过牵强了。在同意的方式之外，我们应该注意到更多的内容：默许的同意与明确的同意相比，需要一个更为特殊的条件。以前述的《刑事诉讼法》

第 174 条与第 282 条为例，我们能够发现明确的同意既可以发生在前一条的规定中，又可以发生在后一条的规定中；默许的同意则不同。在《刑事诉讼法》第 174 条的规定之下，表示同意就需要以"签署认罪认罚具结书"的方式进行，显然，仅仅通过"默许"是无法满足这个条件的。较为容易理解的一点是，刑事诉讼中的"同意"皆有一定的内容、对象，区别在于这个对象如何产生：可以是同意发出者主动选择和创制，也可以是同意发出者被动接受和认可。事实上，这就是前述第 174 条与第 282 条在同意对象产生方面的区别。结合前述，明确的同意既可以选择与创制同意的对象，又可以接受与认可同意的对象；默许的同意只能够接受与认可同意的对象，不能够选择与创制同意的对象。所以，我们的结论是，默许的同意只能发生在同意的客体已经产生之后，"默许的同意"实际上就是接受与认可同意客体的方式之一。在刑事诉讼同意理论的语境之下，我们强调默许同意的前提可以得出一个推论：只要同意发出者参与了同意对象的选择与创制，就不可能以默许方式表示同意。事实上，我们只需要判断同意的客体是否既定，就可以得出有没有默许同意存在空间的结论，即默许同意的方式在该情境中是否能够适用。设想在同意搜查的背景下，警察与被搜查者商议搜查的物品和范围，然而在商议结束后，被搜查者既没有同意搜查，也没有拒绝搜查，此时警察开展的搜查行为是否有效？根据上述推论，我们能够发现这种搜查实际上是无效的。分析和比较明确的同意与默许的同意，远远比我们想象中的要复杂，对此进行分析，能够帮助我们判断"沉默"在什么时候是具有意义的。

（三）相对的同意与涉他的同意

"同意能否对参与同意以外的主体产生影响"，这是区分相对的同意与涉他的同意的具体标准。在相对同意的情形下，同意的效力只发生在同意的发出者与同意的接受者之间，以《刑事诉讼法》第 43 条为例：辩护律师经证人或者其他有关单位和个人同意，可以向他们收集与本案有关的材料。此时，证人或者其他有关单位和个人是同意的发出者，辩护律师是同意的接受者——前者处分了自身现实的利益，后者据此获得了收集证据材料的权利，这是一种典型的刑事诉讼中的同意。但就同意的效力来看，此时同意发出者即使对自身所掌握的资源进行了处分，也不会对同意接受者之外的第三人产生任何直接影响，这种情况乃是笔者所谓的相对的同意。涉他的同意，例如

《刑事诉讼法》第 201 条所规定的"一般应当"条款，显然，当被追诉人与检察机关就量刑宜达成共识，人民检察院所出具的量刑建议书作为同意的内容就会对同意之外的第三方即法院产生影响，按照"一般应当"条款的表述，就是"一般应当对法院产生影响"。如果仅仅是这样，涉他同意会简单很多。实践中存在另外一种涉他同意：同意搜查制度中经过第三人同意的搜查，主要是指司法人员搜查被追诉者的物品和住宅时，因得到其财产公共控制、使用人（如配偶、父母等）的同意而进行的无令状搜查。这是一个颇具争议的问题，在查普曼诉美利坚合众国（Champman v. U.S）一案中，法院认为第三人同意搜查中的"同意"系无效同意；此后又在美利坚合众国诉马特洛克（U.S v. Matlock）一案中确立了第三人同意搜查的合法性——尽管有一定的理论依据（共同权限理论和风险预设理论），但后一种观点依然没有得到广泛的认同。[51] 笔者认为，"经第三人同意的搜查"实质上就是一个"涉他同意"，即"同意能否对参与同意以外的主体产生影响"的问题。接下来，笔者将对"涉他同意"的问题进行更深入的分析。

较为直观的是，根据《刑事诉讼法》第 201 条的规定，控辩双方同意的内容会对人民法院定罪量刑的活动产生影响，但是这并不意味着控辩双方的同意侵害乃至取代了人民法院的裁判权：一般应当采纳既不等于应当采纳，也不等于必须采纳，人民法院对控方指控的罪名和提出的量刑建议的态度是"尊重"绝非"遵守"。这似乎意味着，同意能够使法院的裁判拥有正当化的基础，更容易为诉讼各方所接受，但是，仅仅通过同意并不能直接生成裁判结果——这与政治学领域中的同意理论处于相似的境地，后者也无法单独来证成政治义务与政治合法性。可见，此时"涉他同意"对第三方的影响具有几个特点：其一，不会对第三方的权力（权利）造成侵害；其二，为第三方的自由行动留有空间；其三，同意客体的实现有赖于第三方的进一步行动。与此不同的是，经过第三人同意的搜查对同意之外的第三人产生的影响是直接的，在这种情形下：同意接受者可能直接根据同意发出者的意思对第三方的权利造成侵害；第三方无法采取自由行动并且同意的内容将直接得到

---

〔51〕 杨雄：《刑事同意搜查的正当化要件分析》，《河南公安高等专科学校学报》2006 年第 1 期，第 13 页。

实现。根据刑事诉讼同意理论的基本观点，刑事诉讼中的同意是同意发出者对自身现实的利益进行限定或处分的行为，所以在同意作出之前，首先应当判断同意发出者能否对某项利益进行限定或处分。显而易见的是，如果一项现实利益处于他人支配之下，那么在同意理论之中，同意发出者是不能对该项权利进行限定或处分的——除非同意发出者对该利益享有更高级的支配权。例如，（美国）法院倾向于认定父母可以对搜查与他们同住的子女的房间给予同意。[52]但是，同样的事情绝对不可能发生在房东与租客之间或者室友之间。一般情况下，经第三人同意的搜查需要遵循合理隐私期待的标准：在未获得现实利益（隐私）享有者的同意，而只有第三人同意的情形下，侦查机关的搜查应当局限在某个范围之内，至少不应当对同意以外的人的合理隐私，例如上锁的柜子，造成侵害。如果说，一个涉他同意在一开始就对他人的利益进行了处分，那么这种"同意"一开始就是无法成立的，就更不能发生将侦查行为合法化的效力了，所以必然会导致证据排除的法律后果。

---

〔52〕 宋志军：《刑事证据契约论》，法律出版社 2010 年版，第 183 页。

垃圾邮件法律规制的优化路径

阳东辉 *

摘　要	垃圾邮件是指不请自来的或者含有有害信息的电子邮件，对不请自来的电子邮件以侵犯动产为由起诉较为有利，而对含有有害信息或病毒的垃圾邮件以网络妨碍为由起诉较为有利。垃圾邮件不仅浪费收件人的网络费用和时间，干扰用户对网络的使用，也威胁计算机网络和系统的安全。我国目前存在规制垃圾邮件的法律规范层级低、事先同意规则过于严厉、电子邮件标识符规则适用范围过窄且有遗漏、刑事和民事责任缺失且行政处罚过轻等问题，因此，必须借鉴美国、澳大利亚等国先进的立法经验，制定专门的反垃圾邮件法，将技术手段与法律规则相结合，采纳"默示拒绝"的电子邮件接收模式，制定电子邮件的警示和标识符规则，建立包含民事、刑事和行政责任的完整而严格的法律责任体系。
关键词	垃圾邮件；网络妨碍；默示拒绝；标识符规则

随着互联网技术的高速发展，电子邮件日渐成为我们日常生活中不可或缺的一部分，在带给人们方便快捷的同时，垃圾邮件也随之产生。现如今，一位垃圾邮件发送者在一天之内可以发送 5000 万至 2.5 亿个电子邮件。据统计，2016 年下半年用户平均每周收到垃圾邮件 16.8 封，[1]占用户收到的电子邮件的一半以上，对电子邮件用户的工作和生活产生了重要影响。遗憾的是，目前我国法律界对垃圾邮件的法律规制问题尚不够重视，相关的立法也不完善，本文试图借鉴国外的立法经验，探讨遏制垃圾邮件的应对之策，以期进

---

* 阳东辉（1971—），湖南衡东人，广西大学法学院教授、博士生导师。
〔1〕 中国互联网协会：《2016 年下半年中国反垃圾邮件状况调查报告》，https：//www.12321.cn/Uploads/pdf/1490948638.pdf，最后访问日期：2018 年 9 月 22 日。

一步完善我国规制电子邮件的立法。

一、垃圾邮件的界定及其法律性质

（一）垃圾邮件的界定

2002 年《中国教育和科研计算机网关于制止垃圾邮件的管理规定》采用概括的方式，将垃圾邮件定义为：凡是未经用户请求强行发送到用户信箱中的任何广告、宣传资料、病毒等内容的电子邮件。垃圾邮件一般具有批量发送的特征。2003 年《中国互联网协会反垃圾邮件规范》第 3 条采用列举的方式，将下列邮件定义为垃圾邮件：（1）收件人事先没有提出要求或者同意接收的广告、电子刊物、各种形式的宣传品等宣传性的电子邮件；（2）收件人无法拒收的电子邮件；（3）隐藏发件人身份、地址、标题等信息的电子邮件；（4）含有虚假的信息源、发件人、路由等信息的电子邮件。美国学者加里·H. 费希特（Gary H. Fechter）和玛格丽塔·沃勒克（Margarita Wallach）认为，垃圾邮件不仅包括不请自来的商业电子邮件（UCE）或者不想接收的不请自来的群发邮件（UBE），还包括用户在网页冲浪时，或者远程方在未征得电脑所有人允许或知情的情况下在电脑上安装广告软件或间谍软件出现的网页和弹出广告。[2] 在澳大利亚，垃圾邮件的范围非常广泛，既包括电子邮件、即时通信、短信和彩信（但是不包括传真），还包括弹出广告和语音电话销售。从发送邮件的数量来看，并不要求垃圾邮件是大宗邮件。[3] 日本 2002 年经济产业省颁布出台的《特定电子邮件法》将垃圾邮件界定为："为了自己或者他人的营利目的，在未事先征求收件人同意的情况下发送的电子邮件。"《欧盟隐私与电子通信指令》将垃圾邮件定义为未经收件人事先同意而向个人发送的商业、宣传性的电子邮件。[4]

综上所述，垃圾邮件具有以下几个共同特征：第一，垃圾邮件首先是电

---

[2] Gary H. Fechter, Margarita Wallach, *Spamming and Other Advertising Issues: Banners and Pop-up*, *ALI–ABA COURSE OF STUDY MATERIALS*, Internet Law for the Practical Lawyer, SK102, April 2005, p.177.

[3] Spam Australian Act 2 0 0 3, Wikipedia, http://wiki.media-culture.org.au/Index.php/spam_-_Australian_Act_2003.

[4] 李长喜：《垃圾邮件的立法应对》，载张平主编：《网络法律评论》（第 5 卷），法律出版社 2004 年版，第 282 页。

子邮件，至于其他不请自来的网页、弹出广告和短信、微信、微博、QQ 聊天室等即时通信工具，由于没有固定的接收邮箱，信息很容易过期或丢失，所以不是电子邮件，不应纳入狭义的垃圾邮件范畴；第二，垃圾邮件的本质特征是未经收件人事先同意而发送，若征得收件人同意，则属于正常的合法邮件；第三，垃圾邮件的表现形式多样，包括未征得收件人同意的电子邮件、无法拒收的电子邮件、隐藏真实信息的电子邮件、含有虚假信息的电子邮件、含有有害信息的电子邮件和骚扰性电子邮件等多种类型。

必须指出，尽管垃圾邮件更多地表现为推销商品与服务的商业广告邮件，但是它不局限于商业性电子邮件，也就是说，不一定要以营利为目的，非商业性电子邮件只要符合未征得收件人同意或者对收件人产生有害影响，也属于垃圾邮件。另外，对垃圾邮件是否必须以群发为要件，笔者也持否定观点，因为垃圾邮件的本质特征是违背收件人的意愿或给收件人带来不良影响与后果，至于发送邮件数量的多少并不影响垃圾邮件的性质。因此，笔者建议采取概括与列举相结合的方式对垃圾邮件进行定义：垃圾邮件是指不请自来的或者含有有害信息的电子邮件，它包括：（1）不请自来的各种推广性电子邮件；（2）收件人无法拒收的电子邮件；（3）隐瞒、伪装发件人真实身份、地址、路由等信息的电子邮件；（4）含有蠕虫病毒、恶意代码等有害信息的电子邮件；（5）利用价值低、频繁发送的骚扰性电子邮件。

（二）垃圾邮件技术

垃圾邮件在批量发送时最有效，因此垃圾邮件发送者使用各种方法获取电子邮件地址。许多垃圾邮件发送者使用收集程序在互联网上搜索公开的电子邮件地址。由此，垃圾邮件数量呈几何级数增长，因为垃圾邮件发送者已经开始使用技术手段获取用户尚未公开的电子邮件地址。例如，收集者可能会使用一种算法实施"字典攻击"，该算法会创建不同的电子邮件地址组合。当一个电子邮件地址成功通过邮件服务器时，该地址会被自动记录到一个可以转售给其他垃圾邮件发送者的电子邮件列表中。

大多数垃圾邮件发送者使用不同的策略来达到两个目的：逃避检测和绕过垃圾邮件过滤技术。首先，为了逃避检测，垃圾邮件发送者利用互联网上的开放中继和代理。使用这种技术，电子邮件可以通过不同国家的互联网服务提供商（ISP）路由。虽然这不会给执法部门追踪电子邮件带来困难，但可能会给监管互联网服务提供商带来困难。另一种被称为"欺骗"的技术是盗用公司或互联网服务提供商的地址，并在伪造发件人地址的情况下发送垃圾邮件。除了伪造发件人地址，垃圾邮件发送者还通过伪造返回电子邮件地址和邮件标题以逃避检测。垃圾邮件发送者甚至还使用心理技巧，比如冒用收件人自己的电子邮件地址。这些垃圾邮件策略中的大多数都属于欺诈。

一旦电子邮件避开互联网服务提供商的过滤物件，就通常会到达目标地址。此外，使用垃圾邮件过滤软件的公司往往发现这类软件无效，其会过度屏蔽或不足以屏蔽电子邮件。垃圾邮件发送者经常试图模拟或模仿真实的电子邮件，因此，如果垃圾邮件过滤软件不是"聪明的"，那么它可能会阻止合法的电子邮件。事实上，计算机安全分析人士预测，基于关键字过滤垃圾邮件几乎是不可能的，因为垃圾邮件发送者现在正在用"R.a..n, d, o., m_p, u,, n, c.t., u_a.t.1..0.n"填充他们的电子邮件。[5] 在这种情况下，垃圾邮件过滤只能是反垃圾邮件斗争中的一块小拼图。

（三）垃圾邮件的法律性质

关于垃圾邮件的法律性质，学界的争议很大，概括起来，可以分为合法说和非法说两大类。

1. 合法说

垃圾邮件合法说又分为"商业言论自由说"和"通信自由说"，下面分述之。

（1）商业言论自由说。该说认为，垃圾邮件一般是不请自来的大规模的群发性商业邮件，发送垃圾邮件主要是以营利为目的推销商品和服务，其性质相当于商业广告。商业言论自由受宪法保护，对其实施限制要接受常规的合宪性审查。[6] 但是，商业言论不得违法或具有误导性。群发性的电子商业邮件成本低廉，快捷方便，没有时空限制，给发件人带来极大方便。客观地说，早期不请自来的电子邮件确实都是各大公司发布的广告，因此，将垃圾

---

〔5〕 Peter Gregory, *Security Predictions for 2004*, COMPUTERWORLD, Jan. 1, 2004, at http://www.computerworld.com.au/index.php?id=2057465071&fp=16&fpid=0.

〔6〕 Mitchel L. Winick, Debra Thomas Graves, Christy Crase, *Attorney Advertising on the Internet: from Arizona to Texas-Regulating Speech on the Cyber-Frontier*, Texas Tech Law Review, 1996, p.1507.

邮件视为广告也并无不妥。但是随着互联网技术的发展，垃圾邮件的内容日趋多样化，其已不再只是以广告为内容的电子邮件，还产生了包含违法犯罪内容的电子邮件。这些电子邮件包含各类欺诈信息和木马病毒，对于大多数普通电子邮件用户来说，很容易落入这些陷阱之中，对用户正常的工作生活产生多方面的不利影响。因此，我们认为，商业言论自由说只反映了那些无害垃圾邮件的性质，和广泛代表性还有一段距离。

（2）通信自由说。该学说认为，在网络空间，自由访问与交流是一种至高无上的权益，政府对垃圾邮件进行管制是无意义的，因为大多数垃圾邮件来源于或者可以转移到境外，超出了各国法律的适用范围。[7]我国宪法也规定，公民的通信自由和通信秘密受法律保护，除因国家安全或者追查刑事犯罪的需要，由公安机关或者检察机关依法定程序进行检查外，任何组织或者个人不得侵犯公民的通信自由和通信秘密。因此，在现代日常生活中，人们享有通信自由和通信秘密的权利，不受其他团体和个人的干涉，因而人们可以任意发送各类电子邮件，不受限制。这种观点虽有一定道理，但缺陷也是显而易见的。我国宪法明确规定，公民在行使自由与权利时，不得损害国家、社会、集体的利益和其他公民的合法权利。我们认为，电子通信自由也不是绝对的，也是有边界的，没有取得他人同意滥发电子邮件，就可能侵犯他人的正常生活、通信自由与通信安全。

2. 非法说

垃圾邮件非法说主要包括"侵犯动产说"和"网络妨害说"，现分述如下：

（1）侵犯动产说。侵犯动产说是英美法系国家一个古老的理论，该学说认为，没有征得收件人同意，向其发送电子邮件是一种侵犯动产（网络空间）的行为，动产是指可移动的资产，既包括设备，也包括网络空间。侵犯动产的侵权行为之诉为未经授权使用或者防碍他人的个人财产提供了救济。不过，提起动产侵权之诉，原告必须证明：有故意的物理接触、对动产造成实质性损害、接触与损害有因果关系。在美国，有一系列涉及网络蜘蛛侠机器人的

---

[7] California Spammers to Move Offshore, Vigilant.tv, Oct. 4, 2002, at http：//vigilant.tv/article/2294.

案例，它们将"实质性损害"扩大到包括"损害威胁"。虽然法院没有发现实质性损害，但是由于模仿犯罪的可能性，他们作出了原告胜诉的判决。支持这种裁决的依据是法院认为其他人可能会模仿被告的行为。[8]侵犯动产的理论被用来保护计算机网络免受第三方未经授权的访问或使用。该理论强调故意干涉占有他人财产，而不考虑损害程度。我们认为，将侵犯动产理论的适用范围扩大到网络空间，即为无形物提供法律保护，使得无形物的所有者或控制者有能力防止任何人访问网络空间，并延长了保护期限，具有积极意义。但是，将有体物的保护范围和原则全面适用于网络空间，有导致互联网"过度财产化"之嫌。

（2）网络妨害说。网络妨害说起源于不动产法背景下的私人妨害理论，该理论最初用于解决土地所有人和平地拥有土地，不受非法侵害的公共或私人利益问题。由于所有权的目的就是在人们共同相处的前提下为所有权人享受其用益权提供全面的保护，因此凡是影响这种用益的行为都属于妨碍之列。[9]所有权人于其所有权的圆满状态受到非占有方式的妨碍时，对于妨碍人享有请求排除妨碍的权利。[10]学术界一直呼吁对垃圾邮件适用网络妨害理论，该理论认为，垃圾邮件没有征得收件人同意，不请自来，妨碍了收件人正常使用邮件，甄别和处理垃圾邮件耗费收件人大量的时间，个别病毒软件甚至使用户电脑瘫痪，因此，垃圾邮件对收件人正常使用网络构成妨害。该学说避免了在侵害动产理论中使用非法侵入之法律虚构。[11]妨害比侵犯动产更好认定，因为法院只需确定是否已经实际发生了对原告使用财产的干扰，而无须考虑是否已使原告丧失计算机或是否非法进入原告的网络空间（电子邮箱），以及是否产生了实际损害。网络妨碍原则允许法院进行利益平衡，并对无害电子邮件和垃圾邮件进行区分。网络妨害说排除了对实际损失的评估和认定，更有利于保护收件人的利益，但是，它要求原告证明存在实际妨害，即实质干扰了财产使用（例如，垃圾邮件造成成本的增加），这表面看起来与

---

〔8〕 Register.com, Inc. v. Verio, Inc., 126 F. Supp.2d 238, 249–51（S.D.N.Y.2000）; eBay, Inc. v. Bidder's Edge, Inc., 100 F. Supp. 2d 1058, 1063–65（N.D. Cal. 2000）.

〔9〕 ［德］曼弗雷德·沃尔夫:《物权法》，吴越、李大雪译，法律出版社 2002 年版，第 151 页。

〔10〕 参见梁慧星、陈华彬:《物权法》（第六版），法律出版社 2018 年版，第 126 页。

〔11〕 Mossoff, Adam, *Spam–Oy, What a Nuisance!*, 19 Berkeley Tech. L.J. 625（2004）.

侵犯动产理论不同，实际上又造成了侵犯动产与网络妨害两种理论的交叉与混淆。

在英美法系国家，与侵权有关的法律，无论是《美国联邦反垃圾邮件法》，还是加利福尼亚州或马里兰州的反垃圾邮件法，违反这些法律就像违反消费者保护法一样，属于"侵权性质"，通常不能豁免适用普通法的原则。"因为规范侵权行为的法律法规很少涉及构成完整的侵权责任制度所必需的所有附属理论，例如因果关系、豁免或派生责任等问题。"[12]不应假定立法机关在制定法律时打算推翻早已确立的法律原则，除非这种意图通过明确的声明或者通过必须的暗示清楚地表明。

笔者认为，侵犯动产理论和网络妨碍理论的适用范围和作用空间各有不同，二者均可适用于垃圾邮件纠纷，属于理论竞合情形，当事人可以根据具体案情选择一种有利于自己的侵权理论。由于侵犯动产要求有故意的物理接触，无须证明利益受损，如前所述，有损害威胁即可，而不请自来的垃圾邮件正好符合这一特征，所以针对这类垃圾邮件，依侵犯动产为由起诉较为有利；而对于含有蠕虫病毒、恶意代码、隐藏真实身份等垃圾邮件，即使事先征得收件人同意，只要收件人能够证明自己的利益受损，也可以网络妨碍为由提起诉讼。因此，这两种诉由互为补充，各有侧重，两者结合起来可以满足各种垃圾邮件诉讼之需要。

二、垃圾邮件的负效应

垃圾邮件尽管可以不限时地为用户提供各种信息，但是，其副作用显而易见。事实上，不受限制的垃圾邮件所带来的负面效应已远远超出其正面价值，它既可能干扰用户对网络的使用，损害用户之私益，也可能危害计算机网络系统安全，侵犯国家和社会公共利益。

（一）浪费收件人的资金和时间

垃圾邮件占用带宽，浪费收件人的网络使用费。收件人删除邮件需要花费时间，错误打开垃圾邮件的用户也需要花费时间浏览和退出，识别被垃圾

---

[12]　Shager v. Upjohn Co., 913 F.2d 398, 404（7th Cir. 1990）. See also, e.g., Busching v. Sup. Ct., 12 Cal.3d 44, 52, 115 Cal. Rptr. 241, 524 P.2d 369（1974）.

邮件过滤物件删除的消息更需要花费大量时间。卡巴斯基发布的《2019 年度垃圾邮件报告》显示，垃圾邮件占邮件总量的 56.51%，垃圾邮件最大来源是中国，占 21.26%。[13] 据中国互联网协会反垃圾邮件工作委员会发布的《2016年下半年反垃圾邮件报告》，垃圾邮件每周浪费用户平均 10 分钟，浪费时间在 5 分钟以内的为 33%，浪费时间在 6—10 分钟的为 25%，浪费时间在 10 分钟以上的超过了 31%。[14] 另据统计，垃圾邮件使互联网服务提供商每年遭受约 5 亿美元的损失。这些成本被转嫁给消费者，每月增加 2—3 美元的上网费用。[15]

（二）干扰用户对网络的使用

鉴于垃圾邮件的大量存在，许多电子邮件提供商从满足用户需求的角度出发，被迫在电子邮箱中提供垃圾邮件拦截服务，但是受各类因素影响，垃圾邮件有时没有被成功拦截，导致垃圾邮件占用大量存储空间，以致正常邮件的收发不通畅，有时还错误地将正常邮件当作垃圾邮件拦截，导致用户不能正常收到应当收到的邮件，严重影响了用户正常收发邮件的活动。根据中国互联网协会反垃圾邮件工作委员会的统计，垃圾邮件还造成 35% 的用户"正常邮件被拦到了垃圾箱"和 27% 的用户"正常邮件收发不畅通"。[16] 垃圾邮件的迅速增多也给用户正常的在线通信造成了妨碍，许多用户发现，那些他们想接收的邮件面临着丢失、被忽略或被退回的风险，这些都导致电子通信可靠性和有用性的降低。[17]

（三）威胁计算机网络和系统的安全

许多互联网服务提供商和企业正在花费越来越多的时间和资金开发过滤垃圾邮件的软件。然而，垃圾邮件发送者却永远在设想规避过滤软件的方法。

---

[13] 《2019 年度垃圾邮件报告：垃圾邮件占邮件总量 56.51%》，https://www.xinnet.com/xinnews/mail/40358.html，最后访问日期：2022 年 1 月 23 日。

[14] 《12321：近半数邮箱用户可能由于垃圾邮件造成了经济损失》，https://12321.cn/arc？aid=11635.html，最后访问日期：2022 年 1 月 23 日。

[15] Gary H. Fechter, Margarita Wallach, *Spamming and other Advertising Issues：Banners and Pop-up*, ALI–ABA COURSE OF STUDY MATERIALS Internet Law for the Practical Lawyer，SK102, April 2005, p.182.

[16] 《12321：近半数邮箱用户可能由于垃圾邮件造成了经济损失》，https://12321.cn/arc？aid=11635.html，最后访问日期：2022 年 1 月 23 日。

[17] 徐剑：《电子邮件广告的表达自由与限制——论美国的反垃圾邮件立法》，《现代传播》2009 年第 3 期，第 115 页。

一旦旧的过滤软件失灵，就必须开发新的过滤软件，等新的过滤软件被规避，又必须再次开发软件……由此形成一种恶性循环。垃圾邮件是计算机病毒传播的主要传染源，垃圾邮件很多都带有病毒，一旦点击这些邮件中的链接，电脑就很有可能被植入病毒，甚至只要打开这些垃圾邮件就很有可能被植入病毒，后果较轻的话可能引起电脑卡顿，造成电脑无法正常运行，严重的话甚至会造成个人隐私的泄露、电脑的损坏以及系统的崩溃，严重威胁计算机网络和系统的安全。

（四）可能给用户造成财产和精神损害

垃圾邮件发送者常常通过伪造消息来源或者域名注册人的身份和联系信息，对其商品和服务进行虚假宣传。由于发件人和收件人之间存在信息不对称，发件人往往隐瞒交易中的重要商业细节，尤其是许多对消费者的购买决定至关重要的信息。被隐瞒的信息可能包括商人的身份和信誉；广告产品的性质和可靠性。伪造消息来源或域名注册人身份进行虚假宣传的垃圾邮件类似于"傍名牌"和"搭便车"，属于不正当竞争行为。无论是"傍名牌"还是"搭便车"，其实质都是借用他人付出努力所形成的商誉的不正当竞争行为。[18]正如美国最高法院所说："不公平竞争法根植于普通法的欺骗侵权行为，其基点是保护消费者不受来源的混淆。"[19]内容不健康和欺诈性的电子邮件往往让收件人防不胜防，上当受骗，轻则损失财产，重则萎靡不振，精神颓废，严重损害心理和生理健康。

三、政府监管垃圾邮件的正当性论争

事实上，从垃圾邮件诞生之日起，关于如何对待商业邮件和垃圾邮件，一直存在两种对立的观点，即反对监管电子邮件（包括垃圾邮件）的信息自由观点和严格监管垃圾邮件的国家干预观点。

（一）反监管论的核心：信息自由

互联网长期以来都是个人主义者和技术实验者的避风港。许多互联网创业者和专家都极力反对政府介入电子通信或商务领域。他们从自由主义或古

---

〔18〕　北京市律师协会编:《反垄断与反不正当竞争法律实务精解》，北京大学出版社 2012 年版，第 304 页。

〔19〕　参见孔祥俊:《商标与不正当竞争法原理和判例》，法律出版社 2009 年版，第 257 页。

典自由主义的经济学经典著作中获取反监管的理论依据。[20]他们认为，"信息自由"（包括自由访问和交流）是一种至高无上的权益，对电子邮件的任何监管和处理都会抑制信息交换，会使政府侵犯个人利益和经济自由的行为合法化。[21]美国联邦贸易委员会前主席蒂莫西·马古里斯（Timothy Muris）明确表示反对设置"拒收电子邮件名单"，并表示他相信"立法不能解决垃圾邮件问题"。[22]实际上，在西方国家，网络信息自由的观点已经深入商业电子邮件供应商的头脑之中。

还有一部分反监管论者属于悲观主义者，他们认为没有合法的方法可以成功阻止垃圾邮件，因为跟踪和追究通过多个国家的远程计算机和中继器进行操作的匿名垃圾邮件发送者的责任非常困难，而且较低的准入门槛让新的垃圾邮件发送者很容易涌现并取代已被发现和退出业务的垃圾邮件发送者。[23]颁布国家反垃圾邮件法是毫无意义的，因为大多数垃圾邮件来源于或者可以转移到境外，超出了各国法律的适用范围。[24]垃圾邮件没有解决办法，任何技术保护方案都会有漏洞和后门。[25]

另有一部分反监管论者属于乐观主义者，他们认为商业电子邮件和垃圾邮件的威胁很小，不值得花时间投诉或者浪费政府和技术人员的时间。[26]这

---

[20] See Paul Kapustka, *Anti-Tax Group Calls For Moratorium On VoIP Regulation*, Internet Week.com（Apr. 7, 2004）, at http：//www.internetweek.com/breakingNews/showArticle.jhtml?articleID=18900527.

[21] See Steven Cousineau, *Libertarian Approaches to Addressing Spam*, The Libertarian Enterprise（June 24, 2002）, at http：//www.webleyweb.com/tle/libe179-20020624-09. html.

[22] See *FTC Chairman Calls Spam*, "*One of the Most Daunting Consumer Protection Problems FTC Has Ever Faced*", Federal Trade Commission（Aug. 19, 2003）, at http：//www.ftc. gov/opa/2003/08/aspenspeech.htm#36237.

[23] See Anita Ramasastry, *Why the New Federal CAN Spam Law Probably Won't Work*, FindLaw.com（Dec. 3, 2003）, at http：//writ.corporate.findlaw.com/ramasastry/20031203.html.

[24] *California Spammers to Move Offshore*, Vigilant.tv（Oct. 4, 2002）, at http：//vigilant.tv/article/2294.

[25] See *Fighting a Losing Battle Against Spam*, Deutsche Welle（Mar. 16, 2003）, at http：//www.dw-world.de/english/0, 3367, 1446_A_809287, 00.html.

[26] See Barry Dennis, *Why I love Spam*, CNET News（May 16, 2002）, at http：//news. com.com/2010-1071-915523.html.

种"只需按下删除键"学派的思想，永远不会超出自利营销商试图安抚愤怒的垃圾邮件收件人的范围。但是，如果无利害关系方曾经认为简单的忽略或删除不想要的商业电子邮件是一种选择，那么当垃圾邮件的数量和用来传输垃圾邮件的恶意手段呈几何级数增加时，他们能否仍保持乐观，似乎值得怀疑。[27]

（二）严格监管论的理论基石：市场失灵

一个充满活力的、以自由主义经济学理论为精神指引的互联网和电子邮件市场，将成为一种在信息、思想和商品与服务自由市场上释放和提高利润的工具，但这并不意味着全盘接受无规则的市场。即使是狂热的自由市场理论家也可能承认，并非所有市场都是纯粹有效的，效率低下的市场容易失灵。[28]从这个角度看，对电子邮件市场进行合理监管是完全合适的。然而，如何进行监管，监管的程度如何，取决于对市场失灵的具体认知。我们先来分析市场失灵的原因。

第一，公共物品。互联网信息交换的许多基本特征和协议以及关于电子邮件应该如何运作的假设，都起源于互联网和电子邮件作为公共物品提供并且用户被认为是富有成效的研究人员之时代。这种研究人员免费信息交流的最大化被认为增加了公共利益，即使他们没有直接支付网络提供者承担的成本。例如，没有理由让政府启用美国高级研究计划署（ARPANET）局域网时制定严格的技术协议，防止欺骗或其他电子邮件源地址的变更，至少在该局域网仅适用于政府批准的研究人员访问之时期。此外，因特网治理的某些重要职能继续由各国政府授权给准政府机构，这些机构被授权为普通公众提供便利的因特网服务。在今天的互联网时代，任何个人都能廉价且便捷地访问互联网和电子邮件基础设施，因此，互联网类似于信息高速公路和信息基础设施，相当于公共物品，任何私人企业都无权垄断电子邮件市场，妨碍信息的自由流通。由政府对电子邮件市场进行监管，甚至由政府提供相关公共信

---

[27] Press Release, *Eliminating Spam Requires Team Effort：New Technology and Precautions by Computer Users Take Biggest Bite Out of Spam*, Microsoft（Mar. 11, 2004）.

[28] Jeffrey D. Sullivan, Michael B. de Leeuw, "*Spam after Can-spam：How Inconsistent Thinking Has Made a Hash out of Unsolicited Commercial E-mail Policy*", 20 Santa Clara Computer & High Tech. L.J. 887, 910（2004）.

息服务具有正当性。

第二，信息不对称。商业电子邮件的收件人与发起人之间的信息往往是不对称的，关于交易中重要的商业细节，收件人明显处于劣势地位。电子邮件发件人可以伪造消息来源或者域名注册人的身份和联系信息，并通过垃圾邮件对商品或服务进行虚假宣传。营销人员有一种把他们的信息向四面传播的动机。只要有收件人按营销人员制定的价格购买其产品，那么这些信息在哪里传播就无关紧要了。被隐瞒或伪造的信息可能包括商人的身份和信誉；广告产品的性质和可靠性；产品执行广告功能的效果；售后服务、商家地址和联系方式等。由于信息不对称，消费者希望获得有关产品或服务的强烈愿望可能战胜冷静的思考，当没有有效的方式检验或证实商品的质量时，垃圾邮件收件人很容易上当受骗。

第三，负外部性。外部性，也许是市场失灵最常见的原因，在大规模邮寄的电子商业招揽市场中比比皆是。涉及商业电子邮件最显著的外部性产生于发送电子邮件缺乏成本结构。目前的电子邮件提供系统使得电子邮件发送人可以发送数以百万计的电子邮件，而不会产生比发送几百份电子邮件更高的成本，电子邮件通常被认为是一种本质上以边际成本自由交流的形式。[29]当然，传输大量商业电子邮件的服务器和带宽，即使在廉价的计算能力时代，也不是免费的。相反，数以百万计的垃圾邮件的传输和接收成本（更不用说通过垃圾邮件过滤物件和病毒检测程序的成本）仅仅由商业电子邮件闭环的其他节点——互联网服务提供商、网络基础设施提供商和商业电子邮件收件人承担。

由垃圾邮件强加的负外部性超过了简单处理商业电子邮件的成本。通过商业电子邮件的形式对许多产品和服务进行最广泛的宣传是慷慨的和免费的，但其价值未经证实。营销人员在更多的情况下未能履行其对潜在消费者的宽泛和创造性承诺。即使合法的商业电子邮件发送者也被迫承认，欺诈式商业电子邮件的急剧增长会降低消费者对所有电子邮件广告的信心，并使在线商务的增长潜力严重萎缩。

---

[29] Jeffrey D. Sullivan, Michael B. de Leeuw, "*Spam after Can-spam: How Inconsistent Thinking Has Made a Hash out of Unsolicited Commercial E-mail Policy*", 20 Santa Clara Computer & High Tech. L.J. 887, 913 (2004).

应当指出，并非所有商业电子邮件滥用的外部性都是纯负面的，至少从一些商业电子邮件收件人的角度来看是如此。有些垃圾邮件发送者实际上会交付他们所宣传的商品——对没有医疗需求的消费者或者试图从另一管辖区订购药品来规避制药公司定价政策的人来说，处方药、麻醉药和毒品是不容易买到的。因此，少数需要这些药物的收件人可以从使用该商品或服务中受益。但是，数以百万计的其他收件人（以及互联网服务提供商等）被迫为这少数消费者的利益付费，则不适宜。因此，有人建议将垃圾邮件的成本转移到垃圾邮件发送者身上，也就是经济学家常说的"负外部性内在化"。具体措施就是"一分钱一封电子邮件"的"邮资"建议，据说该建议得到了微软的支持。[30]然而，对电子邮件收费并非没有缺点。因为垃圾邮件发送者往往都会采取欺诈或身份盗窃手段，他们还可能使用假信用卡支付电子邮件税。此外，还没有安全的机制来收取电子邮件费用，因此业界必须制定一个所有互联网服务提供商都必须采用的新标准。这可能代价高昂，而且很难让技术专家就这样一个系统达成一致。此外，还有一个问题是如何执行税款征收，因为各国无法对其他国家的垃圾邮件发送者征税。

四、国外反垃圾邮件立法的成功经验

在反垃圾邮件立法方面，美国走在世界的前列。在美国司法实践中，法院除了适用传统的侵犯动产和网络妨害理论对垃圾邮件纠纷进行审理，还有一系列的州法和联邦制定法对垃圾邮件予以规制。美国规制垃圾邮件的联邦法律主要有：《1999 年收件箱免受干扰法》《2001 年未经请求淫秽作品的攻击及销售控制法》《2001 年反未经请求商业电子邮件法》《美国联邦反垃圾邮件法》。美国共有 38 个州制定了规制垃圾邮件和垃圾邮件活动的地方性法规。《美国联邦反垃圾邮件法》明确优先于大部分涉及商业电子邮件的州法适用，包括在加利福尼亚州和其他地方已经出台的更为严厉的法律。[31]下面主要以

---

〔30〕 Gates：Buy Stamps to Send E-mail：Paying for E-mail Seen as Anti-spam Tactic,（Mar. 5，2004），at http：//www.cnn.com/2004/TECH/internet/03/05/spam.charge.ap.

〔31〕 Joseph J. Lewczak and Alison DeGregorio, *California's New SPAM Law Has Been Pre-empted by the Passage of the Federal CAN SPAM Act of 2003, Which Goes into Effect on January 1, 2004*, FindLaw.com, at http：//articles.corporate.findlaw.com/articles/file/01009/009210.

《美国联邦反垃圾邮件法》为范本，并结合澳大利亚、日本和我国台湾地区的相关规定，介绍国外反垃圾邮件立法的成功经验。

（一）选择进入规则和选择退出规则共存

美国加利福尼亚州和特拉华州是反垃圾邮件立法的先驱。两个州都采用选择进入规则，除非收件人此前表示同意接收，否则，所有的商业电子邮件都是非法的。[32]《美国联邦反垃圾邮件法》要求所有的商业电子邮件发布者在操作中遵守"选择性退出"规则，即必须给商业电子邮件收件人提供一种可以选择不接收特定发送者发送的任何未来邮件的可靠方法。《美国联邦反垃圾邮件法》允许采用多种形式的选择退出机制，如菜单，允许收件人在希望接收或选择退出的不同类型的垃圾邮件之间进行选择。必须指出，如果一封特定的垃圾邮件在文本中隐藏了选择退出机制或创建了令人困惑的菜单，人们可能会猜测该电子邮件来自非法业务，并且很可能会以《美国联邦反垃圾邮件法》中的其他理由提起诉讼，例如欺诈性标题信息或主题行。反之，如果选择退出设置规范且清晰，则可能被视为合法企业为潜在客户定制电子邮件的一种方式。如果广告公司希望电子邮件能够再次成为一种有效的广告媒介，就会遵守选择退出机制。

选择进入规则不同于《美国联邦反垃圾邮件法》中的选择退出规则，后者至少认为发送给收件人的第一封不请自来的商业电子邮件是合法的，只要他一定能从未来的垃圾邮件中选择退出。但是，如果收件人作出拒绝继续接收的请求，发送者在收到拒绝请求 10 个工作日之后，依然发送同类商业电子邮件及其主观评价，则被视为违法。所有的商业电子邮件都必须包含对收件人的明确表示：电子邮件是商业性的，收件人有权选择退出与发送者的未来通信。《美国联邦反垃圾邮件法》还要求发件人在任何未经请求的商业电子邮件中提供准确的回邮地址。[33]2003 年的《美国联邦反垃圾邮件法》还建立了"全国拒收电邮用户列表"登记制度，广告邮件发送者不能对进入该列表的用户发送广告邮件。[34]

---

[32]　Cal. Bus. & Prof. Code 17529.1

[33]　Passed as Senate Bill S. 877, 108th Cong.（2003）. at 5（a）（5）（iii）.

[34]　徐剑：《电子邮件广告的表达自由与限制——论美国的反垃圾邮件立法》，《现代传播》2009 年第 3 期，第 115—116 页。

　　选择进入规则是最严厉的一种防范垃圾邮件措施，目前在澳大利亚和美国少数几个州实行，该规则虽然严厉，但确实能够大大减少收件人可能接收到的电子邮件。选择退出规则虽然将选择权留给了收件人，但是，只要垃圾邮件包含选择退出信息和正确的标题信息就是合法的，这也导致更多的垃圾邮件指向该特定退出地址，大大增加了垃圾邮件的数量。

　　我国台湾地区对垃圾邮件的规制办法是将选择进入规则和选择退出规则结合起来，即发件人可以发送一次不请自来的电子邮件，若首次发送的不请自来电子邮件未被收件人明示继续接收的，发件人不得再次发送商业电子邮件。这被称为"默示拒绝"机制。[35]"默示拒绝"机制吸收了选择进入规则和选择退出规则的优点，既保护了收件人的信息选择权，又促进了商业信息的自由流通，是一种较为理想的电子邮件接收模式。

　　欧盟2002年颁布的《关于隐私和电子通信指南》（DPEC）明确规定对电子邮件劝诱进行监管。[36]该指南对大部分商业电子邮件采取选择进入规则。另外，英国和意大利等国根据该指南，开始实施要求任何商业电子邮件在发送给个人消费者之前由其自主选择何种进入规则，尽管这些国家的法律允许对发送给企业的商业电子邮件实行"选择退出"的方式。[37]

　　（二）禁止包含虚假性、误导性信息的电子邮件传播

　　《美国联邦反垃圾邮件法》旨在通过确保商业电子邮件不具有误导性或虚假性来监管垃圾邮件。美国大多数州的反垃圾邮件法禁止欺诈性内容，因为这是垃圾邮件发送者用来渗透电子邮件用户收件箱的主要方法。《美国联邦反垃圾邮件法》规定：对任何人而言，向受保护的计算机发送包含或伴有本质上是欺诈性或误导性的标头信息的商业电子邮件，或交易和关系信息，都是不合法的。任何人给受保护计算机发送商业电子邮件，如果该人具有真实知识或明显基于客观环境的知识，并且邮件的主观性标题可能会使收件人对实

---

[35]　陈星：《大数据时代垃圾邮件规制中的权益冲突与平衡及其立法策略》，《河北法学》2014年第6期，第56页。

[36]　例如，欧盟在2002年7月12日前制定了一项关于隐私和电子通信的指令（DPEC），其中规定了对电子邮件邀约的监管。See DPEC, at http：//www.dti.gov.uk/industries/ecommunications/directive_on_privacy_electronic_communications_200258ec.html.

[37]　See DPEC, at http：//www.dti.gov.uk/industries/ecommunications/directive_on_privacy_electronic_communications_200258ec.html.

际情况产生误解，都将被视为非法。一般来讲，在商业电子邮件中不明显标注回复地址或提供其他类似的机制，都将被视为非法。未在商业电子邮件消息的主题栏中包含要求加注警示标志，使收件人在打开邮件时立即可视消息内容的情况下，任何人在州际商务活动中或者在与州际商务活动相关的活动中，向处于保护状态的计算机发送含有色情内容的商业电子邮件的行为，为违法行为。[38]

这些规定旨在瓦解常见的欺骗性垃圾邮件发送者策略，包括禁止以下行为：使用伪造的电子邮件标题和返回地址；使用欺骗或误导性的主题行；通过自动方法"获取"电子邮件地址；劫持"中继"计算机伪装商业电子邮件的来源；继续给其他垃圾邮件发送者发送商业电子邮件或者分发已选择退出之收件人的电子邮件地址；以及基于隐藏垃圾邮件活动的目的，使用多个电子邮件账户。

（三）商业电子邮件有严格的标识符要求

《美国联邦反垃圾邮件法》规定，商业电子邮件必须标明"ADV"或"广告"字样；另外，商业电子邮件还必须包含以下标识符、可选项或实际地址：对邮件是否收到请求的清晰标识；对拒绝今后继续接受此类邮件的方法的清晰标识；发送者有效的实际邮箱地址。另外，必须给含有色情内容的商业电子邮件添加警示标志。

在芬兰，不请自来的要约必须让消费者能够清楚地辨认出它们是销售广告。将要约描述成"广告测试""市场调研"或"意见调查"的，将被视为以不正当方式影响消费者的决定。电子邮件和互联网上的营销和广告均被视为直接广告。电子邮件中必须注明地址信息。[39]

（四）实行黑名单和白名单制度

西方发达国家反垃圾邮件的一个有效方法就是实行黑名单和白名单制度。黑名单一般是指由反垃圾邮件组织提供的包含一系列被认为发送或转发大量垃圾邮件的邮件服务器 IP 地址的列表。互联网上著名的反垃圾邮件组织有斯

---

〔38〕 See Controlling the Assault of Non-Solicited Pornography and Marketing Act of 2003, Sec. 5（d）.

〔39〕 马特斯尔斯·W. 斯达切尔主编：《网络广告：互联网上的不正当竞争和商标》，孙秋宁译，中国政法大学出版社 2004 年版，第 81 页。

帕姆豪斯（Spamhaus）、微趋势（Trend Micro）、垃圾邮件公司（Spam Cop），这些反垃圾邮件组织提供实时黑名单。只要被列入黑名单，服务器就会拒收从该邮件服务器发出的邮件。黑名单是非常有效的防范垃圾邮件的做法。

白名单是指由反垃圾邮件组织提供的用户可以接收的电子邮件的域、IP地址的简单列表。它是一个被垃圾邮件过滤软件捕获而实际上应该有效的域的名单。白名单可以用于构建一个非常安全的电子邮件接收箱，用户可以放心接收来自白名单地址发送的电子邮件，这也是公司内部电子邮件地址或者私人电子邮件地址采用的常用方法。收件人设置了白名单之后，就等于默认接收从白名单中的地址发出的电子邮件，即使屏蔽了所有人的电子邮件，只要该电子邮件地址处于白名单之中，收件人就可以接收到。如果没有白名单制度，一些重要的邮件被拦截进入垃圾箱就比较麻烦了。白名单可以根据收件人自己的需要进行设定，这相当于给某些邮件发出者开设 VIP 通道。无论是黑名单还是白名单，反垃圾邮件组织均应及时更新，并且收件人可以对这两个名单进行调整以满足自己的实际需要。

（五）完备责任追究制度

《美国联邦反垃圾邮件法》对发送垃圾邮件的违法行为规定了严格的刑事和民事责任。

首先是刑事责任。对于未经授权访问电脑，并通过故意伪造标题信息，利用伪造的注册人身份信息注册五个或五个以上电子邮箱账户、在线用户账户、两个或两个以上域名（满足其中之一的）等方式故意传播各种商业电子邮件，处以罚金或 5 年以下有期徒刑，并没收财物。司法部利用一切现存执法手段，包括《美国法典》第 18 章第 47 节和第 63 节（与欺诈或者伪造的陈述有关）、第 18 章第 71 节（与色情有关）、第 18 章第 110 节（与儿童性广告有关）、第 18 章第 95 节（与敲诈勒索有关）所包含的手段，调查和起诉那些发送大量商业电子邮件、触犯联邦法律的人。[40]

其次是民事责任。如果一个州的司法部长，或其他政府官员相信该州居民已经或正在受到欺诈性垃圾邮件，或包含性取向材料的商业电子邮件，或

〔40〕 欧树军：《美国 2003 年反垃圾邮件法》，载张平主编：《网络法律评论》（第 5 卷），法律出版社 2004 年版，第 265 页。

不含可用的回复地址之邮件，或在收件人拒绝之后发送的商业电子邮件的威胁或不利影响，则该州司法部长、官员或该州的适当机构可以代表该州居民向具备管辖权的美国地方法院提起民事诉讼，代表本州居民获得赔偿金。赔偿金有两种，一种是法定赔偿金，另一种是增加赔偿金。（1）法定赔偿金。一般规定赔偿金额——按照违法的次数（居民所收到的或向其发送的每个单独发送的非法信息，都视为一次违法），与 250 美元相乘所得。但对任何侵害赔偿的数额不得超过 200 万美元。（2）增加赔偿金。法院确定被告故意发送垃圾邮件，或者具有以下加重处罚情节，可以将赔偿金数额增加到原来的最多三倍：（a）利用自动方式从互联网站点或其他在线服务，获取收件人的电子邮件地址；（b）自动创造多个电子邮件账户；（c）通过未授权的路径转发或重发。[41]美国严苛的刑事和民事责任制度极大地增加了垃圾邮件发送者的违法成本，有效地遏制了美国垃圾邮件泛滥的局面。

五、我国反垃圾邮件现行立法之缺陷

（一）规制垃圾邮件的现行法律规范层级低、标准不统一

为了应对日益严重的垃圾邮件问题，中国电信集团公司于 2000 年制定了《垃圾邮件处理暂行办法》，而后进行正式修订，发布了《垃圾邮件处理办法》；紧随其后，各个电子邮件服务商开始推出自己的反垃圾邮件规定。中国各地方政府部门也开始作出自己的努力。比如北京市工商行政管理局于 2000 年出台了《关于对利用电子邮件发送商业信息的行为进行规范的通告》，于 2001 年出台了《北京市网络广告管理暂行办法》，将垃圾邮件作为商业广告进行规制。此外，各专业网络和互联网协会也制定了反垃圾邮件的自律规则，比如，2002 年 5 月发布的《中国教育和科研计算机网关于制止垃圾邮件的管理规定》规定，中国教育和科研计算机网紧急响应组（CCERT）、各地区网络中心的安全事件响应组或安全管理负责人负责受理用户关于垃圾邮件的报告，并分析垃圾邮件的来源和中转站，定期统计垃圾邮件发送者的黑名单，并对外发布。对任何被中国教育和科研计算机网紧急响应组通告但不采取有效措

---

[41]　15 USC Ch. 103: Controlling the Assault of Non-solicited Pornography and Marketing, from Title 15-Commence and Trade. Sec. 7706. Businesses Knowingly promoted by electronic mail with false or misleading transmission information.

施改正的垃圾邮件发送者和中转站，中国教育和科研计算机网紧急响应组将停止其对中国教育和科研计算机网的访问。2003 年 2 月发布的《中国互联网协会反垃圾邮件规范》规定了中国互联网协会和会员服务提供者在阻止和消除垃圾邮件传播方面所应承担的义务。值得一提的是，2005 年 11 月信息产业部颁布的《互联网电子邮件服务管理办法》为我国境内提供互联网电子邮件服务以及为互联网电子邮件服务提供接入服务和发送互联网电子邮件的行为提供了统一的行为规范，它也是全国统一的规制垃圾邮件的行为准则。

但是，中国电信集团公司制定的《垃圾邮件处理暂行办法》属于企业内部规范，信息产业部制定的《互联网电子邮件服务管理办法》属于部门规章，《北京市网络广告管理暂行办法》属于地方性法规，《关于对利用电子邮件发送商业信息的行为进行规范的通告》属于地方人民政府规章，从法律位阶来看，它们的层级低、作用有限。法院在审理涉及垃圾邮件的案件时，仅能参考行政规章，不能直接援引作为法院判案的依据。另外，根据《立法法》，部门规章不能就某些重大问题作出规定，比如部门规章只能设置警告与罚款，无法就人身强制措施作出规定，也无法规定惩罚性赔偿和刑事责任等。此外，现行规制垃圾邮件的法律规范分别由不同地方的不同部门制定，相互之间标准不统一，力量分散，难以形成合力，因此对垃圾邮件规制的效果有限。

（二）事先同意模式过于严厉

我国关于垃圾邮件的法律规制模式与欧盟相同，均采用事先同意模式。2002 年 7 月 12 日，欧盟议会的《欧盟隐私与电子通信指令》提出，自 2003 年 10 月 31 日起，未经收件人事先同意不得在欧盟范围内向个人发送商业、宣传性的电子邮件。[42] 我国《互联网电子邮件服务管理办法》第 13 条规定，未经互联网电子邮件接收者明确同意，任何组织或者个人不得向其发送包含商业广告内容的互联网电子邮件。由此可见，我国立法对包含商业广告内容的电子邮件采用的是事先同意模式，也被称为"选择进入规则"。笔者认为该规则存在两个不足：第一，概念不周延，将选择进入的电子邮件

---

[42] 李长喜：《垃圾邮件的立法应对》，载张平主编：《网络法律评论》（第 5 卷），法律出版社 2004 年版，第 282 页。

仅限于商业广告邮件范围太窄，如前所述，垃圾邮件除了不请自来的各种商业广告邮件，还包括无法拒收的电子邮件，隐瞒、伪装真实信息的电子邮件，含有蠕虫病毒、恶意代码等有害信息的电子邮件，骚扰性电子邮件等。若将明确同意模式仅适用于商业广告邮件，则会让其他危害性更大的诸多垃圾邮件游离于法律规制之外。第二，事先同意规则过于严苛，不利于信息的流通和传播，因为许多电子邮件在发送之前，收件人无法知晓其内容，只有在阅读了邮件内容之后，才能最终决定是否接收该邮件，若一律不得发送，则无法将新信息传递给收件人，会剥夺收件人获取信息的选择权和机会。

（三）电子邮件标识符规则适用范围过窄且有遗漏

《互联网电子邮件服务管理办法》第 13 条规定："任何组织或者个人不得有下列发送或者委托发送互联网电子邮件的行为：发送包含商业广告内容的互联网电子邮件时，未在互联网电子邮件标题信息前部注明'广告'或者'AD'字样。"《互联网电子邮件服务管理办法》第 14 条规定："互联网电子邮件服务发送者发送包含商业广告内容的互联网电子邮件，应当向接收者提供拒绝继续接收的联系方式，包括发送者的电子邮件地址。"也就是说，我国电子邮件法律规范仅对包含商业广告内容的电子邮件规定了"广告"或者"AD"标识符、拒绝接收的可选项和联系方式要求，而对非商业广告性质的电子邮件，比如以慈善为名的筹款邮件、科研课题问卷调查邮件、虚假信息电子邮件和有害电子邮件等则没有规定拒绝接收可选项和实际地址的要求，这很容易让这部分垃圾邮件游离于法律监管之外，即使用户受到了这部分垃圾邮件的严重骚扰，由于法律规定不明确，邮件中缺乏真实发送者的地址，用户难以实际进行举报和投诉，导致责任追究难。另外，我国的《互联网电子邮件服务管理办法》和其他相关法律规范没有明确规定含有色情内容的电子邮件必须添加警示标志，这很容易给无意中打开该类垃圾邮件的未成年用户的身心健康造成危害。

（四）刑事和民事责任缺失且行政处罚过轻

我国对发送垃圾邮件的行为明确规定了法律责任的法律规范是《互联网电子邮件服务管理办法》，该办法对利用技术方式获取他人电子邮件地址发送电子邮件、发送虚假信息电子邮件、未经收件人同意发送电子邮件、发送未注明"广告"或"AD"字样的商业广告电子邮件及在接收者拒绝后继续发送商业广告邮件的行为，规定由信息产业部或者通信管理局对发送垃圾邮件的组织或个人责令改正，并处一万元以下的罚款；有违法所得的，并处三万元以下的罚款。[43]简言之，我国法律对发送垃圾邮件的组织和个人只规定了行政责任，没有规定刑事责任和民事责任，且最高罚款金额仅为三万元，与美国五年的刑事监禁，澳大利亚通信管理局对滥发垃圾邮件的行为每天最高可处110万澳元的罚款[44]，美国法院民事加重赔偿最高可达600万美元[45]相比，这种行政罚款金额太小，达不到遏制违法行为的效果。因此，我国立法规制垃圾邮件方面存在刑事和民事责任缺位的问题，导致我国法律责任体系不完整，处罚力度太小，亟须通过修法予以补正。

六、我国垃圾邮件法律规制的优化路径

（一）由全国人大或其常委会制定专门的《反垃圾邮件法》

由于互联网没有边界，反垃圾邮件立法必须具有广泛国际共通性，吸收国际先进经验。鉴于我国现行《互联网电子邮件服务管理办法》和《电信垃圾邮件处理暂行办法》属于行政规章，法律位阶较低，难以规定反垃圾邮件监管体制、执法权限、刑事和民事责任等重大法律问题，因此，建议由全国人大或其常委会参照美国国会的《反垃圾邮件法》，制定专门规制垃圾邮件的全国统一适用的《反垃圾邮件法》。通过这种专门立法，界定垃圾邮件的内涵和外延，明确监管反垃圾邮件的执法机构和执法权限，规定电子邮件服务提供商和中国互联网协会及其会员在规制垃圾邮件方面所应当负担的义务，同时，严格规定制造和发送垃圾邮件者所应承担的刑事、民事和行政责任。通过制定规范垃圾邮件发送、转发、接收和管理的专门立法——《反垃圾邮件法》，明确规定选择加入与选择退出、主题行标题要求、警示标识、主观要

---

〔43〕《互联网电子邮件服务管理办法》第24条："违反本办法第十二条、第十三条、第十四条规定的，由信息产业部或者通信管理局依据职权责令改正，并处一万元以下的罚款；有违法所得的，并处三万元以下的罚款。"

〔44〕 李贤华：《论垃圾邮件的危害及国际司法对策》，中国法院网，http：//www.chinacourt.org/article/detail/2004/12/id/145419.shtml，最后访问日期：2021年12月19日。

〔45〕 毛磊：《美国发送垃圾邮件属违法行为 最高罚600万美元》，《北京青年报》2003年11月27日，第6版。

件、第三方责任、民事法定赔偿和惩罚性赔偿、刑事责任条款等内容，实现我国反垃圾邮件立法的科学性、统一性和完整性，有效遏制垃圾邮件泛滥现象，促进电子邮件业务的健康发展。

（二）反垃圾邮件的技术手段与法律规则相结合

目前的电子邮件基础设施存在明显的技术弱点，即匿名性使垃圾邮件的发送者很难受到责任追究。防止伪造返回地址信息是限制商业电子邮件发送者匿名性的一种有效方法。作为一种首选的反垃圾邮件技术解决方案，它包括多种验证发送人身份的技术方法。这些技术方法包括对电子邮件发送者和接收者都非常透明的"被动"模式，例如改进简单邮件传输协议（SMTP）和域名系统（DNS）路由信息的跟踪。另外，它还包括需要发送者和接收者采取某些行动或选择方案的"积极"模式，这些行动包括将始发电子邮件地址与可信始发域名"白名单"收到的电子邮件进行比较，或者使用"挑战—应答"协议要求在信息传递之前，发送者应当执行某些确认步骤或程序（它不同于通过自动方法执行的程序）。确定发件人的真实身份和地址既有利于明确责任人，杜绝垃圾邮件的源头之患，又有利于收件人行使接收信息选择权。雅虎正在开发一种开源的"域密钥"软件，要求对发件人进行身份验证。[46]另一家名为地球连线（Earthlink）的互联网服务提供商正在开发质询 / 响应系统，该系统会将表格发送给不在用户白名单上的发件人，要求在接收电子邮件之前填写并返回表格。[47]其构思是，只有人类发送者才能回答表格询问，因为垃圾邮件发送者的自动化软件不够复杂，无法对表格作出回应。然而，这可能会导致回答延迟。

电子邮件过滤物件已成为当前实行的最重要的垃圾邮件控制技术手段。早期过滤物件是基于静态规则的程序，它是根据一组有限的已知抽样垃圾邮件的特征，定期进行更新的决策规则程序。最近市场上出现了更复杂的贝叶斯过滤物件。贝叶斯过滤物件搜索用户接收的电子邮件中的单词使用模式，并将显示与已知的垃圾邮件模式相接近的那些可疑电子邮件归类为垃圾邮件，

---

〔46〕 See Ben Berkowitz, *Yahoo Proposes New Internet Anti-Spam Structure*, REUTERS, Dec. 5, 2003, at http：//www.usatoday.com/tech/news/techinnovations/2003-12-05-yahoo-spam-switch_x.htm.

〔47〕 Stephen Baker, *The Taming of the Internet*, BUSINESSWEEK, Dec. 15, 2003, at p.79.

其方式类似于简单的规则过滤物件。但是，贝叶斯过滤物件也提供了动态检测规则的承诺。也就是说，可以用人工智能（AI）来编写过滤物件，以便逐步地"学习"。随着用户或用户组的电子邮件被检查的语料库逐渐增加；确定某些术语或模式很可能具有垃圾邮件的特征，而其他的则具有特定用户合法电子邮件的特征，因此，可以依据这种模式适用加权垃圾邮件筛选程序。[48]

从经济学理论来看，减少垃圾邮件的唯一方法是让垃圾邮件发送者付出"代价"，这种技术迫使他们按时间付费。如果发件人向收件人发送电子邮件，而发件人不在收件人的安全列表中，那么发件人将被要求解决一个谜题，作为特定邮件发件人的"努力证明"。谜题或中央处理器功能要求发送方的计算机花费一定的中央处理器时间进行计算，并且接收方不承担任何费用，从而将垃圾邮件的"成本"转移到垃圾邮件发送方。[49]

在我国未来制定的《反垃圾邮件法》中，必须将技术手段与法律规则结合起来，才能达到有效规制垃圾邮件的效果。即以立法的方式鼓励电子邮件服务提供商使用垃圾邮件自动识别系统分类和过滤软件，为用户服务。同时，《反垃圾邮件法》应当明确黑名单和白名单制度的合法性，鼓励电子邮件服务提供商开发黑名单和白名单技术，为用户提供反垃圾邮件技术服务。另外，互联网协会应当定期统计垃圾邮件发送者的黑名单，并对外发布，以便互联网服务提供商和用户可以阻止来自已知垃圾邮件源域的所有垃圾邮件。

（三）采用电子邮件"默示拒绝"机制

我国的反垃圾邮件立法应当对电子邮件的发送采用"默示拒绝"机制，即发件人可以发送一次不请自来的商业电子邮件，若首次发送的不请自来电子邮件未被收件人明示继续接收，则发件人不得再次发送商业电子邮件。如前所述，该模式吸收了选择进入模式和选择退出模式两者的优点，是一种理想的商业电子邮件发送模式，应当通过立法的方式予以确定。另外，还应当

---

〔48〕　王亚军：《反垃圾邮件技术分析》，《福建电脑》2016 年第 7 期，第 97 页。

〔49〕　See Jo Twist, Microsoft Aims to Make Spammers Pay, BBC NEWS, at http：//news. bbc.co.uk/1/hi/technology/3324883.stm（last updated Dec. 26, 2003）; Mike Burrows et al., No Spam at Any（CPU）Speed, http：//www.research.microsoft.com/research/sv/ PennyBlack/demo/index.html（last visited Jan. 20, 2021）.

将该模式的适用范围扩大到所有的电子邮件，而不仅仅是商业电子邮件。

（四）明确规定电子邮件的标识符和警示要求

为了用户能准确识别电子邮件发件人的真实身份，提醒收件人谨慎打开危险电子邮件，必须在电子邮件中标明以下标识符、地址和警示标志：商业电子邮件必须标明"AD"或"广告"字样；所有电子邮件都必须标明发件人真实有效的邮箱地址；所有电子邮件都必须明确和清晰地告知收件人享有拒绝继续接收该电子邮件的权利；包含色情内容的电子邮件必须添加可以识别的标记或通告，以提醒收件人注意，避免未成年人打开并浏览该邮件。

（五）建立完整和严格的法律责任制度

笔者认为，在我国未来的反垃圾邮件立法中，可以借鉴美国经验，建立包含民事、刑事和行政责任的一套完整的法律责任制度。首先，在民事责任方面，可以参照美国立法，建立法定赔偿金和惩罚性赔偿金制度，明确规定：（1）法定赔偿金。发送垃圾邮件按照发送的垃圾邮件数量，乘以每份垃圾邮件 200 元计算赔偿数额，但最高不超过 200 万元；（2）惩罚性赔偿金。恶意发送垃圾邮件或者具有以下加重情节的，可以将赔偿金额增加到原数额的 3 倍：（a）利用网络技术或者软件程序自动获取他人电子邮件地址发送垃圾邮件；（b）非法侵入他人计算机，利用他人账户发送垃圾邮件；（c）利用脚本或其他方式自动注册多个电子邮件账户发送垃圾邮件；（d）利用电子邮件将病毒、蠕虫和特洛伊木马引入他人计算机；（e）利用电子邮件传播色情文学和反动违法材料。其次，在刑事责任方面，建议修正刑法或者在未来制定反垃圾邮件法时，增设一个罪名，即滥发垃圾邮件罪，明确规定滥发垃圾邮件情节严重的，可处三年以下有期徒刑、管制或拘役，并对计算机设备和软件等犯罪工具予以没收。笔者认为可将"以隐匿或标识不实身份发送商业电子邮件或恶意电子邮件为常业者"视为情节严重。最后，在行政责任方面，将我国目前对发送垃圾邮件行为最高处罚金额 3 万元提高到 200 万元，以达到遏制违法行为的效果。

我国人民陪审员制度回顾与展望

高一飞 *

摘　要	我国人民陪审员制度经历了新中国成立前、新中国成立后至改革开放前、改革开放期间、第一轮司法改革期间、第二轮司法改革期间、第三轮司法改革至今六个阶段。2018 年 4 月 27 日《中华人民共和国人民陪审员法》通过，人民陪审员制度进入全新发展期。人民陪审员制度的中国价值在于推进司法民主、促进司法公正、提高司法公信。当前人民陪审员制度的问题有：当事人要求陪审员审判的权利难以得到保障、人民陪审员选任的广泛性和代表性难以保障、人民陪审员参审作用没有得到充分发挥。将来人民陪审员制度的改革需要保障当事人由陪审员参与法庭审判的权利，完善陪审员的选任机制、陪审员的管理机制、法官对陪审员的指示制度。
关键词	人民陪审员；司法民主；司法公正；司法公信；实质作用

　　陪审制度是一项极具鲜明特征的司法制度，当前最主要的两种陪审制度模式是陪审团制度和陪审员参审制度。

　　陪审团制度是英美司法体系诞生的产物，该模式注重审判过程中"事实审"与"法律审"的分离，由陪审团认定案件事实并进行裁决，法官则进行法律上的适用。在刑事审判中，陪审团只对是否有罪作出裁判，在裁判有罪后，由专业法官决定量刑。[1] 然而，较之陪审团制度，参审制度要求专业法官和非专业法官共同对案件事实的认定以及法律的适用负责。采用该模式的

---

　*　高一飞（1965—），湖南桃江人，广西大学君武学者、法学院教授、博士生导师。本文为高一飞教授主持的 2018 年度国家社科基金课题"看守所法立法研究"（18BFX078）、中国法学会 2020 年度部级法学研究课题"习近平总书记关于政法领域改革重要论述的实践运用"[CLS（2020）ZX002] 的阶段性成果。

〔1〕　高一飞：《陪审团的价值预设与实践障碍》，《北方法学》2018 年第 4 期，第 103 页。

主要有法国、德国等大陆法系国家。

中国现行的人民陪审员制度实际上是在参审制度的基础之上建立起来的，但是又不同于其他国家的参审制度，其不同之处在于 7 人合议庭中事实问题与法律问题的决定权相分离。中国式的陪审制度，是中国传统文化、政治体制、社会环境等多方面因素共同作用的结果。从最早的革命根据地时期至今，人民陪审员制度走过了 90 多年的历程。

一、我国人民陪审员制度的历程

以时间为线索对人民陪审员制度进行梳理和总结，深入挖掘历史进程中制度演化所带来的经验教训，有利于从历史经验和教训中找寻人民陪审员制度的发展之路。

（一）新中国成立前的人民陪审员制度（1931—1949 年 9 月）

早在 20 世纪 30 年代，从中国共产党领导下的中央政府适用陪审制度起，现代意义上的中国人民陪审员制度才算得上是真正开始。[2]通过学习借鉴当时苏联的陪审制度经验[3]，在将其改造的基础上，在民主根据地尝试允许陪审员参与到审判活动中来，服务于当时区域民主政权建设。

1932 年颁布的《中华苏维埃共和国裁判部暂行组织及裁判条例》详细规定了陪审制并广泛应用于当时苏维埃地区的审判活动。这一条例施行之后，因其实践的可行性与有用性，得到其他革命根据地的广泛认可和适用。红色政权也相继发布各项关于人民陪审员制度的条例、指示以及训令等规范性文件[4]（表 1）。

表 1　1931—1949 年 9 月规范人民陪审员制度的文件

文件名称	发布机关	发布时间
《处理反革命案件和建立司法机关的暂行程序》	中华苏维埃中央民主政府	1931 年 12 月

---

〔2〕　钟莉：《价值·规则·实践：人民陪审员制度研究》，上海人民出版社 2011 年版，第 27 页。

〔3〕　张希坡：《革命根据地法制史》，法律出版社 1994 年版，第 298 页。

〔4〕　马小红、张岩涛：《中国法律史研究的时代图景（1949—1966）——马列主义方法论在法律史研究中的表达与实践》，《政法论丛》2018 年第 2 期，第 132 页。

续表

文件名称	发布机关	发布时间
《中华苏维埃共和国裁判部暂行组织及裁判条例》	中华苏维埃共和国中央执行委员会	1932 年 6 月
《中华苏维埃共和国军事裁判所暂行组织条例》	中华苏维埃共和国中央执行委员会	1932 年 2 月
《山东省陪审暂行办法》	山东革命根据地	1946 年 4 月
《晋察冀边区陪审制暂行办法》	晋察冀边区政府	1940 年 5 月
《晋西北陪审暂行办法》	晋西北革命根据地	1942 年 4 月
《苏中区处理诉讼案件暂行办法》		1944 年
《陕甘宁边区自治宪法草案》	陕甘宁边区政府	1946 年 10 月
《陕甘宁边区人民法庭办事规则》	陕甘宁边区政府	1946 年 10 月
《陕甘宁边区人民法庭组织条例》	陕甘宁边区政府	1946 年 10 月
《淮海区人民代表陪审条例（草案）》		

在共产党领导下的陪审制度，是人民民主与群众路线的产物。当时中国基本国情决定革命要走"农村包围城市，武装夺取政权"之路，因此，农村地区人民群众对革命的广泛支持是根据地建设的重心所在。而陪审制度天然具有推进人民民主的功能和作用，是当时稳固政权、获得民心的重要政治工具之一。人民群众以陪审员的身份参与案件审判活动，使之切实参与到地区政治和法制建设中，并监督审判权力的行使。一个阶级与另一阶级发生矛盾斗争并取而代之是社会变革的方式之一，阶级矛盾必然带来社会动荡与秩序混乱。在这一时期，人民陪审员制有助于保护自身发展利益而参与地方性管理、稳定地方发展，并在此基础上达到从其他统治集团手中夺取政权的目的，人民陪审员制度发挥了间接辅助夺取政权的作用。

抗日战争到解放战争时期，人民陪审员制度在红色政权地区广泛适用，并获得人民群众的普遍认可和欢迎。

（二）新中国成立后至改革开放前的人民陪审员制度（1949 年 10 月—1977 年）

新中国成立后，1954 年 9 月 20 日第一届全国人民代表大会第一次会议通过的我国第一部《宪法》第 75 条规定："人民法院审判案件依照法律实行人民陪审员制度。"1954 年 9 月 21 日颁布的《人民法院组织法》第 8 条规定："人民法院审判第一审案件，实行人民陪审员制度，但是简单的民事案件、轻微的刑事案件和法律另有规定的案件除外。"与此同时，该法第 9 条第 2 款[5]更是强调除三种例外情况外，其他人民法院一审案件都需有人民陪审员参与，这一法律要求使得人民陪审员制度在新中国各地区法院司法审判中全面而广泛地铺展开来。司法部与最高人民法院针对该制度实施过程中存在的问题，通过《司法部关于人民陪审员的名额、任期和产生办法的指示》等司法文件不断完善人民陪审员制度总体运行框架。新中国成立初期的 20 世纪 50 年代是我国人民陪审员制度繁荣发展的辉煌时期。[6]

1966 年至 1976 年十年"文化大革命"期间，国家法制建设遭受严重破坏，包括人民陪审员制度在内的司法体制更是面临发展中止甚至消失的危险。当时，出现了以实行群众路线之名，运用政治思维审判案件，让"左"派群众参与到右派分子的讨论批评中等不正常现象。这种斗争不仅没能进一步完善与发展人民陪审员制度，而且摧毁了初具形态的人民陪审员制度。

（三）改革开放期间的人民陪审员制度（1978—1996 年）

"文化大革命"风波彻底停息后，国家政治和社会生活逐渐步入正轨，中国迫切需要全面有效的法律制度来维护国家和社会稳定有序运行。作为司法审判体制重要组成部分的人民陪审员制度，得以被《宪法》确认，使其重新回归到司法审判的正常工作中来。但在此之后，随着 1982 年《宪法》的修正，人民陪审员制度进入了另一发展方向。

1978 年《宪法》重新确立人民陪审员制度后，国家相继颁布《人民法院组织法》《刑事诉讼法》等法律法规，延续了人民陪审员制度的旧有规定。但在人民陪审员制度有序开展之际，1982 年《宪法》删除了有关人民陪审员制度的内容，只在第 2 条第 3 款中原则性地规定人民参与国家管理的方式[7]，至今经过多次修订后的《宪法》也并未将人民陪审员制度的有关规定重新写入

---

〔5〕《中华人民共和国人民法院组织法》（1954 年）第 9 条第 2 款规定："人民法院审判第一审案件，由审判员和人民陪审员组成合议庭进行，但是简单的民事案件、轻微的刑事案件和法律另有规定的案件除外。"

〔6〕李昌道、董茂云：《陪审制度比较研究》，《比较法研究》2003 年第 1 期，第 57 页。

〔7〕《中华人民共和国宪法》（1982 年）第 2 条第 3 款："人民依照法律规定，通过各种途径和形式，管理国家事务，管理经济和文化事业，管理社会事务。"

其中。虽然 1982 年《宪法》修正后，人民陪审员制度转变成选择性适用制度，但从当时的法律规范上看，在加强社会主义法制体系建设的背景之下，与人民陪审员制度有关的法律法规却有所丰富，共制定了 11 部国家法规（表2）、4 部地方性规范、3 份地方性司法文件以及 1 份地方工作文件等。

表2 1978—1996 年规范人民陪审员制度的国家法规

法律名称	发布时间	相关条文
《宪法》	1978 年 3 月	第 40 条：……人民法院审判案件，依照法律的规定实行群众代表陪审的制度。对于重大的反革命案件和刑事案件，要发动群众讨论和提出处理意见。
《刑事诉讼法》	1979 年 7 月	第 9 条：人民法院审判案件，依照本法实行人民陪审员陪审的制度。
《人民法院法庭规则（试行）》	1979 年 12 月	第 2 条：人民法院审判案件由审判员和人民陪审员或者若干审判员组成合议庭进行……
《司法部关于人民陪审员可否担任辩护人的答复》	1981 年 3 月	为了避免在群众中引起误解，人民陪审员一般不宜担任辩护人。如果人民陪审员确系被告人的近亲属或监护人，而又必须为被告人辩护时，可以作为特殊情况，允许他以个人身份担任辩护人出庭辩护。
《最高人民法院关于定期宣判的案件人民陪审员因故不能参加宣判时可否由审判员开庭宣判问题的批复》	1981 年 8 月	当合议庭组成人员中某一人民陪审员因故不能参加宣判时，可由审判员及其他人民陪审员开庭宣判；人民陪审员都因故不能参加宣判时，可由审判员独自开庭宣判。判决书仍应由合议庭全体组成人员署名。
《宪法》	1982 年 12 月	第 2 条：……人民依照法律规定，通过各种途径和形式，管理国家事务，管理经济和文化事业，管理社会事务。
《民事诉讼法（试行）》	1982 年 3 月	第 35 条：人民法院审判第一审民事案件，由审判员、陪审员共同组成合议庭或者由审判员组成合议庭。合议庭的成员，必须是单数……

续表

法律名称	发布时间	相关条文
《司法部关于司法助理员不宜担任人民陪审员的复函》	1984 年 3 月	司法助理员是管理、指导人民调解委员会工作的司法行政工作人员，经常参与调解疑难纠纷，如果兼任人民陪审员审理案件，容易引起群众的误解，故不宜担任人民陪审员。
《人民法院组织法》	1986 年 12 月	第 10 条第 1 款：人民法院审判案件，实行合议制。人民法院审判第一审案件，由审判员组成合议庭或者由审判员和人民陪审员组成合议庭进行；简单的民事案件、轻微的刑事案件和法律另有规定的案件，可以由审判员一人独任审判。
《行政诉讼法》	1989 年 4 月	第 46 条：人民法院审理行政案件，由审判员组成合议庭，或者由审判员、陪审员组成合议庭。合议庭的成员，应当是三人以上的单数。
《民事诉讼法》	1991 年 4 月	第 40 条：人民法院审理第一审民事案件，由审判员、陪审员共同组成合议庭或者由审判员组成合议庭。合议庭的成员人数，必须是单数。

1982 年修正《宪法》时没有将人民陪审员制度确立为宪法的内容。1983 年，修订后的《人民法院组织法》中关于人民陪审员的规定也发生了重大改变，该法删除了 1979 年《人民法院组织法》第 9 条规定的在人民法院一审案件中实行人民陪审员制度的内容。该法第 10 条第 1 款[8]的规定表明人民陪审员制度已经不再是人民法院一审案件必须普遍适用的基本原则，人民法院可以根据案件具体情况确定合议庭的审判人员构成以及是否由合议庭审理。人民陪审员制度从人民法院强制适用到可选择性适用，在国家立法层面展现出了该制度的没落与衰退。

（四）第一轮司法改革期间的人民陪审员制度（1997—2006 年）

这一轮司法改革从 1997 年党的十五大提出推进司法改革开始，至 2007

---

〔8〕 《中华人民共和国人民法院组织法》（1983 年）第 10 条第 1 款："人民法院审判第一审案件，由审判员组成合议庭或者由审判员和人民陪审员组成合议庭进行；简单的民事案件、轻微的刑事案件和法律另有规定的案件，可以由审判员一人独任审判。"

年党的十七大召开之前结束。1998 年，全国人大常委会委员长李鹏在全国人大常委会上指出：人民陪审员制度有助于人民群众对审判工作进行监督。[9]在此之后国家也越来越重视人民陪审员制度作用的发挥，在实践中不断对其加以完善。为贯彻落实党的十五大提出的改革要求，最高人民法院于 1999 年发布了《人民法院五年改革纲要》，纲要提出完善人民陪审员制度的要求，人民陪审员制度在沉寂多年后终得苏醒。

　　2004 年《全国人民代表大会常务委员会关于完善人民陪审员制度的决定》（以下简称《决定》）通过审议，这是关于人民陪审员制度的第一部单行立法，对我国未来人民陪审员制度的改革方向作出了指引，同时也是司法审判制度变革的一大突破点。[10]《决定》规定了人民陪审员参与审理的案件范围，担任陪审员的条件、任命程序、权利义务以及日常管理方式、补助经费等，为人民陪审员制度的重新发展提供了法律基础。

　　首先，《决定》明确规定了人民陪审员参审案件范围。《决定》第 2 条规定了由人民陪审员与法官共同组成合议庭审判的两种情形。[11]根据该规定，适用人民陪审员制度的案件范围被限缩在两大类案件中，在此范围之外的案件无须人民陪审员参与。

　　其次，《决定》明确规定了担任人民陪审员所应具备的条件。《决定》第 4 条规定了包括年满二十三周岁、一般应当具有大学专科以上文化程度等在内的五项条件[12]。该条规定对人民陪审员的学历提出了更高要求。

　　再次，《决定》对人民陪审员的权利和义务进行了明确的规定，主要集中在第 1、第 2、第 11、第 13 条规定，其中直接规定人民陪审员除不得担任审

---

〔9〕　苏宁、王雷鸣：《李鹏在全国人大内司委会议上提出完善制度加强监督保证司法机关公正办案》，《光明日报》1998 年 9 月 17 日，第 1 版。

〔10〕　陈永辉：《中国特色人民陪审员制度是公正高效权威的社会主义司法制度的重要组成部分》，《人民法院报》2007 年 9 月 4 日，第 1 版。

〔11〕　《全国人民代表大会常务委员会关于完善人民陪审员制度的决定》第 2 条："人民法院审判下列第一审案件，由人民陪审员和法官组成合议庭进行，适用简易程序审理的案件和法律另有规定的案件除外：（一）社会影响较大的刑事、民事、行政案件；（二）刑事案件被告人、民事案件原告或者被告、行政案件原告申请由人民陪审员参加合议庭审判的案件。"

〔12〕　《全国人民代表大会常务委员会关于完善人民陪审员制度的决定》第 4 条："公民担任人民陪审员，应当具备下列条件：（一）拥护中华人民共和国宪法；（二）年满二十三周岁；（三）品行良好、公道正派；（四）身体健康。担任人民陪审员，一般应当具有大学专科以上文化程度。"

判长以外，和法官享有同等的权利[13]。《决定》还特别规定了人民陪审员对于案件审理过程中出现的事实认定问题和法律适用问题均享有表决的权利。[14]这极大提高了人民陪审员的地位。

最后，《决定》规定了个案中人民陪审员的选择程序。陪审员的选择确定采取随机抽取原则[15]，即人民法院在选择具体人民陪审员组成合议庭时，须通过在人民陪审员名单中随机抽取的方式确定人选，以保证人民陪审员选择的程序公正性和机会平等性。

为更好地执行《决定》，2004 年最高人民法院和司法部发布了《关于人民陪审员选任、培训、考核工作的实施意见》，对人民陪审员制度的实施提供了更加具体化的指导意见。2004 年《人民法院第二个五年改革纲要（2004—2008）》出台，其将制度改革的重心转向了"人民陪审员的管理"。2005 年，最高人民法院院长肖扬在《最高人民法院工作报告》中指出，司法工作正面临着"庭审不够规范、法律适用不够准确"、"少数法官缺乏职业道德"、"违法违纪"以及"执行失范"四个问题。[16]而完善人民陪审员制度可以一定程度上解决前三个问题。可见，运用人民陪审员制度解决司法工作中的问题成为大家的共识，也被寄予厚望。

此外，为进一步推进人民陪审员制度的适用，最高人民法院和相关部门在这一阶段相继发布了 3 项司法解释、3 项部门规章、2 项地方性法规、1 项地方性规范文件、8 项地方司法文件及 2 项地方工作文件，极大丰富了人民陪审员制度。

（五）第二轮司法改革期间的人民陪审员制度（2007—2012 年）

第二轮司法改革始于 2007 年中共十七大的顺利召开。胡锦涛同志在党的

---

[13] 《全国人民代表大会常务委员会关于完善人民陪审员制度的决定》第 1 条："人民陪审员依照本决定产生，依法参加人民法院的审判活动，除不得担任审判长外，同法官有同等权利。"

[14] 《全国人民代表大会常务委员会关于完善人民陪审员制度的决定》第 11 条第 1 款："人民陪审员参加合议庭审判案件，对事实认定、法律适用独立行使表决权。"

[15] 《全国人民代表大会常务委员会关于完善人民陪审员制度的决定》第 14 条："基层人民法院审判案件依法应当由人民陪审员参加合议庭审判的，应当在人民陪审员名单中随机抽取确定。中级人民法院、高级人民法院审判案件依法应当由人民陪审员参加合议庭审判的，在其所在城市的基层人民法院的人民陪审员名单中随机抽取确定。"

[16] 《最高人民法院工作报告》（2005 年），中央人民政府网，http://www.gov.cn/test/2015-06/11/content_2878112.htm，最后访问日期：2022 年 5 月 12 日。

十七大上指出要"深化司法体制改革"[17]。为此，2009年最高人民法院发布了《人民法院第三个五年改革纲要（2009—2013）》，进一步细化了本次人民法院司法改革的重点和方向，其中还从任职资格、参审范围以及参审规范三个方面对人民陪审员制度提出了完善要求。

在这一阶段，人民陪审员制度的有些规定发生了变化。一方面，2004年制定的《决定》规定人民陪审员参审案件包括社会影响大和当事人申请这两类，而2010年发布的《最高人民法院关于人民陪审员参加审判活动若干问题的规定》却取消了当事人申请这一适用情形。另一方面，2010年发布的《最高人民法院政治部关于人民陪审员工作若干问题的答复》在人民陪审员的选任程序上增加了电脑随机遴选的规定，推动选任程序更加科学、公平、公正。这一阶段的人民陪审员制度的实践也有了很大的发展，参照历年最高人民法院工作报告所列的相关数据（表3），2005年至2013年人民陪审员以及参审案件的数量逐年大幅增长，2013年人民陪审员的数量达到85000名，参审案件的数量达到1487000件，占一审普通程序案件的七成以上。最高人民法院发布的《关于人民陪审员决定执行和人民陪审员工作情况的报告》表明，与域外日益收缩的陪审制适用不同，我国人民陪审员制度在案件中的适用愈发频繁。这一时期司法改革着重解决的恰是司法行为不规范、司法监督缺位以及司法腐败严重等问题。人民陪审员制度在对国家审判权力制约监督的同时，也在一定程度上促进了人民民主法治理念的形成，是对当时改革重心从法制建设转向法治建设大背景的体现。[18]总之，这一阶段虽然未有法律法规就人民陪审员制度做进一步完善和调整，但人民陪审员制度在人民法院的增加适用，将为之后的制度改革提供实践依据与经验。

表3　2005—2013年人民陪审员和参审案件情况

报告年度（年）	反映的年度（年/月）	人民陪审员人数（人）	审案数量（件）	占一审普通程序案件比例（%）	较上一年案件数量比例（%）	该年度地方一审案件审结总量（件）	该年度案件审结总量（件）
2006	2005.01—2005.12	69745	164630	–	上升16.53	5139888	7943745

[17]　中共中央文献研究室编：《十七大以来重要文献选编》（下），中央文献出版社2011年版，第24页。
[18]　谢天星：《从法制到法治的递进和速度》，《中国审判》2013年第7期，第63页。

续表

报告年度（年）	反映的年度（年/月）	人民陪审员人数（人）	审案数量（件）	占一审普通程序案件比例（%）	较上一年案件数量比例（%）	该年度地方一审案件审结总量（件）	该年度案件审结总量（件）
2007	2006.01—2006.12	48211	339965	–	上升106.50	5178838	8108675
2008	2003.01—2007.12	55681（2005 年 1 月起）	1210000（2005 年 1 月起）	–	–	26000000	31804451
2009	2008.01—2008.12	55681	505412	–	上升34.05	–	9847083
2010	2009.01—2009.12	77000	632000	–	上升25.05	6685000	10551749
2011	2010.01—2010.12	–	912177	–	上升44.33	–	11010046
2012	2011.01—2011.12	83000	1116000	46.5	上升22.34	7601000	11489515
2013	2008.01—2012.12	85000（2012 年）	1487000（2012 年）	–	上升33.14	35992000	55308863

注：数据主要来源于 2005—2013 年的《最高人民法院工作报告》及 2012 年 10 月 9 日由中国国务院新闻办公室发布的《中国的司法改革》白皮书。

（六）第三轮司法改革期间的人民陪审员制度（2013 年至今）

第三轮司法改革以 2013 年十八届三中全会的召开为标志，2021 年仍处于这一阶段。十八届四中全会通过的《中共中央关于全面推进依法治国若干重大问题的决定》要求："完善人民陪审员制度，保障公民陪审权利，扩大参审范围，完善随机抽选方式，提高人民陪审制度公信度。逐步实行人民陪审员不再审理法律适用问题，只参与审理事实认定问题。"[19]中央对于此次司法改革中完善人民陪审员的重视前所未有，并且还就制度体系提出了不同于以往的调整方案。

---

[19] 《中共中央关于全面推进依法治国若干重大问题的决定》，共产党员网，https://news.12371.cn/2013/11/15/ARTI1384512952195442.shtml，最后访问日期：2022 年 5 月 12 日。

为贯彻中央提出的关于人民陪审员制度的改革要求，2015 年《全国人民代表大会常务委员会关于授权在部分地区开展人民陪审员制度改革试点工作的决定》发布并实施，该决定要求在全国 50 个法院进行人民陪审员制度改革试点工作，为人民陪审员制度在我国的深入推进积累实践经验。人民陪审员制度改革试点工作在原有期限延长一年后正式结束，2018 年 4 月 27 日《中华人民共和国人民陪审员法》正式通过，人民陪审员制度进入全新发展期。

为贯彻落实《人民陪审员法》中有关制度要求，最高人民法院和司法部于 2019 年 5 月发布了《人民陪审员培训、考核、奖惩工作办法》（以下简称《工作办法》），最高人民法院同步发布了《最高人民法院关于适用〈中华人民共和国人民陪审员法〉若干问题的解释》（以下简称《解释》）。

新发布的《人民陪审员法》就制度适用的案件范围、人民陪审员的权利义务、选任程序以及管理方式等方面进行了一般性规定。人民陪审员制度的内容在三个方面有突出改变。

首先，担任陪审员的条件发生变化。年龄要求上升为年满二十八周岁，但学历下降至高中以上文化程度。[20] 就学历问题，在 2021 年 4 月 22 日北京大学法学院和《南方周末》联合举办的"人民陪审员法制定三周年暨七人合议庭实施研讨会"上，学者陈永生认为下一步应将人民陪审员的学历标准下调至初中以上，以充分展现人民陪审员制度的司法民主属性。[21]

其次，人民陪审员制度适用的案件类型发生变化。人民陪审员制度适用的案件类型被划分为三个大类，分别为：第一审刑事、民事、行政案件存在《人民陪审员法》第 15 条 [22] 所规定的三种情形之一的，由人民陪审员和法官

---

[20] 《中华人民共和国人民陪审员法》第 5 条："公民担任人民陪审员，应当具备下列条件：（一）拥护中华人民共和国宪法；（二）年满二十八周岁；（三）遵纪守法、品行良好、公道正派；（四）具有正常履行职责的身体条件。担任人民陪审员，一般应当具有高中以上文化程度。"

[21] 杜茂林、赵梓惟：《人民陪审员法实施 3 年 还有哪些做法待改进？》，《南方周末》2021 年 4 月 22 日，第 1 版。

[22] 《中华人民共和国人民陪审员法》第 15 条："人民法院审判第一审刑事、民事、行政案件，有下列情形之一的，由人民陪审员和法官组成合议庭进行：（一）涉及群体利益、公共利益的；（二）人民群众广泛关注或者其他社会影响较大的；（三）案情复杂或者有其他情形，需要由人民陪审员参加审判的。"

组成合议庭审理；符合《人民陪审员法》第 16 条[23]四种情形之一的，由人民陪审员和法官组成七人合议庭审理；公诉机关以及行政主体以外的当事人申请由人民陪审员参与案件审理的。[24]第三类申请适用案件类型是旧有制度规则的延续。

最后，当人民陪审员所参与案件在合议庭人数不同时，其所享有的审判权力也不同。在参加三人合议庭时，陪审员与法官同职同权，而在参加七人合议庭时，参加审理及对事实认定与法官同职同权；对法律适用，可以发表意见，但不参加表决。对陪审员审判权限的立法，何兵教授有不同见解，其认为当下人民陪审员制度应学习北欧将事实与法律问题同权的做法，让陪审员与法官之间平权。[25]现有人民陪审员制度所采用的权力配置模式是立法者出于对实践担忧而采取的折中做法，[26]其所存在的实质性问题是今后制度改革的核心。

《工作办法》是对人民陪审员制度中有关培训、考核、奖惩等工作内容的细化，具体包括：人民陪审员的培训方式、时间、主体；人民陪审员考核的内容、方式以及显著成绩或者其他突出事迹认定；人民陪审员职务的免除、惩戒等。《工作办法》的出台为《人民陪审员法》的有效实施提供了保障。[27]

《解释》主要围绕五个方面展开，包括对当事人的告知程序和义务、人民陪审员不参加审判的案件范围、参加庭审活动规则以及合议庭评议规则和对履职活动的进一步规范。[28]《解释》的施行为《人民陪审员法》更有效地服务

---

[23] 《中华人民共和国人民陪审员法》第 16 条："人民法院审判下列第一审案件，由人民陪审员和法官组成七人合议庭进行：（一）可能判处十年以上有期徒刑、无期徒刑、死刑，社会影响重大的刑事案件；（二）根据民事诉讼法、行政诉讼法提起的公益诉讼案件；（三）涉及征地拆迁、生态环境保护、食品药品安全，社会影响重大的案件；（四）其他社会影响重大的案件。"

[24] 《中华人民共和国人民陪审员法》第 17 条："第一审刑事案件被告人、民事案件原告或者被告、行政案件原告申请由人民陪审员参加合议庭审判的，人民法院可以决定由人民陪审员和法官组成合议庭审判。"

[25] 杜茂林、赵梓惟：《人民陪审员法实施 3 年 还有哪些做法待改进？》，《南方周末》2021 年 4 月 22 日，第 1 版。

[26] 陆华清：《论裁判权的配置方式——评人民陪审制度设计》，《重庆理工大学学报》（社会科学版）2021 年第 1 期，第 100 页。

[27] 最高人民法院政治部法官管理部：《〈人民陪审员培训、考核、奖惩工作办法〉的理解与适用》，《人民司法》2020 年第 4 期，第 27 页。

[28] 最高人民法院政治部法官管理部：《〈人民陪审员培训、考核、奖惩工作办法〉的理解与适用》，《人民司法》2020 年第 4 期，第 27 页。

于司法审判工作进而实现立法意图提供了支持。

2018 年 10 月 26 日，修正后的《人民法院组织法》发布实施，其中第 30 条与第 34 条同人民陪审员参与审理直接相关。第 30 条规定，在案件由合议庭审理时，合议庭由法官或者由法官和人民陪审员组成，成员为三人以上单数。这一规定维持了 1983 年《人民法院组织法》修正之后的选择性适用人民陪审员制度的规则，人民法院可以依据具体情况选择具体适用程序类型。第 34 条"人民陪审员依照法律规定参加合议庭审理案件"是概括性规定，人民陪审员参与审理的具体要求以现行法律要求为准。

这一时期，随着国家对人民陪审员制度重视程度的提高，在规范层面，从 2003 年开始，相继颁布实施了 3 部国家法规、7 项司法解释、1 项部门规章、4 项地方规范性文件，以及 8 项地方司法文件和 6 项地方工作文件。在人民陪审员制度实践层面，参照历年最高人民法院工作报告所列相关数据（表 4），我国人民陪审员数量一直处于稳步增长中，而人民陪审员参审案件数量一直稳步增长，直至 2020 年出现负增长。这与近年来的人民陪审员制度改革有着密切联系：有的人民陪审员不愿意参审，有的陪审员变成了"驻庭陪审员"和"编外法官"。因此，应规定人民法院应当结合本辖区实际情况，合理确定每名人民陪审员每年参加审判案件的数量上限，并向社会公告。这样才能更加完善人民陪审员制度，发挥人民陪审员制度的积极作用。

表 4　2014—2020 年人民陪审员和参审案件情况

报告年度（年）	反映的年度（年/月）	人民陪审员人数（人）	审案数量（件）	占一审普通程序案件比例（%）	较上一年案件数量比例（%）	该年度地方一审案件审结总量（件）	该年度案件审结总量（件）
2014	2013.01—2013.12	123000	1695000	73.2	上升 13.99	8717364	12956716
2015	2014.01—2014.12	210000	2196000	78.2	上升 29.56	9442804	13806882
2016	2015.01—2015.12	–	2846000	–	上升 29.60	10993000	16728135

续表

报告年度（年）	反映的年度（年/月）	人民陪审员人数（人）	审案数量（件）	占一审普通程序案件比例（%）	较上一年案件数量比例（%）	该年度地方一审案件审结总量（件）	该年度案件审结总量（件）
2017	2016.01—2016.12	220000	3063000	77.2	上升7.62	12385000	19792151
2018	2013.01—2017.12	–	3157000（2017 年）	–	上升3.07	54920000	86063692
2019	2018.01—2018.12	–	–	–	–	14187000	25199883
2020	2019.01—2019.12	300000	3407000	–	–	–	29056481
2021	2020.01—2019.12	336000	2478000	–	下降27.28	15407000	28740773

注：数据主要来源于 2014 年至 2022 年的《最高人民法院工作报告》。

二、人民陪审员制度的中国价值

2016 年，最高人民法院院长周强在工作报告中指出，完善人民陪审员制度，充分发挥人民陪审员的作用，对于推进司法民主、促进司法公正、提高司法公信力具有重要意义。[29] 2018 年出台的《人民陪审员法》第 1 条便直接表明了人民陪审员制度的价值。[30]

（一）推进司法民主

我国是人民民主专政的社会主义国家，人民是国家的主人，也是国家权力的行使者。人民通过权力赋予国家的形式，使国家享有管理和治理国家事务的权力。人民作为陪审员参与人民法院的司法审判活动，是人民直接行使管理国家权力的方式之一。[31] 人民有了参与人民法院司法审判活动的机会，

---

[29] 周强：《最高人民法院关于人民陪审员制度改革试点情况的中期报告——2016 年 6 月 30 日在第十二届全国人民代表大会常务委员会第二十一次会议上》，北大法宝网，http://shlx.pkulaw.cn/fulltext_form.aspx?Db=chl&Gid=273499，最后访问日期：2022 年 5 月 12 日。

[30] 《中华人民共和国人民陪审员法》第 1 条："为了保障公民依法参加审判活动，促进司法公正，提升司法公信，制定本法。"

[31] 高一飞：《陪审团的价值预设与实践障碍》，《北方法学》2018 年第 4 期，第 103 页。

并根据自己的理解和分析就案件相关问题阐述自己的观点和看法，是公民表达自身想法的途径，是国家与社会沟通的桥梁，[32]是人民民主原则在司法审判领域的体现，是实现人民参与国家治理的重要形式。

（二）促进司法公正

司法公正既包括实体公正又包括对应的程序公正，在司法审判中，人民法院应当保证每一具体案件适用公正的法律程序、相应的法律规范以及获得公正合理的裁决。而人民陪审员依法参与人民法院案件审判，以监督参与者的身份，起到维护与促进司法公正的作用。

人民陪审员制度促进司法公正具体表现在以下三个方面。第一，陪审员能促进独立审判。在有陪审员参与的情况下，法庭因陪审员对责任的分担而更可能独立办案。陪审员参加审判也使责任分散，由社会上的普通民众承担审判后果，不满审判的人对参与审判的陪审员难以责难。第二，陪审员能补充法官的职业化思维。现代社会法律关系纷繁复杂，立法机关在制定法律规范时不会就每一具体情况进行详细规范和列举，只制定能普遍适用于所有法律关系的条文，因此便给予了法官在司法审判中（尤其是民事案件中）较大的自由裁量权。人民陪审员制度可避免法官的职业定性思维。[33]人民陪审员以普通民众日常生活中形成的问题思考模式去衡量某一具体案件，打破法官过多依靠审判经验而产生的固化思维，促使其在法律规定的幅度内作出真正合乎情、理、法的裁决。裁决需要合法，还要合乎社会主义主流价值观，才能为人民群众所接受和认可，才能发挥司法审判结果所带来的教育指导作用。第三，陪审员能监督专业法官。陪审员来自民众，与法官一起审理案件，对于法官可能存在的"人情案""金钱案""权力案"等问题可以亲自观察、现场监督。

（三）提高司法公信力

人民对司法审判的不信任源于审判暴露出的问题，人民怀疑法院审判与暗箱操作、权力滥用或者受贿包庇等不法行为存在联系，从而降低对法院的

---

〔32〕　钟莉：《价值·规则·实践：人民陪审员制度研究》，上海人民出版社 2011 年版，第 61 页。

〔33〕　施鹏鹏：《人民陪审员：宪法民主精神的载体》，《人民法院报》2020 年 12 月 7 日，第 2 版。

信任。陪审制度将道德评价引入司法，在法律与道德之间架起桥梁。[34]人民陪审员制度契合了"司法"与"社会"间因断层交流而急需建立实质交流关系的需求，其使案件审判得以反映公众意志，更具人性化[35]。人民陪审员更容易作出符合大众传统价值观的裁决，更容易得到人民的认可与信任，从而提高司法公信力。

三、人民陪审员制度的问题

《人民陪审员法》的颁布也促使人民陪审员制度的改革完善进入了下一个新的阶段，不同于域外逐渐停滞的陪审制适用，我国人民陪审员制度的适用正在快速增长，但实践中也发现了一些问题。

（一）当事人要求陪审员审判的权利难以得到保障

在对当事人要求陪审员审判权利的保障方面，我国在立法上明确规定了当事人有要求陪审员审判的权利。《人民陪审员法》第 17 条规定刑事案件的被告人有申请人民陪审员审判的权利。[36]对于案件是否需要适用陪审制，立法规定了应当适用陪审制和依申请适用陪审制两种方式，当事人可以对《人民陪审员法》第 15 条、第 16 条规定以外的一审案件提出要求陪审员参与审判的申请，由人民法院最终决定是否适用。《最高人民法院关于适用〈中华人民共和国人民陪审员法〉若干问题的解释》第 2 条第 1 款也进一步明确了对当事人申请陪审员审判权利的告知义务，"对于人民陪审员法第十五条、第十六条规定之外的第一审普通程序案件，人民法院应当告知刑事案件被告人、民事案件原告和被告、行政案件原告，在收到通知五日内有权申请由人民陪审员参加合议庭审判案件"。以上规定也带来了当事人要求陪审员审判权利难以得到保障的问题。

首先，我国当事人享有不充分的程序选择权。不同于美国法律将当事人选择陪审团审判的权利视为刑事被告人基本的宪法权利，可以选择行使或者

---

〔34〕 高一飞：《陪审团的价值预设与实践障碍》，《北方法学》2018 年第 4 期，第 115 页。

〔35〕 施鹏鹏：《人民陪审员：宪法民主精神的载体》，《人民法院报》2020 年 12 月 7 日，第 2 版。

〔36〕《中华人民共和国人民陪审员法》第 17 条："第一审刑事案件被告人、民事案件原告或者被告、行政案件原告申请由人民陪审员参加合议庭审判的，人民法院可以决定由人民陪审员和法官组成合议庭审判。"

放弃这项权利从而选择对自己最有利的程序，[37]我国在《人民陪审员法》中规定了当事人的申请权，但是，对于法律作出的原则性规定的解释，当事人没有救济权；对于法官是否适用陪审员参加审判的决定，当事人必须服从。在《人民陪审员法》第15条、第16条规定中，法定人民陪审员参审案件范围采用了"其他社会影响较大的""案情复杂或者有其他情形""其他社会影响重大的案件"等描述，由法官进行解释。一旦法官作出不适用陪审制度的决定，当事人要求陪审员审判的权利便很难得到实现。

其次，当事人很少申请陪审员参加审判。立法只笼统规定了当事人要求陪审员审判的申请权，没有更加确切的保障措施，导致庭审中当事人对这一权利的了解不多、认识不足，主动申请陪审员陪审的当事人并不多，使权利的设定没有达到预期效果。

最后，由于法律规定人民陪审员只能参与一审案件，在二审和再审过程中可能会推翻之前对事实审的判定，可能导致陪审员的作用并没有在案件中得到发挥。

（二）人民陪审员选任的广泛性和代表性难以保障

我国陪审制度的初衷就是要选出能够真正代表人民群众的人民陪审员，充分保障人民群众参与司法的权利。《人民陪审员法》对人民陪审员的选任规定了"一升一降"和"三次随机"。[38]同时，考虑到部分地方选任难的问题，保留了个人申请和组织推荐产生人民陪审员的方式。《人民陪审员法》第11条规定，要保证80%以上的陪审员是通过随机抽选方式产生的，通过个人申请和组织推荐的方式选出的陪审员在陪审员总额中不得超过20%。虽然新一轮改革为陪审制度的发展提供了很多新的制度和思路，但实际上，在将制度落实的过程中，仍然存在一些困难和问题。

一方面，在很多地广人稀的地区，人民陪审员分布于各个乡镇，之前人

---

[37]　施鹏鹏：《"新职权主义"与中国刑事诉讼改革的基本路径》，《比较法研究》2020年第2期，第72页。

[38]　"一升一降"是指将人民陪审员的参选年龄由23周岁提升至28周岁；"一降"是指对人民陪审员的学历要求由原来的大专以上学历，下降到高中以上学历。"三次随机"是指随机抽选人民陪审员候选人、随机抽选确定人民陪审员人选、随机抽取人民陪审员参与审理个案。

民陪审员的选取多是采取就近、便民原则，很难将人民陪审员选择覆盖本地区的所有社区。另一方面，通过随机抽选方式所产生的人民陪审员一般都有固定的职业，多出自于党政机关或者事业单位，自身事务本就很繁忙，因此出现了报名时积极参与，陪审时以各种理由推脱、迟延到庭或拒不到庭的现象。这种情况会严重影响审判程序的顺利进行，法院也不能作出强制陪审员出庭的决定，也很难在短时间内进行临时抽选。这不仅破坏了案件审理的正常秩序，也打击了法院对随机抽选实施的积极性。

长此以往，为了保证案件审理程序的顺利开展，固定联系时间充裕且能按时参加庭审的人民陪审员以及和法官较熟悉的人民陪审员成了实践中多数情况下的选择，而其他的陪审员成了"名存实亡"的存在。这也使得一案一随机的制度不断虚化，导致意在保障陪审广泛性和代表性的随机抽取制度变为法官和"特定人员"的搭配，同时还会进一步导致为弥补人手不足，人民陪审员成为"驻庭陪审员""编外法官"的现象。

另外，现有的选任制度仍存在条件过高的问题，导致很多学历不足但参审意愿强烈的人民群众被拒之门外，人民陪审员需要的是能够广泛而充分代表人民群众的心声，表达朴素的社会观念，所以对此有学者认为："人民陪审员不需要太高学历，只要具备语言沟通和表达能力即可。"[39]

（三）人民陪审员参审作用没有得到充分发挥

为解决"陪而不审、审而不议"问题，《人民陪审员法》合理界定人民陪审员参审范围，妥善区分事实审和法律审，同时加大审判长对人民陪审员的指引、提示力度。人民陪审员在参审中的一些问题虽然得到改善，但实践过程中"陪而不审、审而不议"问题依旧存在。

首先，"陪而不审、审而不议"存在的原因。虽然《人民陪审员法》明确规定公民有依法担任人民陪审员的权利和义务，但在实践过程中依旧存在"陪而不审、审而不议"的问题，主要有以下两个原因：第一，对人民陪审员违背义务的后果缺乏规定。很多陪审员并没有深刻理解陪审义务，只是将

---

〔39〕 党振兴：《人民陪审员制度的现实困境与完善路径》，《西南石油大学学报》（社会科学版）2020
    年第 4 期，第 74 页。

陪审看作一种工作以及一种社会荣誉，并没有认识到自己作为人民群众的代表而应承担的责任和义务，积极报名消极参审，虽然到场参审，但却消极地履行义务，也不需要承担相应责任。第二，人民陪审员主观信心不强以及对人民陪审制度的认识不足。由于人民陪审员来自各个行业，陪审工作并不是陪审员的主要工作，所以在案件庭审过程中，陪审员在具有专业法律知识的法官面前，具有强烈的依附感，不敢发表自己的言论，在合议案件的过程中，其只是对法官的审判意见进行简单附和。

其次，事实审和法律审的区分存在困难。《人民陪审员法》规定了三人合议庭中人民陪审员的事实审和法律审职权；七人陪审合议庭中的陪审员从之前的"同职同权"转变为事实审"同职同权"与法律审"分职分权"并行的参审模式。事实审主要是通过运用证据规则对案件的起因、地点、行为人等因素进行判断来还原案件，不仅仅是对原被告事实陈述的审理，也包括对证据证明力的审理。而法律审解决的主要是案件的法律适用问题。

事实上，在刑事审判过程中，事实审和法律审是难以严格分离的，比如在判断行为人的行为是否构成正当防卫的问题上，不仅需要通过证据来证明行为人主观上并没有想要伤害的故意，而是出于防卫的心理，同时还需要刑法的法学理论来区分正当防卫的界限，所以事实认定往往伴随法律分析和法律评价，即使人民陪审员仅对事实问题作出认定也需要符合法律上的诉讼程序和证据规则，而法律的适用也是基于正确事实认定而进行的。学者在调研中发现：由于陪审员对法的理论和实务并没有足够的了解，导致其在复杂案件的事实认定方面举步维艰；为了提高办案质量和效率，专业法官在庭审过程中对人民陪审员"过限引导""不当引导"，使人民陪审员在事实审中的作用减损。[40]

最后，在法官指示问题上，我国陪审员指示制度，兼采大陆法系国家问题列表制度和英美法系国家陪审员指示制度。审判前通过问题列表方式进行指示、审判中通过口头方式进行法律指示、评议前同时向陪审员展示问题列

〔40〕 刘仁璩：《人民陪审员参审职权改革的实体与程序基础——以庭审实质化的推进为切入点》，《法学》2020年第6期，第97页。

表和进行口头指示；既有问题列表这样的书面指示，也有口头指示。我们已经形成了具有中国特色的陪审员指示制度，但在实践过程中，仍然存在以下问题：第一，因为相关规定缺乏对指示不当的救济措施，不能对法官的职权进行充分约束而导致法官的自由裁量权扩大。第二，由于指示效力无强制性，不能充分约束人民陪审员。某学者在对 A 市法院的调查中发现，受访的法官认为陪审员愿意接受指示的仅占 51.61%，"指而不从"的现象也导致指示效用难以发挥。[41] 第三，《人民陪审员法》第 20 条的规定主要将法律指引适用于评议案件过程中，评议时间过于滞后，同时也由于合议庭的私密要求缺乏对法官指引的有效监督，容易导致不公平指引的现象。[42] 第四，我国采取问题列表与法官指示相结合的做法，充分考虑了陪审员作为外行人对法律不理解可能带来的审判困难，这符合我国公民参与司法不够成熟的现实，值得肯定和坚持。但是，《最高人民法院关于适用〈中华人民共和国人民陪审员法〉若干问题的解释》第 11 条只规定"应当提示人民陪审员围绕案件争议焦点进行发问"，没有规定陪审员对法律问题不清楚时是否可以获得指示；立法中"不得妨碍人民陪审员对案件的独立判断"的内容在立法和司法解释中并无具体保障性措施。

四、人民陪审员制度的改革展望

新时代的人民陪审员制度是否符合中国国情，要看其是否行得通、真管用、有效率。习近平总书记指出："衡量一个社会制度是否科学、是否先进，主要看是否符合国情、是否有效管用、是否得到人民拥护。"[43] 针对已经出现的问题，我国人民陪审员制度应当按照以下三个标准进行改革。

---

[41] 唐红、匡佐民：《陪审何以实质化：审判长指示陪审员制度系统建构之进路——以〈人民陪审员法〉第 20 条规定为视角展开》，《山东法官培训学院学报》2019 年第 4 期，第 170 页。

[42] 《中华人民共和国人民陪审员法》第 20 条："审判长应当履行与案件审判相关的指引、提示义务，但不得妨碍人民陪审员对案件的独立判断。合议庭评议案件，审判长应当对本案中涉及的事实认定、证据规则、法律规定等事项及应当注意的问题，向人民陪审员进行必要的解释和说明。"

[43] 习近平：《论坚持全面依法治国》，中央文献出版社 2020 年版，第 265 页。

（一）保障当事人选择由陪审员参与法庭审判的权利

陪审团审判的权利（the right to trial by jury）是一项重要的程序权利。在英国，如果被指控者答辩无罪，法院必须选任陪审团来审判案件，有关陪审团的法律主要包括在 1974 年《陪审团法》中。在美国，自从联邦最高法院在丹肯诉路易斯安那案[44]（Duncan v. Louisiana）中作出判决，将第十四条修正案正当程序条款与第四条修正案合并后，陪审团审判权就开始适用于各州和联邦的诉。第六修正案文本上虽说是"所有的刑事诉讼"，但陪审团审判权从未被解释为适用于所有的刑事案件，联邦最高法院沿用轻微犯罪和严重犯罪的区分作为适用陪审团审判的重要分界线。[45]在确定何时犯罪是陪审团审判意义上的"轻微"时，最高法院从调查犯罪的性质转向"社会认为犯罪所具有的严重程度的客观表现"。[46]"轻微"的关键客观表现是，对该罪判处的最高刑罚没有超过 6 个月。也就是说，在超过 6 个月的刑罚的情况下，被告人有要求陪审团审判的权利，当然，这一权利是可以放弃的。

另外，在美国，由于陪审团有对死刑量刑情节的事实的决定权，被告人有权选择陪审团来认定死刑的量刑事实。美国联邦最高法院在 2002 年的瑞恩案[47]中确立了一项规则："死刑被告人有权要求陪审团（而非法官）对加重情节是否存在进行认定"；在 2016 年的赫斯特案[48]中，认定"佛罗里达州的死刑裁判制度允许法官（而非陪审团）对加重情节是否存在之事实进行认定的做法，违反了宪法第六修正案，这种做法是不被允许的"。

在法国，重罪案件由陪审员参加审理实际上是不能选择、不能放弃的。因为传统上法国重罪法庭一般情况下由 9 名陪审员和 3 名法官组成；上诉法庭由 12 名陪审员和 3 名法官组成。2011 年 8 月 10 日的改革将"9+3"的法庭改为"6+3"，核心目的便是减少司法资源损耗。依此改革，自 2012 年 1 月

---

〔44〕　391 U.S.145（1968）.

〔45〕　Duncan v. Louisiana, 391 U. S. 145, 159–62（1968）.

〔46〕　Frank v. United States, 395 U.S 147, 148（1969）.

〔47〕　Ring v. Arizona, 536 U. S. 584（2002）.

〔48〕　Hurst v. Florida, 577 U. S.（2016）.

1 日起，一审参审员的人数为 6 名，上诉审为 9 名（《法国刑事诉讼法典》新的第 296 条[49]）。在法国，法官保障当事人选择陪审员参审的规则是：当事人不能选择和放弃，法官没有裁量权，从立法上保障了公民要求陪审员审判的权利。

我们可以借鉴国外的一些制度来完善这一权利在我国的保障措施，赋予当事人陪审员审判选择权。

首先，要进一步提高当事人要求陪审权利在法律体系中的地位。可以借鉴英美法，将当事人申请陪审员参审的权利规定在宪法中，切实保护当事人的程序选择权。在《人民陪审员法》中增加特定类型案件必须适用陪审员审判的规定，除非当事人放弃这一权利。从而保障当事人可以充分选择有利于自己的审判程序。

其次，在一审适用陪审制度的案件上诉时可以借鉴法国的做法：由另一个陪审法庭来审理上诉案件。西方法治国家在处理有陪审员参与的一审案件与二审案件的关系上，主要有两种方式：一种是英美等国家坚持的"事实审一次性"规定，使二审法庭没有事实审理的权力，维护了陪审团裁决的绝对效力。另一种方式则是规定由另一个陪审法庭来审理上诉案件，并且规定陪审员人数要等于或大于一审陪审法庭的人数。[50]结合我国国情和陪审制度目前所面临的诸多问题，可以引入第二种方式，保障当事人选择陪审员审判的权利不因二审审判而被推翻。

（二）完善陪审员的选任机制

第一，要细化陪审员选择中常住人口的确认机制。我国广大的农村地区，外出农民工户籍仍在农村，但在所在乡镇地域外工作。根据国家统计局发布的《2019 年农民工监测调查报告》：2019 年农民工总量达到 29077 万人，外出农民工 17425 万人，其中跨省流动农民工达到 7508 万人。[51]在我国城乡二

---

[49] 《法国刑事诉讼法典》新的第 296 条："重罪法庭一审审理案件时，审判陪审团由 9 名陪审员组成，作为上诉审审理案件时，审判陪审团由 12 名陪审员组成。"

[50] 卞建林、孙卫华：《通向司法民主：人民陪审员法的功能定位及其优化路径》，《浙江工商大学学报》2019 年第 4 期，第 44 页。

[51] 《2019 年农民工监测调查报告》，国家统计局，http://www.stats.gov.cn/tjsj/zxfb/202004/t20200430_1742724.html，最后访问日期：2022 年 5 月 12 日。

元户籍制度背景下，存在的问题是，我国城镇实行常住人口登记，农村却没有常住人口登记制度。为了实现"从辖区内的常住居民名单中随机抽选"的目的，一方面要充分发挥基层群众自治制度的优势，借助农村基层组织的力量确认常年居住在本辖区内的农村居民名单，避免农村地区人民代表大会常务委员会任命在外地打工、常住打工地的人员为当地陪审员候选人；另一方面要充分利用城镇常住人口登记制度，将常年在外务工的农民工纳入当地常住居民名单，让农民工有机会成为打工地城市的陪审员。

第二，坚持以本人同意为前提确定陪审员。我国陪审员选任充分尊重候选人的意愿。根据《人民陪审员法》第9条及《人民陪审员选任办法》第16条的规定，在随机抽选陪审员之前需要征求候选人意见，组织推荐陪审员需以征得公民本人同意为前提，故我国人民陪审员的选任方式，充分尊重人民的意志，保障了公民担任陪审员的自愿性。这与英美两国将担任陪审员作为公民的强制义务的做法截然不同，符合我国国情。在我国，人民陪审员"工陪矛盾"较为明显，拒绝担任人民陪审员的比例较高。[52]可以想象，在我国公民参与国家事务积极性不高的文化背景下，如果不经本人自荐或者本人同意，把参加陪审作为公民的强制性义务，必然导致陪审员参与审判的现实障碍。因此，我国现有的陪审员挑选方式才是行得通、有效率的方式，如果照搬英美国家的方式，必然造成行不通、效率低的形式主义结果。

第三，根据案情选择专业人员参审。在一些专业性较强的案件比如医疗类案件中，其审判过程往往涉及对一些专业性较强的行为作出事实认定，而选择有医疗专业知识背景的人来担任陪审员，可以使他们通过运用自己的专业知识来更好地帮助法官还原案情，弥补法官由于对专业技术认识的不足而导致的判断偏差。[53]这类专业性较强的案件包括很多种，例如专门法院审理的案件以及普通法院审理的涉及医疗、网络、工程技术等案件。在专业陪审员的选任上仍需制定相关规定运用随机抽选方式，可以根据案情需要，选择相关专业的人民陪审员参审，但不应采取固定指派的方式，专业陪审员的选

---

〔52〕　张璁、王比学：《人民陪审员公信度提高》，《人民日报》2016年7月1日，第3版。

〔53〕　廖永安、蒋凤鸣：《人民陪审制功能定位的再思考》，《人民法院报》2020年3月19日，第5版。

任也要遵守随机抽选方式。

第四，适当放宽陪审员的年龄限制和学历条件。为了使更广泛的群众可以参与司法审判活动，提高我国选择人民陪审员的广泛性和代表性，可以在借鉴英美两国有益经验的基础上，结合我国国情，从以下两个方面进行完善：一方面，降低陪审员的年龄限制，将最低年龄降至十八周岁。同时规定最高年龄原则上为七十五周岁，但对于超过最高年龄、对陪审工作有经验、有热情且能充分发挥作用，经体检认定其身体状况良好的，可根据当地客观实际酌情调整年龄上限。通过降低年龄和对最高年龄做原则性规定的方式，扩大参选人员范围，丰富参选人员类型。另一方面，取消文化学历要求的限制。文化学历要求成为我国目前阻碍文化层次较低群体参选人民陪审员的障碍，取消学历限制具有合理性和科学性。

第五，应制定科学的任期和更替比例。提高人民陪审员的广泛性和代表性也体现在让更多的人民群众参与到陪审制度中。另外，因为法官员额制改革后"案多人少"使法院趋向于扩大陪审人员规模，[54] 目前陪审制度规定的人民陪审员任期为 5 年，对此，可以适当缩短任期，制定合适的更替比例。

（三）完善陪审员的管理机制

最高人民法院以及司法部出台的《人民陪审员培训、考核、奖惩工作办法》对人民陪审员的管理作出进一步的细化规定，但在落实人民陪审员制度的同时也要结合法院所在地的地方特点，制定相应的选任和管理办法，综合考虑参选人员的文化程度、知识水平、特长优势，进一步完善随机抽选方式，在保障司法公正的同时也能高效完成结案任务。对于人民陪审员的管理机制，《人民陪审员培训、考核、奖惩工作办法》作出了明确的指示性规定，但也应该按照地方的不同，进一步细化管理，地方法院应该抓紧制定配套的落实方案。

首先，要加大对人民陪审员的培训力度。为防止陪审员因为"不知法"而出现的消极陪审现象，应建立全面的人民陪审员体系，不仅要提高陪审员的责任意识，还要在庭审前让陪审员对基础的司法程序和法律知识进行了解

---

[54] 杨艺红：《人民陪审员参审职权改革：实证分析与路径选择》，《时代法学》2019 年第 5 期，第 75 页。

学习。在学习形式上应该采取线上线下、案例交流、庭审观摩等多种方式，在人民陪审员任期的各个阶段灵活安排学习时间。在培训过程中要注意发挥指导案例的作用，由于在区分事实审和法律审问题上没有明确的界限，所以指导案例对人民陪审员了解职权范围和认定事实十分重要，在培训过程中应当适当增加对优秀指导案例的解读。

其次，要完善考核评议机制，增设人民陪审员工作的评议信息记录。对人民陪审员履职过程中参与案件审理和对接的情况进行登记，真实反映履职状态，方便奖惩工作的开展。

最后，制定适当的退出机制。一方面，对于任期届满以及不积极履行职责的人民陪审员及时办理免除手续，通过对人民陪审员进行考核评议、定期抽查等方式，及时清理队伍中的"问题人员"，保障人民陪审制度的有效运行。另一方面，对陪审人员的选任和退出都要做好社会公示，保障人民群众的切身利益。

（四）完善法官对陪审员的指示制度

对于目前法官指示机制存在的相关问题，在立足我国国情的同时结合英美陪审团制度的经验提出以下几点改善建议：

1. 增加庭审前和庭审中的口头法律指示

在我国，开庭前"应当制作事实认定问题清单"，没有明确规定可以再进行口头法律指示；而在庭审中，法官"应当提示人民陪审员围绕案件争议焦点进行发问"，可以认为这仅仅是一个法庭指挥条款，并不包括法律指示。为了让陪审员在庭审前后的任何时间都有机会听到法官的法律指示，我国应当明确规定法官在庭审前、庭审中有口头法律指示的权力，当然，这也是法官的责任和义务。

首先，开庭前指示除了现在已经规定的陪审员问题列表方式，还应当规定，针对陪审员就问题列表提出的问题，法官也可以进行口头法律指示。事实上，在实践中，陪审员就问题列表中不清楚的问题，一般会提出疑问，法官也会进行回答，立法应当肯定实践中这一做法。

其次，在庭审过程中，法官可以根据所审理案件的情况，就实体法和程序法以及与案件相关的法律规则，向人民陪审员作出指示。如，当辩方提出证据排除申请时，法官应当根据刑事诉讼法和相关司法解释，说明"证据能力先行调查"原则的制度和程序。

对于在法庭上的法律指示，可以由法官根据陪审员的提问情况主动作出，也可以根据陪审员的要求回答有关法律问题。但是，庭审中的法律指示应当在法庭上公开发出，让诉讼各方都能了解，以避免法官对陪审员进行不当引导，影响其独立审判。

2. 对法律指示记录在案并允许异议

陪审团指示的受众主要有陪审员、律师、上诉法院。在英美国家，陪审员需要依据法律独立认定案件事实，律师通过举证让法官向陪审员提供对自己有利的法律指示，上诉法院需要审查错误的法律指示是否对有罪裁定造成实质影响。

但是，在我国，有关人民陪审员的立法与司法解释并不允许律师了解陪审员指示的内容。我国学者建议通过限定指示的内容为陪审员指示设定边界，保障人民陪审员独立参与审判。[55] 法官对人民陪审员的指示错误应当根据故意的指示错误、过失的指示错误和无指示的错误三种情形进行审查并评估。[56] 还有人提出，不能对我国当前的法官指示内容进行模糊立法，而应当将法律条文和证据规则作为法官指示的内容。[57] 上述学者在对法官指引责任的研究中，只是针对指示内容进行了阐述，并没有从发现法官指示错误的角度进行研究。

实际上，法官有很多微妙的方法能对陪审员独立裁判进行影响，特别是法官作出口头指示时，律师有能力和动力发现和判断这样的影响。所以，我国应当学习英美国家的做法，规定：律师在场时应当公开进行法律指示，无论律师是否在场，法官指示内容都应当记录在案供律师查阅；错误的指示应当成为上诉和改判的理由；对于法官故意发布错误指示、影响陪审员独立裁判的，应当承担司法责任。

---

〔55〕 唐力：《法官释法：陪审员认定事实的制度保障》，《比较法研究》2017 年第 6 期，第 1 页。

〔56〕 刘梅湘、孙明泽：《刑事陪审团指示制度研究——论中国刑事诉讼人民陪审员指示的完善》，《重庆大学学报》（社会科学版）2019 年第 2 期，第 134 页。

〔57〕 步洋洋：《中国式陪审制度的溯源与重构》，《中国刑事法杂志》2018 年第 6 期，第 88 页。

结　语

　　我国人民陪审员制度虽然已经有比较长的历史，但根深蒂固的法官主导意识已经深入民心，想真正解决人民陪审员"陪而不审"以及"编外法官"等问题，还需要提高全社会的法律意识，不仅要让人民陪审员意识到自己的责任，还需要增加人民群众对陪审员的认同感，明确人民陪审制度是保障司法公正的有效举措，只有人民群众真正理解人民陪审员的性质，才能有效发挥设立人民陪审员的作用。为此，在日常普法活动中，需要加大对人民陪审员制度的宣传力度，营造良好的社会氛围。在自媒体发达的当今社会，可以通过多重平台向人民群众进行普法教育，鼓励相关媒体多宣传人民陪审员制度，提高人民群众对该制度的认知，激发群众参审热情，让更多人参与到陪审活动中来。

谣言型犯罪认定中的三个疑难问题

张 培*

摘　要	当前我国刑法中涉及谣言的有九个罪名。这九个罪名中使用了"谣""谣言""虚假信息""虚伪事实""捏造事实"等名词，所涉及的言论或者陈述的事实含义相同，谣言与虚假信息是同义词，虚伪事实包括全部或者部分为虚假事实。谣言型犯罪的特征是"恶意编造、散布虚假信息"，"恶意"应当解释为主观上的直接故意，间接故意不构成谣言型犯罪。学者提出了"适当降低对公众人物名誉保护规格"的含糊观点，但是，公众人物的认定标准、降低保护规格的具体程度都不具有可操作性，同时也没有理论上的合理根据，诽谤罪中应当平等保护公职人员和普通公民。
关键词	谣言；虚假信息；寻衅滋事罪；诽谤罪；主客观统一原则

当前我国刑法中涉及谣言的有 9 个罪名。条文中直接使用"谣"这一词的罪名有"煽动颠覆国家政权罪""战时造谣扰乱军心罪""战时造谣惑众罪"。[1]使用"虚假信息"这一词的罪名包括"编造、故意传播虚假信息罪"、"编造、故意传播虚假恐怖信息罪"、"编造并传播证券、期货交易虚假信息罪"以及"网络谣言型寻衅滋事罪"。损害商业信誉、商品声誉罪[2]中使用了"捏造并散布虚伪事实"的表述，另外，还将"捏造事实诽谤他人"的行为规

---

*　张培（1981—），广西南宁人，西南政法大学法理学博士，英国牛津大学、剑桥大学访问学者，广西中医药大学讲师。

〔1〕《刑法》第 105 条第 2 款："以造谣、诽谤或者其他方式煽动颠覆国家政权、推翻社会主义制度的，处五年以下有期徒刑、拘役、管制或者剥夺政治权利；首要分子或者罪行重大的，处五年以上有期徒刑。"

〔2〕《刑法》第 221 条："捏造并散布虚伪事实，损害他人的商业信誉、商品声誉，给他人造成重大损失或者有其他严重情节的，处二年以下有期徒刑或者拘役，并处或者单处罚金。"

定为诽谤罪。[3]至于《刑法》第243条的诬告陷害罪，虽然也有"捏造事实"的特征，但其行为特征并非公开散布，而是向特定国家机关告发，不属于谣言型犯罪，如果行为人将所捏造的犯罪事实向社会传播，构成犯罪的，则以诽谤罪处理。《治安管理处罚法》第25条规定，"散布谣言"会受到行政处罚。在司法解释中，《最高人民法院、最高人民检察院关于办理利用信息网络实施诽谤等刑事案件适用法律若干问题的解释》（以下简称《网络诽谤解释》）第5条规定，"编造虚假信息，或者明知是编造的虚假信息，在信息网络上散布，或者组织、指使人员在信息网络上散布，起哄闹事，造成公共秩序严重混乱的"，应当以寻衅滋事罪论处。

但是，以上规范中"谣""谣言""虚假信息""虚伪事实""捏造事实"是否都等同于谣言，谣言可否界定为虚假信息，如何认定，争议很多。在对谣言型犯罪的主观方面和侵害对象的特殊对待方面，也存在一些影响司法适用的疑难问题，本文将针对谣言与虚假信息是否同义、谣言型犯罪的主观方面是否需要直接故意、对公职人员的诽谤罪是否需要确定不同标准三个问题进行论述。

一、谣言与虚假信息是同义词

谣言（rumor）是最古老的大众传播媒介。[4]现代以来，美国是最早对谣言进行系统研究的国家。二战期间，由于美军对己方损失秘而不宣，谣言与恐慌的蔓延严重削弱了美军的士气，为了遏制谣言对战争的影响，美国开始对谣言进行系统的研究与监管。[5]

哈佛大学两位心理学家葛登（Gordon W. Allport）和里欧（Leo Postman）是谣言研究领域的两位奠基人，他们将谣言定义为"为取信于人，以口口

---

[3]《刑法》第246条："以暴力或者其他方法公然侮辱他人或者捏造事实诽谤他人，情节严重的，处三年以下有期徒刑、拘役、管制或者剥夺政治权利。前款罪，告诉的才处理，但是严重危害社会秩序和国家利益的除外。通过信息网络实施第一款规定的行为，被害人向人民法院告诉，但提供证据确有困难的，人民法院可以要求公安机关提供协助。"

[4]［法］让－诺埃尔·卡普费雷：《谣言——世界最古老的传媒》，郑若麟译，上海人民出版社2008年版，第1页。

[5]［德］汉斯－约阿希姆·诺伊鲍尔：《谣言女神》，顾牧译，中信出版社2004年版，第175—176页。

相传的方式在人们之间流传的、与时事相关且缺少具体资料以证实其确切性的一个命题"。同时，他们还提出了谣言强度的决定公式："R=I*A"，其中 R 为谣言强度（intensity of rumor），I 为重要性（importance），A 为模糊性（ambiguity）。[6]负责过马萨诸塞州公共安全委员会谣言控制工作的罗伯特·H. 诺普（Robert H. Knapp）将谣言定义为"一种旨在使人相信的主张，它与特定的时事相关联，在未经官方证实的情况下广泛流传"[7]（a proposition for belief of topical reference disseminated without official verification）。沃伦·A. 彼得森（Warren A. Peterson）和诺尔·P. 吉斯特（Noel P. Gist）认为谣言是"一种对未经证实的事件的叙述或诠释"，它"流传于人与人之间且与公众关注的对象、事件或问题密切相关"。[8]这三种定义较为相似，可见早期美国学者对谣言的认识较为统一，均认为谣言至少应当包含以下特质：

其一，谣言是一种信息，它力图获取人们的信任。虽然囿于时代的局限性，早期的学者未能对谣言的流传方式得以有效的预见，但这并不妨碍对谣言是一种在"人与人之间"流传的信息这一本质的认识，这区别于那些只为使人发笑的幽默故事（humor）[9]。此外，三种定义都同意"谣言竭力使人相信"某一事实。

其二，谣言是一种与时事相关的信息。谣言需要与人们眼下特定的生活产生联系，并且这种联系可能给人们的生活带来直接或间接的影响。反之，如果谣言不具有时事性，即使是未经证实的消息，大范围传播也无害于人们的正常生活。[10]这区别于盘古开天、女娲补天、夸父追日等神话或传说（myth or legend）。

其三，谣言是未经证实的信息。三种定义并未将"是否真实"作为谣言

---

〔6〕 Gordon W. Allport, Leo Postman, *An Analysis of Rumor*, The Public Opinion Quarterly, Vol. 10, No. 4（Winter, 1946—1947）, pp. 501—517.

〔7〕 Robert H. Knapp, *A Psychology of Rumor*, The Public Opinion Quarterly, Vol. 8, No. 1（Spring, 1944）, pp. 22—37.

〔8〕 Warren A. Peterson, Noel P. Gist, *Warren A. Peterson, Noel P. Gist*, American Journal of Sociology, Vol. 57, No. 2（Sep., 1951）, pp. 159—167.

〔9〕 Robert H. Knapp, *A Psychology of Rumor*, The Public Opinion Quarterly, Vol. 8, No. 1（Spring, 1944）, pp. 22—37.

〔10〕 Robert H. Knapp, *A Psychology of Rumor*, The Public Opinion Quarterly, Vol. 8, No. 1（Spring, 1944）, pp. 22—37.

的判断标准，只是提及谣言的"未经证实性"。事实上，为解释谣言的定义，他们在后续所列举的例子中，都就那些虚假的谣言而展开陈述。[11]虽然三种定义对于核验谣言的方式存在分歧，但都对谣言的核验结果避而不谈。可见，尽管认识到谣言并不一定是虚假的，但研究人员似乎也竭尽全力去阻止这种表达方式。

从 20 世纪 60 年代开始，西方的谣言研究摆脱了二战时期的控制模式，学者们对谣言有了新的定义："谣言是一群人在议论过程中产生的即兴新闻"[12]，是"在社会群体中流传的有关当前时事的信息"[13]，"体现人们对现实世界如何运转的假设的公共传播"[14]，"未经官方公开证实或者已经被官方辟谣的信息"[15]。21 世纪初，谣言研究领域的集大成者迪丰佐（DiFonzo）和波迪亚（Bordia）认为，"谣言是在模糊或危险情境下产生的未经证实却正在流传的工具性的说法"[16]。在今天，西方学者多认为谣言并不必然含有贬义的内涵，反之，它应当是一个中性词语，同时也是一种具有研究价值的社会舆论。

中国近现代研究谣言的先驱陈雪屏先生对谣言的研究兴趣也始于战争，他认为"普通的见解以不可信或不真实作为谣言唯一的根据，与其他语言文字的报告相别"[17]。虽然"不可信"这一标准具有较强的主观性和模糊性，但陈雪屏并未将真实性作为判定谣言的唯一标准。即使谣言人为的补充与改造居多，但也并非全无依据。

新中国成立后的谣言研究多与政治稳定相关，谣言多被视为革命和动荡的导火线，由此对其理解多含消极负面的色彩。[18]比如刘建明认为，"谣言是

---

〔11〕 ［法］让－诺埃尔·卡普费雷：《谣言——世界最古老的传媒》，郑若麟译，上海人民出版社 2008 年版，第 3—4 页。

〔12〕 Tamotsu Shibutani, *Improvised News : A Sociological Study of Rumor*, Ardent Medi（1966）.

〔13〕 Edgar Morin, *Rumour in Orléans*, Pantheon Books（1971）. p. 11.

〔14〕 Ralph L. Rosnow, "Rumor as Communication : A Context list Approach", *Journal of Communication*, Vol. 38, March 1988, pp. 12—28.

〔15〕 ［法］让－诺埃尔·卡普费雷：《谣言——世界最古老的传媒》，郑若麟译，上海人民出版社 2008 年版，第 15 页。

〔16〕 Nicholas DiFonzo, Prashant Bordia, *Rumor Psychology : Social and Organizational Approaches*, American Psychological Association（2007）, p.13.

〔17〕 陈雪屏：《谣言的心理学》，商务出版社 1939 年版，第 4—5 页。

〔18〕 郭小安：《当代中国网络谣言的社会心理研究》，中国社会科学出版社 2015 年版，第 16 页。

没有任何根据的事实描述，并带有诽谤的意见指向，因此，它不是中性的传闻，而是攻讦性的负向舆论"[19]。随着社会信息技术的高速发展，网络谣言的泛滥使得谣言的研究再次成为热点，法学界对于谣言的定义也随着时代在变化，在这其中谣言与虚假信息的关系是无法回避的热点。

《现代汉语词典》将"谣言"解释为没有事实根据的消息；[20]《辞海》将"谣言"解释为没有事实根据的传闻或捏造的消息。[21]学术界对谣言的理解也基本以这两种解释为前提展开，取得了不少共识，强调谣言是对客观事实的一种描述，而不能只是单纯的主观性评论；虚假信息应该与现实生活是有关联的，不是神话、迷信和文学作品。[22]但在谣言是否为虚假信息这一问题上，学者们存在分歧。目前学界观点主要分为三种。

第一种观点认为，谣言一定为虚假信息，但谣言的范围小于虚假信息。以孙万怀、谢永江、苏青等为代表。孙万怀认为没有根据的消息往往与实际不符合，因而谣言肯定属于虚假信息。但是与实际不符的消息不一定没有根据，所以虚假信息不一定属于谣言，由此谣言的范围小于虚假信息。[23]分析这一观点之后发现，其本质看法有二：一是将主观上故意传播谣言作为根本条件，没有被人主观故意传播的虚假信息；二是认为以一定的真实信息为基础传播的信息并非谣言，所以谣言的范围小于虚假信息。第一个看法当然是正确的，没有主观故意传播的谣言，当然也是社会学意义上的谣言，但不是刑法上的谣言；但是有一定根据的谣言即部分虚假的谣言并非谣言的看法值得商榷。

第二种观点认为谣言并不一定为虚假信息，认为谣言可真可假。赵远认为，"没有根据的消息也不尽然是与事实不符合的消息"[24]。张书琴认为，"虚假并非谣言的界定标准，谣言可真可假，其根本特征是区别于精确性的不可

---

[19] 刘建明：《社会舆论原理》，华夏出版社2002年版，第211页。

[20] 中国社会科学院语言研究所词典编辑室编：《现代汉语词典》（第7版），商务印书馆2016年版。

[21] 辞海编辑委员会编：《辞海》（第七版），上海辞书出版社2019年版。

[22] 聂昭伟：《网络诽谤犯罪行为的认定及程序适用》，《人民司法（案例）》2020年第32期，第18页。

[23] 孙万怀、卢恒飞：《刑法应当理性应对网络谣言——对网络造谣司法解释的实证评估》，《法学》2013年第11期，第3—19页。

[24] 赵远：《秦火火网络造谣案的法理问题研析》，《法学》2014年第7期，第82—89页。

知性"[25]。廖斌也认为谣言本身可能是真的，但并不必然为假。[26]刘宪权认为"信息的虚假性不是谣言的根本特征"，谣言的本质应当是"未经证实、似是而非"。[27]这一观点人为地扩大了谣言的范围，把谣言定义为中性的词语、等同于传言，其本质是人为地抽掉了谣言中的故意捏造、恶意传播未经证实的消息的成分，是在偷换人们约定俗成的现代谣言概念。

第三种观点认为谣言与虚假信息是同义词。苏青认为"没有根据与捏造都指向信息的虚假性"，"谣言并不必然为虚假的论点没有依据"。[28]谢永江也赞同汉语中的谣言即指虚假信息；而对于未经证实的信息，人们习惯上称之为"传言""传闻"。[29]这种观点认为谣言即为虚假信息。

大多数学者都同意第三种观点，即谣言固然可从汉语词源意义、社会学意义去分析理解，但在法律语义下，谣言和虚假信息可视为同义。孙万怀主张基于限制学解释立场，在刑法语义下，"谣言"和"虚假信息"可视为同义，[30]赵远也认为司法解释中的"虚假信息"应界定为"没有根据"且与"事实不符"的消息。[31]苏青也同意这一观点。[32]廖斌认为在刑法语义下，网络谣言即指网络虚假信息，但谣言概念本身在词源上具有模糊性，建议在立法上不要将同一含义的内容使用不同词语来表达，要将"网络虚假信息"替换为"网络谣言"这一概念。[33]可见，虽然学者们从汉语语义上解读谣言的概念存在差异，但从法律语义上解读，大部分都将"谣言"和"虚假信息"视为同义。

---

〔25〕 张书琴：《网络谣言刑法治理的反思》，《学海》2014 年第 2 期，第 160—168 页。
〔26〕 廖斌、何显兵：《论网络虚假信息的刑法规制》，《法律适用》2015 年第 3 期，第 37—42 页。
〔27〕 刘宪权：《网络造谣、传谣行为刑法规制体系的构建与完善》，《法学家》2016 年第 6 期，第 105—119 页。
〔28〕 苏青：《网络谣言的刑法规制：基于〈刑法修正案（九）〉的解读》，《当代法学》2017 年第 1 期，第 15—26 页。
〔29〕 谢永江、黄方：《论网络谣言的法律规制》，《国家行政学院学报》2013 年第 1 期，第 85—89 页。
〔30〕 孙万怀、卢恒飞：《刑法应当理性应对网络谣言——对网络造谣司法解释的实证评估》，《法学》2013 年第 11 期，第 3—19 页。
〔31〕 赵远：《秦火火网络造谣案的法理问题研析》，《法学》2014 年第 7 期，第 82—89 页。
〔32〕 苏青：《网络谣言的刑法规制：基于〈刑法修正案（九）〉的解读》，《当代法学》2017 年第 1 期，第 15—26 页。
〔33〕 廖斌、何显兵：《论网络虚假信息的刑法规制》，《法律适用》2015 年第 3 期，第 37—42 页。

本文也同意第三种观点，谣言和虚假信息应当可视为同义。理由如下：第一，现代中文语义下的谣言具有负面含义和贬义，一般情况下并非可以与"传言"等同的中性词语。"造谣"总是与"生事""搬弄是非"联系在一起，将谣言定义为虚假信息符合现代中文的语言习惯，易于被人们理解。第二，在法律上，谣言、没有根据的事实、虚假信息是一回事。因为这不是一个哲学问题，而是一个现实的法律事实问题。这里的法律事实的认定标准在于其在现实中有没有可以查证的依据，而不是从长远来看、从哲学真理来看是不是事实，这与刑法维护社会秩序的功能一致。捏造、传播未经证实的信息同样具有严重社会危害性，将其认定为虚假信息符合立法目的。以哲学上的真实标准作为法律事实的认定标准，这在法律上不具有可操作性。第三，从我国《刑法》和《治安管理处罚法》的法条描述来看，"谣言"和"虚假信息"也是同一概念，二者含义相同。

在传统的军事类犯罪中，立法使用了"造谣"一词来描述罪状，笔者认为，原因在于立法当时中国社会并没有"虚假信息"这一表述，同时，为了罪名的简约，立法者直接将生活中的俗语用于制定罪名，"造谣"这一词语的含义仍然是"编造、故意传播虚假信息"。

编造、故意传播虚假信息罪与谣言型寻衅滋事行为在本质上是相同的。行政处罚规范也使用了"谣言"一词。《治安管理处罚法》第 25 条第 1 款规定"散布谣言，谎报险情、疫情、警情"将可能受到拘留、罚款等行政处罚。此处使用的"谣言"与"谎报"是同义词，都是指捏造、传播"虚假信息"。

第四，部分虚假的谣言也应当属于虚假信息。2013 年 9 月出台的《网络诽谤解释》第 1 条将谣言定义为捏造事实或者"将信息网络上涉及他人的原始信息内容篡改为损害他人名誉的事实"，后者实际上就是指部分虚假的事实。

以事件所含信息真实性的成分比重或是否证实作为"虚假信息"的判断标准不具有科学性。对于一个重大事件而言，即使是含有 1% 的虚假成分也可能严重危害社会，所以只要是虚假的信息，不管虚假成分在整个事件中所占比重多大，它本身的虚假性都是 100%。同时，根据虚假成分的比例来判定是否为谣言，也不具备实践上的可操作性。

二、谣言型犯罪应当具有主观 "恶意"

并非一切造谣、传谣的行为都应入罪,确定谣言是否能够入罪要坚持主客观统一的原则。一是在客观上制造、传播不是真实的信息即虚假信息,这是可以事后查明的,即司法机关可以查证制造、传播的信息最终是否有虚假成分;二是主观上故意制造或者传播虚假信息,故意造谣、传谣。

《网络诽谤解释》第 5 条规定 "编造虚假信息" 或者 "明知是编造的虚假信息" 而传播,"编造" 包括了明知的意思,因为编造者当然需要明知,传播也需要明知,所以,编造、传播谣言都要求行为人对虚假信息 "明知"。同时,在《网络诽谤解释》出台的新闻发布会上,最高人民法院新闻发言人孙军工强调了文件出台的背景是:"一些不法分子利用信息网络恶意编造、散布虚假信息⋯⋯"〔34〕,将 "恶意" 的主观心态作为编造、散布谣言的基本要求。"恶意" 不是刑法的立法用语,但就其词义而言,"恶意" 是指 "坏的用意"。〔35〕而 "用意" 是指存在一定的意图,"意图" 在刑法上的规范用语为 "目的"。而犯罪目的的含义是指,犯罪人希望通过实施犯罪行为达到某种危害社会结果的心理态度。〔36〕"希望达到某种目的" 是刑法上直接故意的主观状态。

我国刑法中的谣言类犯罪需要直接故意才能构成,这是谣言型犯罪本身的行为规律的要求。网络信息的传播具有很强的流瀑效应〔37〕,这使人们倾向于相信信息的真实性,但对于信息的真实性又会持有一定的怀疑。所以,根据信息传播的特点,宜将本罪的主观方面限定为直接故意。在当今社会,我们不可能去证实所有信息的真假,再进行传播,这是人类本性使然。〔38〕因此,将间接故意作为谣言型犯罪的主观方面,过高估计了人性的弱点,是刑法上的 "强人所难"。正因为如此,我国在司法实践中处理谣言型犯罪时,只是处理那些制造谣言或者接近谣言原始来源而明知是谣言仍然传播的人,对于网络上广大不明真相的传谣者并没有进行追究,坚持了具体犯罪中的主客观相

---

〔34〕 邢世伟:《最高法:网络辱骂恐吓可追究寻衅滋事罪》,《新京报》2013 年 9 月 10 日,第 A07 版。
〔35〕 中国社会科学院语言研究所词典编辑室编:《现代汉语词典》,商务印书馆 2002 年版,第 329 页。
〔36〕 高铭暄、马克昌主编:《刑法学》(第八版),北京大学出版社、高等教育出版社 2017 年版,第 546 页。
〔37〕 信息流瀑是指一旦有人相信谣言,相信的人就越来越多,少数人服从多数人意见,形成像瀑布一般的强劲态势,进一步巩固了谣言的力量,使即使开始不相信谣言的人也逐渐变得相信。
〔38〕 [美]卡斯・R. 桑坦斯:《谣言》,张楠迪扬译,中信出版社 2010 年版,第 98 页。

统一的原则。

关于主观上的认定标准，中国刑法和美国法律的规定殊途同归。在美国，认定诽谤需要遵循"实际恶意原则"。实际恶意原则是美国在《纽约时报》社诉沙利文案[39]中确立的一条认定虚假信息的原则，与我国要求主客观统一认定虚假信息类犯罪的立法具有异曲同工之处。

1960 年 3 月 29 日，在美国民权运动期间，《纽约时报》刊登了一则捐款广告，旨在为民权领袖马丁·路德·金（Martin Luther King）受到亚拉巴马州伪证罪指控的辩护筹集资金。[40]该广告中提及了一些阻挠民权运动的行为，但部分内容存在轻微失实，例如马丁·路德·金在抗议期间被捕的次数、抗议者唱的歌曲以及学生是否因参与而被开除，这些不实内容涉及蒙哥马利市警察。蒙哥马利警察局长沙利文（L.B. Sullivan）认为监督警察部门是他的职责，虽然广告中并未直接提及他的名字，但是这些对警察行动失实的批评构成了对他个人的诽谤，破坏了他的公职声誉。沙利文对纽约时报社和《纽约时报》广告中提到的一群非裔美国部长提起了诽谤诉讼，在亚拉巴马法庭的判决中，沙利文胜诉，获赔 50 万美元，州最高法院予以确认，纽约时报社向联邦最高法院提起了上诉。

1964 年 3 月，联邦最高法院通过裁决，认定亚拉巴马州法院的判决违反了第一修正案，判决《纽约时报》胜诉。在布伦南法官（Justice Brennan）撰写的多数人意见中，法院认为，当声明涉及公众人物时，仅仅证明新闻报道的不实是不够的，除非有证据表明该声明是在其明知错误或者全然不顾真实与否的情况下作出的。布伦南将这一标准概括为"实际恶意"（actual malice）标准。在诽谤法中，"恶意"意味着明知或者极其鲁莽不顾后果，因为法院发现很难想象有人会在没有恶意的情况下故意传播虚假信息。

我国最高人民法院新闻发言人用了"恶意"一词来解释谣言型犯罪的特征，遗憾的是，这一说明未将犯罪须具有直接故意的主观要件写入《网络诽谤解释》，也没有明确使用"直接故意"这一规范用语。将来，司法解释应当用

---

[39] New York Times Co. v. Sullivan, 376 U.S. 254（1964）.

[40] *The New York Times*, *Advertisement*, *Heed Their Rising Voices*, New York Times, March 29, 1960.

适当的方式明确：谣言型犯罪须有主观上的直接故意。在目前的司法实践中，应当根据最高人民法院新闻发言人的说明，按照直接故意的主观标准认定谣言型犯罪。

三、诽谤罪中应当平等保护公职人员

根据《网络诽谤解释》第 1 条的规定，捏造、传播损害他人名誉的谣言，情节恶劣的，都应当认定为《刑法》第 246 条第 1 款的"捏造事实诽谤他人"，以诽谤罪论处。《宪法》第 41 条规定了公民对国家机关和国家工作人员的批评权、建议权、申诉权、控告权、检举权，但是也规定了公民不得捏造或者歪曲事实对国家工作人员进行诬告陷害，公职人员也应当平等受到人格权保护。

诽谤公职人员能否和诽谤一般公民等同，从我国法律来看，这两者并无区别。但诽谤公职人员这一行为确有特殊性，需要单独讨论。

在我国法学界，有学者认为刑法必须适当降低对公众人物名誉的保护标准。张明楷认为"刑法必须适当降低对公众人物名誉的保护规格"[41]。他引用西方学者的论著，认为在批评公众人物时，即使其中有不实言论与错误陈述，也不得禁止。[42]"对官员名誉的不经意损害和报道中信息的偏差应该给予同样的宽容。"[43]如果需要得知全貌后才能发表评论，这明显不利于公民参与公共事务的讨论。[44]应当禁止政府官员因针对他的职务行为提出的诽谤性虚假陈述获得损害赔偿。[45]以上看法的特点是，提出了适当降低对公众人物名誉保护规格的含糊观点，但是，公众人物的认定标准、降低保护的具体程度，这二者都没有可以操作的指标和边界，同时也没有理论上的合理根据。

"适当降低对公众人物名誉的保护规格"观点的第一个方面的问题是：公众人物是一个实践证明难以把握的概念。

---

[41] 张明楷：《网络诽谤的争议问题探究》，《中国法学》2015 年第 3 期，第 60—79 页。

[42] ［美］安东尼·刘易斯：《言论的边界》，徐爽译，法律出版社 2010 年版，第 40 页。

[43] 侯健：《诽谤罪、批评权与宪法的民主之约》，《法制与社会发展》2011 年第 4 期，第 150 页。

[44] 张明楷：《网络诽谤的争议问题探究》，《中国法学》2015 年第 3 期，第 60—79 页。

[45] 刘艳红：《网络时代言论自由的刑法边界》，《中国社会科学》2016 年第 10 期，第 134—152 页。

　　"必须适当降低对公众人物名誉的保护规格"的理论最初来源于美国的诽谤法。前述所提及的沙利文一案[46]主要针对的就是公众人物，沙利文一案确定了对公职人员诽谤行为的"实际恶意"规则，即当发表言论者诽谤政府官员或者公职人员时，须以"清晰无误、令人信服"之证据证明言表者"明知言论不实或者罔顾真相"。[47]在《周六晚邮报》诉巴茨案[48]中，实际恶意原则的适用范围从"公职人员"扩大到了公众人物，提高了对所有公众人物批评的主观方面的证据标准。

　　不过，这一标准随着时代的发展，也受到了质疑。在 2019 年的麦基诉科斯比案[49]中，美国联邦最高法院审查了这一诽谤案，但法官克拉伦斯·托马斯（Clarence Thomas）撰写了一份反对调卷令的意见，该意见质疑沙利文案的可行性及其采用的实际恶意标准。在贝里沙诉劳森一案[50]中，最高法院依然拒绝调卷，但是戈尔索奇（Gorsuch）法官却提出了对实际恶意标准的异议，请求重新评估沙利文案。他指出，如今的媒体与 1964 年的情况大不相同，"似乎未经调查、事实核查或编辑的出版已成为最佳犯罪策略"，并批评下级法院将实际恶意规则扩大适用于各种有限目的的公众人物。

　　公众人物术语源于"《纽约时报》诉沙利文案"及其后续案件。但在美国司法判例中，"公众人物"这一概念并不明确，美国联邦最高法院一直没有（实际上也不可能）对公众人物下定义，只能在具体的案件中，按照特定的价值取向对其进行类型归属。[51]我国司法裁判中虽然有公众人物人格权"克减"的判例，但是，2014 年发布的《最高人民法院关于审理利用信息网络侵害人身权益民事纠纷案件适用法律若干问题的规定（草案）》将有关公众人物的条款完全删除，立法没有关于公众人物人格权克减或者降低保留标准的任何规

---

〔46〕　New York Times Co. v. Sullivan, 376 U.S. 254（1964）.

〔47〕　吴永乾：《美国诽谤法所称"真正恶意"法则之研究》，《中正大学法学集刊》2004 年第 15 期，第 48—50 页。

〔48〕　Curtis Publishing Co. v. Butts（1967）.

〔49〕　McKee v. Cosby（2019）.

〔50〕　Berisha v. Lawson（2021）.

〔51〕　李洋：《谁是"公众人物"？——重探"纽约时报诉沙利文案"及其后续案件》，《新闻与传播评论》（辑刊）2015 年卷，第 29 页。

定。因此，公众人物只能是具有高度价值相关性的、法官针对具体案件自由裁量确定侵权程度时的考虑因素，不是对公众人物的特殊对待。

"适当降低对公众人物名誉的保护规格"观点的第二个方面的问题是：对公职人员降低保护标准的提法没有合理依据。

公职人员以外的"公众人物"认定困难，但是"公职人员"有确定的含义，我国《监察法》第15条规定了公职人员的含义和范围，是否应当对于针对公职人员诽谤行为例外对待、降低保护标准呢？笔者认为，对公职人员的诽谤罪不应当例外对待，理由是：对公职人员的诽谤不仅侵犯其个人的人格权，还往往严重危害社会秩序和国家利益。因此，刑法特别规定，对侮辱、诽谤罪，一般情况下"告诉的才处理"，但是"严重危害社会秩序和国家利益的除外"。对公职人员可以进行批评，但是通过造谣、传谣的方式危害性比对普通人的诽谤危害更大，不应当区别对待。

当然，对公职人员进行的依据事实的批评，可以适当容忍，习近平总书记指出："网民大多数是普通群众，来自四面八方，各自经历不同，观点和想法肯定是五花八门的，不能要求他们对所有问题都看得那么准、说得那么对。要多一些包容和耐心……"[52]习近平总书记要求用包容和耐心来对待人民群众的意见建议、怨气怨言、错误看法，但是对于故意造谣、传谣，不应当属于上述范围，应当依法处理。

结 语

本文论述了目前我国刑法中谣言型犯罪认定的三个突出问题，前两个问题源于立法用语的不规范和解释的不明确。

在将来的立法中，应当规范立法和司法文件的用语，将"谣""谣言""虚假信息""虚伪事实""捏造事实"尽可能统一表述为虚假信息，在司法实践中可以将捏造（制造）虚假信息、传播虚假信息简称"造谣""传谣"。在立法和司法解释中应当明确谣言型犯罪要具有主观上的直接故意。

另外，"适当降低对公众人物名誉的保护规格"的提法，源于对2014年

---

〔52〕《习近平谈治国理政》（第二卷），外文出版社2017年版，第336页。

发布的《最高人民法院关于审理利用信息网络侵害人身权益民事纠纷案件适用法律若干问题的规定（草案）》的讨论，也有可能间接影响司法。这一文件在正式发布时没有采用公众人物的表述，最高人民法院也应当在发布时予以说明。

以上三个问题，都涉及立法、司法中的争议。为了充分实现立法和司法解释的目的，文件本身应当避免出现争议，曾经发生过的争议应当在正式文件发布时予以说明，这是规范制定者应当认真对待的问题。

域外法治

刑事陪审团说理的欧洲标准

斯蒂芬·C.萨曼 *

田超伟 **

摘 要	欧洲人权法院在塔克斯克诉比利时案裁决中提出：法官应根据客观论点进行推理，并保护辩护人的权利。但是，说明理由的义务范围因裁决的性质而异，必须根据案件的情况来确定。虽然法院没有义务对每一个问题作出详细的回答，但裁决必须清楚地显示，案件的基本问题已得到解决。比利时和西班牙都通过立法要求陪审团说理，在西班牙，陪审团没有说理成为推翻陪审团无罪判决的理由（奥特吉案），也成为推翻陪审团有罪判决的理由（万宁克霍夫案），但无罪释放不需要充分的理由。比利时和西班牙陪审团与英美法系陪审团还有一个重大的不同是，前两者对事实问题的认定可以在上诉审中被推翻。美国陪审团制造了不少冤案，也应当以适当方式说理来防止冤案的发生。
关键词	欧洲大陆；陪审团；裁决理由；上诉审

引 言

在塔克斯克诉比利时案中，欧洲人权法院（ECTHR）认定塔克斯克（Taxquet）杀害一名政府部长并企图谋杀其同伴构成犯罪，申请人塔克斯克认为根据《欧洲人权公约》（ECHR）第 6 条，法院的判决侵害了自己获得公平审判的权利，原因是陪审团没有解释作出有罪裁决的理由。[1]2010 年 11 月

---

* 斯蒂芬·C.萨曼（Stephen C. Thaman），圣路易斯大学法学院教授，文学学士，文科硕士，加州大学伯克利分校法学博士，德国弗莱堡大学博士。本文由萨曼教授通过邮件授权翻译成中文。原文信息：Stephen C. Thaman, *Should Criminal Juries Give Reasons for Their Verdicts?: The Spanish Experience and the Implications of the European Court of Human Rights Decision in Taxquet v. Belgium*, 86 Chi.–Kent L. Rev. 613 2011, pp. 613—668.

** 田超伟（1997—），河北唐山人，广西大学硕士研究生。

〔1〕 Taxquet v. Belgium, App. No. 926/05,（Eur. Ct. H.R., Jan. 13, 2009）.

16 日，欧洲人权委员会大审判庭维持了这一判决，但对陪审团无须解释判决理由的审判制度提出了质疑。[2]

刑事陪审团制度起源于古代英格兰，通常被认为是社会的良知，陪审团的决定具有内在合法性，通过判决"说出真相"，不需要其他理由解释判决。[3]判决的合法性类似于民主选举或议会投票的合法性，因为过去普通法要求判决必须全票通过，即使有时结果看起来不那么合理，只要全票通过，判决依然生效。塔克斯克案的辩护律师向欧洲人权法院提出了类似的论点。美国、英格兰和威尔士的陪审团作出无须说理的"总体裁决"，这些判决仅仅表明被告针对所指控的主要罪行或次要罪行是"有罪"还是"无罪"。这些判决的逻辑只能通过研究证据清单和法官对于法律及证据的具体应用来推断。

在比利时所属的大陆法系领域，自我合法化的陪审团并不像在普通法系那样接连存续了几个世纪。出于各种原因，中世纪晚期欧洲大陆的非专业人士参与审判的制度被废除了，无论是陪审团制度还是有陪审员参审的混合法庭，取而代之的是由专业法官负责的审问式书面程序。虽然专业法官牢牢掌握着刑事调查权、审判权和惩罚权，但他们不能像陪审团一样根据自己的良心自由判断。这种规定符合正式的证据规则，这些规则要求法院认定被告人有罪需要满足以下条件，要么被告承认犯罪，要么有两个以上的证人指证，例如至少有两名目睹犯罪的正直的男性基督徒作证。

由于被告主动坦白的情况很少发生，因此法律允许警方在审问被告时使用酷刑。在中世纪，被告人供述是当之无愧的"证据之王"。在这种制度安排下，法官自由评估的唯一内容就是是否有足够的间接证据证明实施酷刑的合法性，或确定对拒不招认而不能定罪的嫌疑人施加"特殊惩罚"或特别处罚。

后来，法国大革命和启蒙运动批判了以供述为基础的审讯程序。自此，英国普通法才开始在欧洲大陆产生影响。法国引入了陪审团审判制度，废除了法定证据制度，允许陪审团根据其内心确信作出判断，并最终作出无罪释放的决定。在 19 世纪，很多欧洲国家效仿法国引入陪审团审判制度，但大陆法系的陪审团并不像英美法系陪审团那样简单，作出"有罪"或"无罪"的

---

[2]　Taxquet v. Belgium（GC），App. No. 926/05，（Eur. Ct. H.R.，Nov. 16, 2010）.

[3]　在美国，有罪判决在宣布后就是最终判决，陪审团裁决后的有罪判决直到 1889 年才可上诉，当时国会允许对死刑案件提出上诉。United States v. Scott，437 U.S. 82, 88（1978）.

总体裁决即可。这些陪审团需要回答一份对具体问题的特别裁决清单或"问题清单",其中涉及被控罪行的基本要素以及双方的辩护观点、理由。是否认定被告有罪清单中的问题最终无论都需要多数票同意。

法国接受了英国陪审团根据良心或"内在信念"自由评估证据的规定,同时也制定了问题清单制度,后者使法官能够看到陪审团处理案件的逻辑。因此,法院能够根据陪审团对清单的回答确定陪审团采信的证据和事实并起草书面判决。[4]一般来说,美国法院不承认这项特别裁决制度的合理性,因为这项制度让专业法官对陪审团评估案件事实和适用法律有了太多的控制权。[5]

然而,同样是那些提倡采用陪审团制度和法官自由评估证据的启蒙思想家,他们坚决反对将事实纳入法律,使专业法官控制所有事情。那时的启蒙思想家认为:国家的法官仅仅是法律的"传声筒",是无独立思想的生物,他们既不能削弱法律的力量,也不能缓和它的严厉。

虽然在意大利和法国启蒙运动中"法官作用机械论"的观点逐渐为德国大众所接受,但到了18世纪,德国发展出一种与"法官作用机械论"完全相反的观念。根据这些早期启蒙思想家的观点,法官应该明智地运用自然法原则,扮演消除法律缺陷的救世主的角色;应该废除不合理的法律,将无辜者无罪释放。随着法定证据制度被废弃,内心确信或"证据自由评估"的概念与陪审团审判一起被引入德国,欧洲大陆对专业法官职能范围产生的争议越来越多。[6]

在欧洲大陆,陪审团法庭并不具有刑事案件的默认管辖权。在大多数国家,陪审团只能审判最严重的罪行,如谋杀或强奸、政治犯罪和新闻犯罪。例如,1877年《德国刑事诉讼法》规定,只有可能被判处五年以上监禁的重罪才能由陪审团进行审判。由五名专业法官组成的专业法庭可以审理可能被

---

[4] Stephen C. Thaman, *Europe's New Jury Systems: The Cases of Spain and Russia*, in *World Jury Systems* 338—347(Neil Vidmar ed., 2000).

[5] Wayne R. Lafave Et Al., *Criminal Procedure* 1192-93(5th Ed. 2009).

[6] 法国在1791年引入陪审团审判制度,其他欧洲国家,除了荷兰和卢森堡,在整个19世纪都断断续续地效仿。1871年德国统一后的第一部刑事诉讼法规定陪审团审判。俄罗斯帝国在1864年引入陪审团审判制度。在几次尝试失败后,西班牙最终在1888年的刑事诉讼法典中引入陪审团审判制度。

判处五年及以下的案件。于 1818 年首次在德国巴登—符腾堡州引入的舍芬[7]法庭（混合法庭）由一名专业法官和两名非专业法官构成，非专业法官可以裁决所有事实和法律问题，混合法庭只审理可能被判处三个月以内监禁的轻罪或违法行为。在所有没有陪审员参与的法庭上，法官都需要像陪审员一样，根据他的"内心信念"来确定案件事实是否得到证明。这一观点与德国早期启蒙思想家的思想是一致的，孟德斯鸠和贝卡利亚的"法官作用机械论"理念逐渐受到德国大众的欢迎，费尔巴哈和密特迈尔都是该观点的忠实捍卫者。

虽然陪审团的引入及其根据良心或内心确信自由评估证据的制度加快了欧洲大陆取消正式证据规则的脚步，但人们仍然不愿让专业法官在不受证据规则约束的情况下自由作出决定。1846 年，伟大的德国法学家萨维尼在担任普鲁士司法部长时，在一篇匿名文章中提出了一个折中方案。法官在评价事实时还是会受到"思想法则、经验和人类知识"的约束。同年，柏林的一项法令规定法官必须说明其决定的理由：

> 作为事实审判者的法官必须从现在开始，在对控方和辩方的所有证据进行仔细评估的基础上决定被告是否有罪，因为庭审的实质在于当庭判决。然而，法官有义务给出促使他作出相应判断的理由。

德国的"证据自由评估"理论逐渐被赋予了与法国的"内心信念"截然不同的含义，法国的制度设计被批评不符合理性，批评者们坚信"有理由才能定罪"。米尔扬·达马斯·卡认为法国的内心确信是"浪漫"的，并将其与德国的做法进行比较，德国的做法是让法官不再拥有"无视有效推理逻辑的权力"。[8]

即使陪审团法庭作为重罪的管辖法庭在德国牢牢站稳了脚跟，但德国学者仍然一直在质疑陪审团可以不受限制地认定事实的合法性。相应地，批评

---

[7] 舍芬是社区中备受尊敬的人，他们与专业法官、贵族或集体政治领袖一起处理法律纠纷。他们在查理曼的神圣罗马帝国中扮演着重要角色，但当书面调查制度取代了古老日耳曼传统的指控式口头和公开审判时，他们逐渐被专业法官所取代。.

[8] Mirjan R. Damska, *Evidence Law Adrift*, Yale University Press（1997），p.21.

者称赞混合法庭有两个优势：它使事实问题（陪审团）和法律问题（专业法官小组）可以同时被认定；它要求法院提供判决理由。

在 19 世纪和 20 世纪，经典的陪审团（多数判决）仍然是审判谋杀案和其他重罪的默认管辖法庭，同时，混合法庭这种专业法官和非专业法官共同审理案件的模式也开始被其他国家接受。后来，布尔什维克主义和法西斯主义在欧洲兴起，反陪审势力开始对德国移植英国模式的做法进行批判。1917 年，布尔什维克废除了陪审团制度，取而代之的是一个类似于 1877 年《德国刑事诉讼法》规定的混合法庭。[9] 1924 年，根据司法部长的法令，德国陪审团变成混合法庭，据说这是在经济衰退期间的一项节省成本的措施。1922 年的意大利法西斯主义者、1927 年的葡萄牙独裁者萨拉查和 1939 年的西班牙总司令弗朗哥也废除了陪审团，意大利将陪审团改为混合法庭。1941 年，法国维希政府也将其陪审团转变为广义的混合法庭。到第二次世界大战结束时，欧洲范围内也只有比利时、奥地利、瑞士的一些州、丹麦和挪威保留陪审团形式。

极权政权不能容忍陪审团制度其实并不意外；陪审团可以顶住来自行政部门的压力，通过"内心确信"来给被告定罪，在大多数司法管辖区推翻陪审团的无罪判决非常困难。但是，为什么像德国、法国或意大利这样的国家在二战后建立经典的民主政体时没有采用经典的陪审团制度呢？因为（意大利人清楚地知道）宪法对理性判决的要求阻碍了经典陪审团模式的回归。

近年来，陪审团的地位在摆脱极权或独裁政权的民主化国家中略有回升。西班牙将陪审团审判纳入 1978 年的民主宪法，并最终于 1995 年通过立法执行宪法命令确立了陪审团制度。1993 年，俄罗斯 9 个省引入了陪审团审判制度，2001 年到 2009 年 9 年间将该制度扩展到整个领域。以上两国都引入了包括要求问题列表、多数判决和对无罪可以上诉的欧洲模式。[10] 2010 年，格鲁吉亚共和国引入美国式陪审团，陪审团普遍需要作出一致裁决，禁止控方对

---

〔9〕 Stephen C. Thaman, *The Resurrection of Trial by Jury in Russia*, 31 Stan. J. Int' l L. 61, 65–67（1995）.

〔10〕 欧洲人权理事会列举了 7 个欧洲国家（奥地利、比利时、爱尔兰、挪威、俄罗斯、西班牙和瑞士）的陪审团制度，这些国家使用问题清单来代替与被控罪行有关的简单一般性裁决。Taxquet v. Belgium（GC），App. No. 926/05，（Eur. Ct. H.R.，Nov. 16，2010），§49。

无罪判决上诉。[11]苏联解体催生出一系列新的宪法和刑事诉讼法典，许多新独立的共和国（如乌克兰、亚美尼亚、阿塞拜疆、白俄罗斯、吉尔吉斯斯坦）都在灵活适用经典的陪审团制度，哈萨克斯坦仿照 1941 年后的法国模式（9 名非专业法官、2 名专业法官），引入了一个广义的混合法庭概念，称为陪审团法庭。[12]除此之外，许多苏联加盟共和国以及前东欧社会主义国家保持着一种类似德国和苏联所采用的混合法庭。[13]根据欧洲人权委员会收集的数据，欧洲委员会的 14 个成员国要么从来没有，要么已经完全取消了非专业人员的参与。[14]

因此，在欧洲，经典陪审团的传统（可能根据其良知或内心确信作出决定）与要求对判决进行推理以防止武断并确保有效的上诉权之间存在冲突。一个由 12 人（如比利时、俄罗斯、英格兰和威尔士）或 9 人（如西班牙）组成的陪审团能否令人信服地阐明其认定某些事实已被证明的原因？如果可以，其是否必须就判决的理由以及特别判决中包含的问题的答案进行投票，并达到所需的多数？

在这篇文章中，我将首先讨论比利时的陪审团制度和欧洲人权法院对塔克斯克的判决，然后探讨理性判决的要求将在多大程度上影响欧洲陪审团的

---

[11] 参见《格鲁吉亚共和国刑事诉讼法》第 231 条第 4 款。欧洲人权法院列出了仍有"传统"陪审团制度的欧洲国家，如奥地利、比利时、格鲁吉亚、爱尔兰、马耳他、挪威（仅在上诉时）、俄罗斯、西班牙、瑞士（仅指 2011 年 1 月 1 日废除陪审团以前）和英国（英格兰、威尔士、苏格兰和北爱尔兰）。Taxquet v. Belgium（GC），App. No. 926/05，（Eur. Ct. H.R.，Nov. 16，2010），§ 47。

[12] Stephen C. Thaman, *The Two Faces of Justice in the Post-Soviet Legal Sphere: Adversarial Procedure, Jury Trial, Plea-Bargaining and the Inquisitorial Legacy, in Crime, Procedure And Evidence In A Comparative And International Context. Essays In Honor Of Professor Miran Damaska,*（John Jackson et al. eds., 2008），pp. 112–113.

[13] 人权法院称之为"非专业裁判的合作法庭模式"。Taxquet v. Belgium（GC），App. No. 926/05，（Eur. Ct. H.R.，Nov. 16，2010），§ 44。具有合作法庭的欧洲委员会成员包括：保加利亚、克罗地亚、捷克、丹麦、爱沙尼亚、芬兰、法国、德国、希腊、匈牙利、冰岛、意大利、列支敦士登、摩纳哥、黑山、挪威、波兰、葡萄牙、塞尔维亚、斯洛伐克、斯洛文尼亚、瑞典、马其顿和乌克兰。Taxquet v. Belgium（GC），App. No. 926/05，（Eur. Ct. H.R.，Nov. 16，2010），§ 46。

[14] 这 14 个成员国包括：阿尔巴尼亚、安道尔、亚美尼亚、阿塞拜疆、波斯尼亚和黑塞哥维那、塞浦路斯、拉脱维亚、立陶宛、卢森堡、摩尔多瓦、荷兰、罗马尼亚、圣马力诺和土耳其。Taxquet v. Belgium（GC），App. No. 926/05，（Eur. Ct. H.R.，Nov. 16，2010），§ 45。

生存。在这里，我将重点谈谈西班牙，在那里，陪审团被要求为其裁决提供理由，具有较强生命力的高等法院判例已经发展起来，保障了陪审团说理的质量和充分性。最后，我建议美国的陪审团法庭在某种程度上为其有罪判决提供理由，尽量减少因证据有缺陷而出现误判。

一、比利时陪审团和塔克斯克诉比利时案的裁决

（一）比利时陪审团和刑事诉讼程序的特殊性

1830 年，比利时从荷兰独立。1831 年《比利时宪法》第 98 条宣布："所有严重罪行以及政治和新闻犯罪均应组成陪审团进行审判。"陪审团被视为一个新民主国家的试金石。1930 年通过的一项法律扩大了陪审团的参与范围，并赋予陪审团制度如今的形式：由 12 人组成的陪审团和由 3 名法官组成的小组，分别审议事实和法律问题。1994 年的《宪法》与 1831 年《宪法》第 98 条的措辞相同，1999 年对《宪法》进行了修正，陪审团的受案范围排除了"因种族主义或仇外情绪而发动的新闻犯罪"。

在比利时，专业法官须向陪审团提交一份陪审团必须回答的问题清单。根据《比利时刑事诉讼法》第 337 条，这些问题必须基于起诉书文本。原则性问题包括被指控罪行的要素，也可以包括在审判期间提出的涉及辩护理由、罪重、罪轻情节的问题。根据《比利时刑事诉讼法》第 341 条的规定，"法官在拟定问题后，将这些问题与起诉书、调查档案中证明罪行的报告、其他文件一起交给陪审团，但证人的书面陈述除外"。

2009 年以前，在陪审团进行审议之前，审判长须向陪审团宣读以下说明，这些说明也在陪审团会议室以大号字体写成标语，以供所有人观看：

> 法律没有要求陪审员解释他们是如何定罪的；法律没有规定他们应特别信赖证据的完整性和充分性的规则；法律要求他们在沉默和沉思中问自己问题，并以他们真诚的良心辨明：关于被告的证据和被告的陈述对他们的理性产生了什么影响。法律并没有对他们说：凡法庭上证明的事，你们都要当作是真的。法律也没有告诉他们："你不必切实相信每一份证据"，无论它们来自何处。陪审员只需回答一个问题："你内心被说服了吗？"

由 3 名专业法官组成的法庭如果一致认为陪审团在不违反其程序职责的情况下作出明显错误的裁决，该裁决可能被放弃，并将案件提交另一陪审团重审。然而，在现代比利时，这种情况只发生过三次。[15] 1994 年《比利时宪法》第 149 条也要求"所有判决都应包含理由"。

（二）问题清单的内容

塔克斯克和其他 7 人因谋杀政府部长 A.C. 和他的伴侣 M.H–J 于 1991 年 7 月 18 日以谋杀罪接受陪审团审判。被告被指控为犯罪的实施者和教唆者。[16]

只有一名被告为自己辩护作证。陪审团听取了两名警察的证词，说一位匿名证人指控：包括被告和另一名重要的政治人物在内的 6 人计划在 1991 年 7 月前暗杀政府部长，因为部长声称在他回来后将披露一些重要信息。这名线人没有被列为正式证人，从未受到调查法官的讯问，其姓名未被透露。

尽管陪审团接到指示，匿名证人不是被告之一，但比利时法语区的国家广播电视网公开广播了本案共同被告 S.N. 的声明，他声称自己是匿名证人，并因提供信息获得了 300 万比利时法郎（约合 74368 欧元）。比利时司法部部长证实了这一点。初审法院驳回了一些被告提出的询问匿名证人的动议。

问题清单被提交给陪审团，其中共 32 个问题。根据比利时法律，所有问题都要求以简单的"是"或"不是"来回答。其中 4 个问题涉及被告塔克斯克。下面罗列与谋杀部长有关的两个问题（另外两个问题的措辞与此完全相同，涉及谋杀未遂指控）。

【问题 25】公诉人：当庭的被告塔克斯克是否故意于 1991 年 7 月 18 日杀害 A.C.？包括主动实施和通过任何行为帮助实施该罪行？是否通过金钱诱导、威胁、滥用职权、欺骗或直接煽动他人实施该罪行，包括在公开场合和非公共场合发言而直接煽动他人实施该罪行？

【问题 26】加重情节：前一个问题提到的故意杀人是有预谋的吗？

陪审团对这 4 个问题都回答"是"。巡回法院判处被告 20 年有期徒刑，被告提出上诉。上诉理由是广播电视网对匿名证人的偏听偏信造成了侵权，审判法院未对匿名证人进行审查，以及陪审团没有就清单中的问题给出回答，

---

〔15〕 Taxquet v. Belgium（GC），App. No. 926/05，（Eur. Ct. H.R.，Nov. 16，2010），§ 31.

〔16〕 Taxquet v. Belgium（GC），App. No. 926/05，（Eur. Ct. H.R.，Nov. 16，2010），§ 10.

但均被驳回。

比利时最高上诉法院在 2009 年欧洲人权委员会对塔克斯克案作出初步裁决后发现，陪审团裁决依据的《比利时刑事诉讼法》第 342 条和第 348 条违反了《欧洲人权公约》第 6 条，因此不应当再适用。此外，根据塔克斯克案的特殊事实，被告有权知道他的定罪在多大程度上是依据匿名证人的证词。2009 年 12 月 21 日，比利时立法机构因此案对巡回法院进行改革，改革规定陪审团应为其裁决提供理由。新的《比利时刑事诉讼法》第 327 条取代了旧条文中陪审室展示的、关于逾期定罪的指示，新的内容为："法律规定，只有从所承认的证据中明显地证明被告对他被指控的罪行有罪，被告才能被定罪。"最重要的是，新的《比利时刑事诉讼法》第 334 条要求陪审团阐明其作出决定的主要原因。根据《比利时刑事诉讼法》第 336 条第 1 款的规定，陪审团要先退席，就是否有罪进行讨论，在作出裁决后，陪审团将邀请 3 名法官到陪审团室，帮助其起草判决文书。

如果法庭一致认为陪审团在作出判决的主要原因方面——特别是在证据、法律概念、法律规则的适用方面——明显错误，法院有权宣布该案裁决应被放弃，并将其交给新的陪审团审理。

（三）欧洲人权委员会大审判庭的推理

2010 年 11 月 16 日，欧洲人权委员会对塔克斯克案件提出了指导意见：一般来说，《欧洲人权公约》不要求陪审员给出他们的决定理由，第 6 条不排除被告由非专业陪审团审判，即使陪审团没有给出判决的理由。[17] 但是，委员会用下列语言对这一主张作了限制：

> 为了满足公平审判的要求，被告人，实际上是公众，必须能够理解所作出的判决，这是防止任意性的重要保障……法治和避免任意性权力是《欧洲人权公约》的基本原则。在司法领域，这些原则有助于提高公众对一个客观和透明的司法制度的信心，这是民主社会的基础之一。

关于非陪审团审理案件中司法理由的要求，大审判庭认为：在由专业法

---

〔17〕 Taxquet v. Belgium（GC），App. No. 926/05，（Eur. Ct. H.R.，Nov. 16，2010），§90.

官主持的诉讼程序中，被告对其定罪的理解主要来自司法裁决中所给出的理由。在这种情况下，国家法院必须充分清楚地表明它们作出决定的依据。合理的决定还有助于向当事各方表明他们的意见被听取，从而有助于他们更愿意接受决定。此外，当事人要求法官根据客观论点进行推理，并保护辩护人的权利。但是，说明理由的义务范围因裁决的性质而异，必须根据案件的情况来确定。虽然法院没有义务对提出的每一个问题作出详细的回答，但裁决必须清楚地显示，案件的基本问题已得到解决。

委员会试图阐明，在陪审团审理的案件中，有些因素可以弥补没有理由的情况。这种情况下陪审团无须给出理由，而是以防止任意决策的程序保障来替代，此类程序保障可包括：由首席法官就所引起的法律问题或所引证的证据向陪审员提供指示或指引；由法官提交给陪审团精确、明确的问题，形成裁决的框架，以陪审团的回答充分抵消没有给出理由的问题；必须注意向被告开放各种上诉途径。

在对塔克斯克案采用这一标准进行检验时，委员会发现，"起诉书和向陪审团提出的问题都没有充分说明申请人实施了他被指控的罪行"。针对这些问题，欧洲人权法院指出，国内法院"没有提到任何可以使申请人理解为什么他被判有罪的确切和具体的情况"。法院还指出：在如此复杂的两个月的审判中，即使连同起诉书一起，本案的问题清单不能使申请人确定审判时讨论的证据和事实情况中哪一项最终使陪审团对关于他的四个问题作了肯定的回答。例如，申请人无法明确共同被告是否参与犯罪；无法确定陪审团对他在共同犯罪中角色定位的看法；无法理解为什么罪行被归类为预谋谋杀而不是一般谋杀。

最后，委员会指出，塔克斯克被剥夺了对陪审团法庭判决的事实依据提出上诉的权利，因为他向最高上诉法院提出的上诉仅限于对法律错误的上诉。

二、欧洲大陆陪审团裁决说理的经验

（一）瑞士的经验

瑞士是第一个承认陪审团应该而且能够对其判决提出理由的欧盟成员国。1952 年，瑞士联邦法院（Swiss Federal Court）驳回了苏黎世陪审团的一项不合理裁决，宣布：联邦法院没有禁止各州允许陪审团从事实上，甚至从法律方面对有罪问题作出裁决，并允许特别陪审团法庭就裁决的法律后果发表声明。但就像其他州的刑事判决一样，最终判决必须表明哪些事实得到证明，哪些检察官的指控或辩方的答复应该被视为未经证实或无关紧要，裁决的说理可以通过陪审团在裁决中回答足够具体的问题，也可以通过其他说理的形式来实现。

瑞士唯一试图通过要求陪审团给出理由来挽救陪审团制度的州是日内瓦州。1977 年 9 月 29 日，日内瓦议会通过了一项新的刑事程序法典，保留了审判重罪的陪审团法庭和审判轻罪的混合法庭。当时，陪审团只需要给出其选择实施惩罚的理由，但在 1992 年，该法典被修订，允许陪审团在它认为其裁决不容易被理解的案件中给出简明理由。1996 年对该法典的进一步修订要求陪审团对其问题清单中的每一个回答都系统地说明理由，允许陪审团传唤法庭的书记员到陪审团室协助陪审员说明理由，然后由专业法官根据这些理由草拟判决。

2011 年 1 月 1 日，《瑞士联邦刑事诉讼法》生效，取代了各个州订立的州法典。新的联邦法典不包含任何关于陪审团审判的内容。大多数评论人士同意，这意味着瑞士取消陪审团制度，即使各州仍有权力决定其法院的审判组织。《日内瓦刑事诉讼法》第 327 条规定仍然有效，要求陪审团陈述"对主要证据的看法，陪审团作出裁决的理由，以及法院和陪审团就判决附加任何措施或作出决定的法律依据"。

（二）西班牙陪审团的说理要求

1. 陪审团还是混合法庭

在佛朗哥独裁政权倒台后，《西班牙民主宪法》于 1978 年颁布，其第 125 条保障人民有权以法律确定的形式通过陪审团参与司法。[18] 但是，该宪法第 120 条第 3 款要求陪审团作出合乎情理的判决。西班牙法学家和政治家们就"陪审团"一词是否可以解释为包括德国、意大利和法国的混合法庭进行了多年的辩论。然而，立法机关最终颁布了 1995 年《陪审团法院组织法》，这一举动让经典的陪审团复活了。

---

[18] Stephen C. Thaman, *The Nullification of the Russian Jury: Jury-Inspired Reform in Eurasia and Beyond*, 40 Cornell Int'l L. J. 355, 379-99（2007）; Stephen C. Thaman, *Spain Returns to Trial by Jury*, 21hastings Int'l & Comp. L. Rev. 241, 321-53（1998）, p. 242.

2. 1995 年《陪审团法院组织法》

新的西班牙陪审团法庭由 9 名陪审员和 1 名专业法官组成。[19]按照 19 世纪欧洲大陆的模式，陪审团需要回答一份问题清单，这些问题的答案要么是"是"，要么是"不是"。这个问题清单在西班牙被称为"判决表"。判决书应就每一项被指控的罪行和每一名被指控的被告提出以下主张：（1）证明犯罪发生的事实（罪状）和被告是作案人（主要事实）；（2）辩方的主张；（3）可以完全证明或者否认被控的犯罪事实；（4）参与犯罪的事实或者法定的加刑或者减轻罪行的情节的陈述；（5）犯罪人有罪或无罪。法律规定，对被告不利的决定必须由 7 票同意的绝对多数票作出，对被告有利的决定必须由 5 票同意的简单多数票作出。[20]

然而，西班牙新的陪审团法最具创新性的方面是要求陪审团为其裁决提供理由。在其裁决中，陪审团必须在第一段中列出它认为已被证实的主张或问题，并说明投票是一致同意的还是多数通过的；再罗列出没有通过相应多数票得以决定的问题。陪审团随后宣布"有罪"或"无罪"的裁决。最重要的是，最后一段是这样开头的："陪审员在作出上述声明时依赖以下证据"，然后是一份证据清单。此后，陪审员必须"简明扼要地解释为什么他们采信或拒绝采信某些事实已被证明"。陪审团也可以传唤具有法律学位的法院秘书到陪审团室来帮助陪审员撰写理由。

如果法官注意到下列任何问题，西班牙陪审团允许法官将判决退还给陪审团：（1）未就事实命题的整体作出声明；（2）未就每一项犯罪指控宣布有罪或无罪；（3）需要确定的事项没有获得必要的多数；（4）不同的声明相互矛盾，包括各项已证实的事实存在矛盾，或对罪行的认定与已证实的事实相互矛盾；（5）审议或表决方法发生错误。

然而，西班牙法律确实赋予主审法官在某种程度上控制错判无辜者的能力。《29 号联邦刑事诉讼规则》规定：一旦控方提交的证据存在上述情形，辩方可以向主审法官申请解散陪审团，或主审法官认为这些证据不足以认定被告有罪，也可以依职权决定解散陪审团。

---

[19] L.O.T.J., B.O.E. n. 122, May 22, 1995 at art. 2.
[20] L.O.T.J., B.O.E. n. 122, May 22, 1995 at art.59（I）.

在西班牙新陪审团制度实施的前两年里，这种防止陪审团基于伪证判案的规定只使用过两次。另一项规定要求初审法官在接受有罪判决之前，"需要有明确的证据推翻法律规定的无罪推定"。一旦法官作出了有罪判决，法官必须提供一份令人信服的判决，将事实与法律逐一对应，然后才能判刑。

（三）西班牙陪审团最初几年的说理是否充分

在西班牙陪审团制度实施的前一两年里，陪审团作出有罪判决的理由往往是笼统的或概括的，几乎没有关于陪审团为什么、如何得出结论的信息。典型的说理仅笼统地提到"证人"或"证据、专家、被告的证词"等字眼，但没有进一步说明陪审团作出判决的过程。[21]有些案件中，陪审团会提到他们根据哪个证人的证词回答了问题清单中的哪一个问题，有时还强调某一证人证词的重要性，或者被告的证词矛盾或缺乏可信度。[22]有时陪审员们还会解释他们如何根据间接证据作出推论以证明判决书上的具体主张。

陪审员有时会为问题清单上问题的答案给出令人钦佩的详细理由。在巴塞罗那的一个案件中，司法总顾问指出，"裁判原因应当是广泛的、具体的、个性化的、显而易见的。陪审团说明证据的来源就已经表明得出这个结论的原因"。来自法国的司法总顾问还提到马德里省法院对贝恩德兹（Berndrdez）和其他人的判决，陪审团写了3页"广泛、详细的理由"，其中陪审团确定了"证据来源和证据内容"。

西班牙陪审团审判制度在最初几年出现的许多问题可以归咎于它的新颖性、法官在起草特别裁决和指导陪审团方面缺乏经验。然而，当最高法院开始因陪审团的理由不足而推翻陪审团的裁决时，初审法院开始在一定程度上关注如何指示陪审团为其裁决提供理由。

专业法官为陪审员提供指导是保证陪审团为其裁决提供的理由令人信服的一种方法。塞维利亚省法院法官何塞向陪审团作出以下指示：《宪法》第

---

[21] Stephen C. Thaman，*The Nullification of the Russian Jury：Jury-Inspired Reform in Eurasia and Beyond*，40 Cornell Int'l L. J. 355，379-99（2007）；Stephen C. Thaman，*Spain Returns to Trial by Jury*，21 Hastings Int'l & Comp. L. Rev. 241，321-53（1998），p. 366.

[22] Stephen C. Thaman，*The Nullification of the Russian Jury：Jury-Inspired Reform in Eurasia and Beyond*，40 Cornell Int'l L. J. 355，379-99（2007）；Stephen C. Thaman，*Spain Returns to Trial by Jury*，21 Hastings Int'l & Comp. L. Rev. 241，321-53（1998），pp. 366—367.

120 条第 3 款规定，判决必须有理由，在某种程度上，法官必须给出判决的理由。如果遗漏了理由，判决将被撤销。陪审团需要用证据来解释事实，可以尽量简明扼要，但它必须是具体的。仅仅描述一个事实被"证人"证明是不够的，例如"所有的证人都说是这样的"或者"证人 X 这样说了，但我们觉得比证人 Y 说的话更有说服力"。

（四）西班牙关于陪审团说理的性质之争

1. 概 括

1882 年颁布的《西班牙刑事诉讼法》，参考传统的陪审团制度，"允许法官在作出判决时根据自己的良心采信审判中的证据"。《西班牙刑事诉讼法》不要求法官对他们认为已被证明的事实给出理由，甚至不要求列出作为判决基础的所有事实。德国的情况同样如此，当时陪审团仍然只对重罪作出裁决。1877 年通过《德国刑事诉讼法》后，陪审团仍然只判决最严重的罪行，法律要求"初审法官依据审判得出的结论自由定罪并作出裁决"。在发布有罪判决时，《德国刑事诉讼法》只要求审判法官列出能够证明被控罪行存在或不存在的理由，或存在减轻和加重情节的理由。

人们可以将 19 世纪德国和西班牙的刑事诉讼法与 1988 年通过的《意大利刑事诉讼法》进行比较，这些法典反映出陪审团仍然在欧洲大陆上发挥着强大作用。《意大利刑事诉讼法》是在经典陪审团转变为混合法庭很久之后颁布的，并且要求法官进行理性判决。因此，《意大利刑事诉讼法》第 192 条第 1 款规定，法官应对证据进行评估，同时考虑"所获得的结果和采用的标准"。

尽管先前的法典规定法官仅须根据"内心确信"或"良心"作出裁决，但实际上，欧洲判例法已经要求刑事案件的判决必须在对证据进行理性评估的基础上作出。因此，1990 年，西班牙宪法法院在解释《西班牙宪法》第 120 条第 3 款时，宣布支持"判决是从法律角度作出的理性决定，而不是法官简单、武断地行使司法权，后者是不被允许的"。后来，宪法法院在 2001 年的一项决定中作出了进一步规定：每一项定罪判决都应包括：（1）裁定被告承担刑事责任所依据的证据；（2）该证据必须真实、合法；（3）证据通常在审判期间提出，但宪法允许的例外情况除外；（4）法院的裁决应当符合逻辑和经验。

西班牙高等法院强调判案需要遵循"逻辑和经验规则",对证据采用了德国萨维尼在 1846 年提出的"自由评估"方法。法官享有的这种法定的解释自由受德国高级法院所限制,这种自由根本上源于《德国刑事诉讼法》。德国高级法院自己负责审查这些事实的发现过程,以及认定罪名是否"符合逻辑和经验"。意大利法官也必须根据"逻辑、科学、经验"三种标准给出判决理由。

在评估陪审团的理由是否充分时,西班牙最高法院在两种标准之间摇摆不定:一种是宽松的、灵活的标准,另一种是严格的标准。宽松的标准只要求陪审团列出在庭审中提出的证据作为其裁决的依据,而严格的标准则要求陪审团实际说明其认定案件事实的原因和方式,这种情形类似于专业法官在起草判决书时作出的解释。巴斯克地区的上诉法院审理陪审团裁决上诉案件时规定了陪审团理由充分性的三种标准:最高标准、最低标准和中间标准。最高标准要求陪审团详细描述推理逻辑和过程。最低标准只需要对已被证明的事实进行粗略的说明,而巴斯克地区的上诉法院采用的中间标准则要求陪审团清楚地说明它所依赖的证据手段。

最低标准认为,陪审团给出的"简洁"理由并不是宪法所要求的,因为陪审团的裁决与专业法官的判决不一样,基于陪审团对问题的回答,判决背后的推理或逻辑可以由专业法官或上诉法官依据问题清单或者根据在审判中提出的证据来解释。这种做法与欧洲大陆采用的传统陪审制度更为接近。在欧洲大陆的陪审团制度中,陪审团对问题清单的回答会与审判时提出的证据一起为陪审团的裁决提供充分证据。虽然塔克斯克案件的问题清单不足以揭示陪审团作出裁决的事实基础,但笔者对塔克斯克案的理解是,欧洲人权法院会接受陪审团采用最低标准作出的推理,甚至在证据明确和法律提供适当指导的情况下适用普通法作出的裁决。

现在,笔者将简要介绍一下在西班牙判例法中如何应用更严格的推理方法,以及这些方法在判例中如何被公众接受。由于灵活的做法使法官更有责任指导陪审团,并在有需要时补充其工作,在此首先讨论:(1)西班牙法律规定法官有足够的证据才能定罪;(2)问题清单或判决书表格根据庭审中的证据确立陪审团对事实认定的态度;(3)法官有发回陪审团裁决、要求其补充理由的权力。然后,比较陪审团裁决说理的最高标准和最低标准,这中间会涉及三种类型的案件：基于直接证据作出的有罪判决、基于间接证据作出的有罪判决、无罪判决。

不过，为了适当地说明上述问题，首先简要介绍自 1996 年 5 月陪审团法庭确立以来审理的两个最耸人听闻的案件：米克尔·奥特吉（Mikel Otegi）案和万宁克霍夫（Rocio Wanninkhof）案。这两起案件都在确立陪审团需要提供裁决理由方面具有重大意义，但由于案件裁决都具有争议性，因此也对新陪审团制度产生了一些不利影响。

2. 奥特吉案：陪审团的无罪判决被推翻

1995 年 12 月 10 日，参与巴斯克独立运动的巴斯克卡车司机米克尔·奥特吉在圭皮兹科阿省的奥特扎尔（Oteizabal）农场枪杀了两名怀疑他醉酒驾驶而对其强制检查的巴斯克警察。奥特吉主动报警承认自己杀了两名警察，并在案发地等待警方逮捕。被捕后，警方测得嫌疑人的血液酒精含量为 0.15 克 / 毫升。1997 年 3 月 16 日，陪审团以多数票判决嫌疑人无罪，因为醉酒和情绪失控（由巴斯克警察的不间断骚扰引起）导致他处于暂时的精神错乱状态。问题清单中有 98 个问题，陪审团采纳了辩方提出的暂时精神错乱抗辩，并在此基础上回答了所有问题。至于被告是否构成犯罪，陪审团的回答是"否"，即被告不构成犯罪，陪审团只是在其推理中指出认定被告犯罪的"证明不足"，表示陪审团对被告是否犯罪"有疑问"。[23]

对问题清单的回答如下（经作者编辑）：

控方提出的主要事实

（1）不利事实：1995 年 12 月 10 日上午 10 时 30 分左右，奥特吉先生用一把 12 口径猎枪向门迪卢斯先生射击，并击中他右下锁骨区域，致其当场死亡。没有证明。多数同意。

（2）不利事实：奥特吉在同一时间、同一地点开枪击中冈萨雷斯，并击中其左肩胛骨区域，致其当场死亡。没有证明。多数同意。

（3）不利事实：奥特吉故意杀害冈萨雷斯，击中其左肩胛骨区域，立即

---

〔23〕 Stephen C. Thaman, *The Nullification of the Russian Jury*: *Jury-Inspired Reform in Eurasia and Beyond*, 40 Cornell Int'l L. J. 355, 379–99（2007）; Stephen C. Thaman, *Spain Returns to Trial by Jury*, 21 Hastings Int'l & Comp. L. Rev. 241, 321–53（1998）, pp. 497—503, 517—524.

将其杀死。没有证明。多数同意。

（4）不利事实：奥特吉枪杀了门迪卢斯，而门迪卢斯并没有任何挑衅行为。没有证明。多数同意。

（5）不利事实：奥特吉故意杀害门迪卢斯，击中其右肩胛骨区域，立即将其杀死。没有证明。多数同意。

（6）不利事实：奥特吉从距离门迪卢斯大约 1.5 米的位置杀害了他。已证明。一致同意。

（7）不利事实：奥特吉从距离拍摄冈萨雷斯大约 2.5 米的位置杀害了他。已证明。一致同意。

（8）不利事实：奥特吉突然射杀了门迪卢斯。没有证明。多数同意。

（9）不利事实：对于奥特吉的行为，门迪卢斯没有防卫时间。没有证明。多数同意。

（10）不利事实：奥特吉在冈萨雷斯的背后开枪。没有证明。多数同意。

（11）不利事实：奥特吉突然射杀了冈萨雷斯。没有证明。多数同意。

（12）不利事实：对于奥特吉的行为，冈萨雷斯没有防卫时间。没有证明。多数同意。

（13）不利事实：在案件发生时，门迪卢斯是一名巴斯克警察，穿着警服，正在履行合法职责。已证明。一致同意。

（14）不利事实：案件发生时，冈萨雷斯是一名巴斯克警察，穿着警服，正在履行合法职责。已证明。一致同意。

（15）不利事实：奥特吉在向门迪卢斯开枪时明知对方是一名巴斯克警察。没有证明。多数同意。

（16）不利事实：奥特吉在向冈萨雷斯开枪时明知对方是一名巴斯克警察。没有证明。多数同意。

问题 17—19 只涉及损害赔偿等相关问题。

辩方提出的主要事实

问题 20—47[具体事实略]，都有利于辩方。在枪击事件发生前一天，奥特吉在酒吧与一名休班警察产生了肢体冲突，后因两名被害人怀疑被告人酒驾，在后跟随。奥特吉被受害者唤醒，三人发生争吵后奥特吉拿出猎枪，一名警察拔出了值班配备的左轮手枪。所有这些都得到陪审团的采信。

以下都为对被告有利的事实：

（48）有利事实：在与警察争执时，奥特吉就已经手持上了膛的猎枪。已证明。一致同意。

（49）有利事实：在争吵的过程中，巴斯克警官冈萨雷斯用枪指向了奥特吉。已证明。多数同意。

（50）有利事实：在争吵过程中，奥特吉知道巴斯克警察冈萨雷斯的武器指向了他。已证明。多数同意。

（51）有利事实：发生争吵后，奥特吉完全失去了对自己行为的控制能力。已证明。多数同意。

（52）有利事实：（在事实"51"没有被证实的情况下适用）奥特吉部分丧失行为控制能力。（无是否同意的答案）

（53）有利事实：在前面描述的种种情况下，奥特吉开了枪。已证明。一致同意。

（54）有利事实：奥特吉开了两枪。已证明。多数同意。

（55）有利事实：奥特吉没有杀人故意。已证明。多数同意。

问题 56—68 是指杀人后减轻罪行的情节，如报警、未逃跑、愧疚心理等。

当事人声称的可证明缺乏刑事责任的事实

（69）有利事实：受害人有骚扰、迫害被告的倾向。已证明。多数同意。

（70）有利事实：从奥特吉的角度来说，他具有相应疾病或潜在的精神障碍。由于该精神障碍预先存在，被害人的侮辱和迫害对他来说是无法容忍的。已证明。多数同意。

问题 71—75 是关于奥特吉同被害人发生争执前，警察在他的房子附近巡逻的事实，都得到了证实。

（76）有利事实：在 1995 年 12 月 9 日和 10 日的下午和晚上，奥特吉摄入过量的酒精，达到醉酒状态。已证明。一致同意。

（77）有利事实：问题 69—76 中列出的所有事实与其他已证明的事实结合，导致奥特吉在射击的那一刻无法控制自身行为。已证明。多数同意。

确定变更刑事责任的事实

问题 78—91 是关于可能加重或减轻刑事责任的各种有利和不利事实。

被告必须被判定有罪或无罪的犯罪行为

（92）奥特吉故意杀害了身穿警服的现役巴斯克警官冈萨雷斯，在没有给受害人自卫机会的情况下，用猎枪突然射击。无罪。多数同意。

（93）（在问题92的基础上宣告被告无罪时适用）：奥特吉使用猎枪杀死了身穿警服的现役巴斯克警官冈萨雷斯。无罪。多数同意。

（94）奥特吉故意杀害了身穿警服的现役巴斯克警官门迪卢斯，在没有给受害人自卫机会的情况下，用猎枪突然射击。无罪。多数同意。

（95）（在问题92的基础上宣告被告无罪）：奥特吉使用猎枪杀死了身穿警服的现役巴斯克警官门迪卢斯。无罪。多数同意。

问题96—98涉及定罪后的赦免或缓刑问题。

论证：

在谈到问题92、93、94和95时，陪审团认为它们"证明不足"，并认为案件事实"未被证明"或"存在疑问"。[24]

奥特吉案震惊了西班牙公众，并由此产生了废除陪审团审判或将其改为混合法庭的呼声。巴斯克地区高等法院撤销了无罪判决，最高法院维持了这一撤销判决。被告向宪法法院提出上诉，声称要求陪审团提供认定被告无罪的理由违反了无罪推定原则。宪法法院支持了被告的上诉，但又认为即使是无罪判决也必须包含充分的理由。后文还将讨论宪法法院院长的意见。

3. 万宁克霍夫案：陪审团的有罪判决被推翻

1999年10月2日，15岁的罗西奥·万宁克霍夫在参加姆德拉加省的一个集市后失踪。她是在晚上被杀害的，她的尸体于1999年11月2日在马尔贝拉和姆德拉加省的圣佩德罗德·阿尔琴塔拉被发现。女孩的母亲艾丽西亚·霍诺斯怀疑她的前女友多洛雷斯·维德斯奎兹杀害了自己的女儿，因为维德斯奎兹曾与死者有过争执。维德斯奎兹是一名旅行社代理人，和艾丽西亚一起生活了多年。警方窃听了维德斯奎兹的电话，甚至派了一名女性心理学家暗中接近维德斯奎兹，都没有发现明确证据。这位心理学家只能证明维德斯奎兹"精于算计、冷酷无情、咄咄逼人"。调查法官下令搜查维德斯奎兹

---

〔24〕　Stephen C. Thaman, *Comparative Criminal Procedure：A Casebook Approach* 199（2d ed. 2008）, pp. 195—198.

的家和办公室，但也没有发现任何东西。警方声称在犯罪现场发现了两根纤维与维德斯奎兹的衣服相吻合。维德斯奎兹被逮捕，在接受了多次审讯后仍否认杀人。另外，鉴定结果表明这些纤维不是来自维德斯奎兹的衣服，但她依然没有被释放。一直以来，媒体都在关注这个耸人听闻的案件，关注艾丽西亚和维德斯奎兹之间的恋人关系，称维德斯奎兹是一个"冷酷、精于算计的杀人犯"。

维德斯奎兹被控谋杀万宁克霍夫，但没有直接证据证明她的罪行。检察官不顾辩护律师的反对，反复强调维德斯奎兹和受害者母亲之间的关系。一位被媒体称为"女巫"的占卜师作证说，维德斯奎兹找到她，并谈到了"复仇计划"。证人中，有两个乌克兰人在西班牙非法打工，她们是维德斯奎兹的女佣。她们作证说，看到维德斯奎兹拿着一把刀划烂了报纸上的死者照片。西班牙国民警卫队的一名成员作证说，尸体被发现的地方有一个袋子，上面有维德斯奎兹的指纹，但法官拒绝专家鉴定。辩护律师试图以缺乏证据为由，提出判决被告无罪的动议，并试图以缺乏无罪证据为由，根据《西班牙法典》第 49 条提出解散陪审团的动议，但初审法官没有作出答复。辩护律师随后认为，即使他提请陪审团注意该动议，该动议依然会被否决，那么此时陪审团仍然会认为法官认为有足够的证据对被告定罪，因此他没有坚持该动议。

在万宁克霍夫案中，问题清单中的有关主张以及陪审团的回答如下：

（1）被告维德斯奎兹是一名没有犯罪记录的成年人，她在 1981 年遇到了艾丽西亚·霍诺斯，当时她已与丈夫离婚，并育有三个孩子。1982 年因与艾丽西亚交往，而与其几个子女在双方购买的住宅中一起生活 10 年，直到 1995 年两人分手，艾丽西亚与她的孩子一起离开，搬到了另一个附近的住所。已证明。一致同意。

（2）当万宁克霍夫到了青春期，因为被告对她的惩罚，厌恶母亲与被告的关系，被告欠她母亲一笔钱的事实，导致她对被告产生了厌恶。被告人也终于感受到这种厌恶和仇恨。已证明。

（3）被告被万宁克霍夫对她的厌恶和仇视所影响，她认为这导致自己与艾丽西亚分手。1999 年 10 月 2 日晚上，被告带着一把刀离开了家，在晚上 9 点 40 分到 10 点之间遇到了万宁克霍夫，她当时刚刚离开卡拉德米哈斯，路过竞技场前往米哈斯·科斯塔的科尔蒂耶拉小区的 97 号房子。两人之间发生了争执，被告极其愤怒，刺伤了万宁克霍夫。被告在清洗血渍时，又出其不意刺伤了女孩的胸部，女孩意识到自己受了重伤，逃往她家附近的一个游乐场，并在这条小路上留下了一大条血迹，但最后还是筋疲力尽地倒在地上，被告在她背后刺了 8 刀，导致她死亡。被告意识到受害人已经死亡，她用一辆来路不明的汽车把尸体带到家里放了几天。后来，她就把尸体带到位于阿尔辛塔拉市马尔贝拉的"罗迪欧高地"网球俱乐部，那里距离 N–340 高速公路约 150 米，她把尸体放在杂草之间。在尸体被发现的前几天，其他人应被告要求，将一些装有受害人衣服的塑料袋也带到了这里，以便被告可以找到尸体。已证明。

（4）被告突然袭击受害人，受害人毫无还手之力，上述袭击包括胸部刀伤，这是由死者要求被告归还欠她母亲的钱引发的。已证明。

陪审团以 7∶2 的投票结果判定被告犯有谋杀罪。他们给出的裁决理由如下：1919—1922 页为本案的证据文件；A.P. 博士的证词有 3 页（653—655 页）；民事法庭中，第 76、第 974 号证人证词共有 19 页（690—708 页）；监狱中心心理学家的专家证词有 5 页内容（764—769 页）和 6 页附录；E.L. 女士的证人证词有 3 页（682—684 页），该证词还有 4 页相关的警察报告；证人 D.A.A. 有 2 页证词，1 页附具警方报告；被告的供词共 29 页（386—413 页，467—469 页），还有 11 页警方报告和 15 页调查记录；庭审记录中，H.A.H. 女士的证言共 17 页（469—482 页和 489—492 页），预审记录有 5 页。

被告被判处 15 年监禁。在整个案件的审判过程中，西班牙的头条新闻经常报道这起案件。然而，当案件被上诉到安达卢西亚社区高等法院时，高等法院认为判决理由不足，撤销了原来的判决。检察机关向西班牙最高法院提出上诉，主审法官安德烈斯·伊瓦涅斯（Andres Ibañez）支持安达卢西亚社区高等法院的决定，形成了对陪审团理由的"严格标准"的典型表述，下文将对此进行讨论。

后来，万宁克霍夫案发生了惊人反转，真凶出现。2003 年 8 月 14 日，在最高法院维持判决的 5 个月后，17 岁的索尼娅·卡拉班特斯（Sonia Carabantes）在姆德拉加省逛完一个集市后被奸杀。2003 年 9 月 20 日，英国公民托尼·金（Tony King）在卡拉班特斯案中被捕，他承认杀害了卡拉班特斯和万宁克霍夫，DNA 证据证实了他的供词的真实性。[25]金在英格兰有过袭击女性的犯罪记录，被称为"霍洛威扼杀者"[26]（Holloway Strangler）。直到 2005 年 2 月 5 日，德洛丽丝案件的上诉最终被驳回。2005 年 11 月 14 日，托尼·金因谋杀索尼娅·卡拉班特斯被陪审团定罪，2006 年 12 月 2 日，另一个陪审团一致裁定托尼·金谋杀罗西奥·万宁霍夫。当然，本案还有一个疑问是：该陪审团 9 名成员中有 7 人认为本案还有其他共同犯罪嫌疑人。

4. 对有罪判决证据是否充分的司法控制

证明有罪判决合理的首要条件是控方能够提供直接或间接的充分证据证明被告构成犯罪。根据《西班牙刑事诉讼法》第 49 条的规定，[27]"如果没有足够的证据证明被告有罪"，初审法官应解散陪审团，并宣告被告无罪。[28]如果法官在陪审团解散前未根据第 49 条认定有足够证据证明被告有罪，那么一旦陪审团认定有罪，法官就必须将这个结论作为判决的一部分，再另行说明"适用无罪推定的理由"。[29]法官驳回根据《西班牙刑事诉讼法》第 49 条直接判决无罪的动议，或确认存在足以反驳有罪的充分证据，都可作为向高等上诉法院审理案件的基础，但是，上诉到西班牙最高法院的理由只能是审理"违反法律或程序"。

西班牙学说对"无罪推定"（被视为证据充分性的客观问题）和"排除合理怀疑的证据"或"存疑有利于被告原则"（所有怀疑都对被告有利）进行了精确的区分，明确了后者是事实审理者的主观决定而不受审查。相反，对无罪推定的反驳所作的客观决定要在上诉（在正常情况下）中进行复审，甚至可对陪审团案件进行"上诉"，但不会对事实进行重新评估或重新审判。从技

〔25〕 Ignacio Martinez, *King Declara que Mat6 a Rocio y Sonia en Solitario*, EL PAIS（Spain），Sept. 21, 2003, at 1, 19.

〔26〕 Walter Oppenheimer, *Interpol Revela que King Fue Condenado en su Adolescencia por Dos Intentos de Violaci6*, EL PaiS（Spain），Sept. 23, 2003, at http：//www.elpais. com/articulo/espana/Interpol/revela/King/fue/condenadoladolescencia/intentos/violacion/ elpporesp/20030923elpepinac_5/Tes.

〔27〕 Stephen C. Thaman, *The Nullification of the Russian Jury：Jury-Inspired Reform in Eurasia and Beyond*, 40 Cornell Int'l L. J. 355, 379–99（2007）；Stephen C. Thaman, *Spain Returns to Trial by Jury*, 21 Hastings Int'l & Comp. L. Rev. 241, 321–53（1998），p. 316.

〔28〕 Federal Rule of Criminal Procedure 29（a）.

〔29〕 L.O.T.J., B.O.E. n. 122, May 22, 1995 at art. 70（2）.

术上讲，高等法院可以审查初审法院采信的证据是否足以推翻无罪推定的客观决定，但不审查初审法院的事实结论，无论初审法庭是一个纯粹的专业法庭还是一个陪审团法庭。因此，在 1978 年以前，依据"内心确信"对证据进行事实审判的陪审员不应在上诉中受到质疑。

但是，后来这一情况发生了变化，因为 1978 年《西班牙宪法》第 120 条第 3 款要求法官对所有判决提出理由，西班牙高等法院已逐渐允许审查事实审理者提出的证据是否充分，具体是这样做的：西班牙最高法院评估是否存在足够的有罪证据，收集程序是否合法，最后评估判决是否合理，因此规定了欧洲法院扮演"上诉审判者"的角色。证据的评估分为两层：第一层理由以感觉的形式存在，以直接性为条件，不在上级法院的管辖范围；第二层次理性阐述或随后的论证，这些论证应用了逻辑规则、经验原则或科学知识，可以在讨论中回顾，是谴责那些不合逻辑、不合理、荒谬或武断决定的基础，包括在上级法院的管辖范围中。

但是，高等法院对《西班牙法院组织法》第 49 条第 1 款和第 70 条第 2 款的解释针对的问题是：法官要对一个案件作出判决所采取的证据标准仅仅是"最低限度的证据标准"。控方提交有罪证据，法官接受对控方最有利的证据，就可以对被告定罪。陪审团评估这些证据。因此，如果陪审团采取了"最低限度证明标准"，尽管法庭认为没有一个理智的法官在存在合理怀疑时判处被告有罪，但案件仍需要提交陪审团进行认定。一些评论家和法院判决都认为，法官可以评估证据的客观方面，但也有一些人反对这一观点，认为它侵犯了陪审团的职权。

采用最低标准的结果是，包括宪法法院在内的高等法院，几乎从不把排除合理怀疑的证据标准与无罪推定联系起来，而是完全听从初审法官裁定，支持指控只需达到"最低限度的证据活动"。讽刺的是，一个被判处轻罪的人，因为没有采用陪审团审判，他有权"上诉"并根据事实重新获得审判，比面临重罪指控的人得到了更好的保护。

在万宁克霍夫案中，审判法官本应当也可以解散陪审团，并根据《西班牙刑事诉讼法》第 49 条直接作出无罪判决。在涉及儿童谋杀的备受关注的案件中，人们往往倾向于被告被定罪，这常常促使警察、检察官和法官忽视内心的疑虑，让舆论决定案件走向。从这个意义上来说，万宁霍夫案是无辜的人在证据严重不足的情况下被定罪并被判处死刑或长期监禁的代表性案件。

5. 问题清单在证明裁决合理性方面的作用

如果有足够的证据可以证明被告有罪并已经排除了合理怀疑，那么应该继续由陪审团评估证据的可信度，并确定其认为指控犯罪的构成元素。一个合理的问题清单可以在很大程度上说明陪审团是如何审理这个案件的，因为它至少会揭示哪些事实已经被认为得到充分证明。对于支持西班牙最低证据标准的人和那些坚持"极简主义"方法的人来说，这已经是有罪判决的充分理由。但即使是起草得最巧妙的问题清单也不一定能揭示为什么陪审员发现某些事实已被证明。

例如，在美国，对一宗谋杀案的有罪判决可能只是表明："陪审团……判决被告构成一级谋杀罪"，而我们真正想要知道的是，陪审团认为检察官已经证明了起诉书中指控的一级谋杀的哪些要素。但这一点在一些国家并不是必要的，即不需要向陪审团区分构成谋杀是被告存在预谋和杀人故意，还是控方只证明了被告参与抢劫，导致被害人意外死亡。[30]

初审法官的任务应该是用事实提出问题，如果陪审团发现事实，这些问题将明确构成一项特定的犯罪所必要的因素。《西班牙法院组织法》的立法者在序言"理由说明"中清楚地说明了这个问题：阿隆佐·马丁内斯 [Alonzo Martinez，1888 年《西班牙法院组织法（草案）》的起草人] 认为，将陪审团的职权扩大到罪名认定上，是混淆事实与法律的表现，此外，这还意味着陪审团侵入了立法者的领域。后一种情况下，陪审团和立法者很难混为一谈，但在刑事诉讼中将二者完全分离也同样不容易。另外，由于缺乏理由，经常有人批判陪审团制度只是允许公民作出裁决而已，他们并不能真正"明断是非"。

《西班牙法院组织法》试图对这两种反对意见作出审慎回应。因为行为事实不能从还原自然真相的角度来认定，而应当在法律意义上进行认定。一个行为是由多种偶然性组合而成的，只有当它在法律上构成犯罪，该行为才被宣布已经被证明。

不允许陪审团参照与之紧密联系的判例及其他规范的后果是，这一规定

---

〔30〕 Schad v. Arizona，501 U.S. 624，627（1991）.

并无意义，因为判决中的事实裁决本来就无须参考历史数据。这种割裂也正是我们在实践中批评陪审团制度的主要原因之一。除了需要考虑法律严厉方面，表述问题困难也导致对于判决的正确性争议不断。

专业法官还必须在单一法律和多部相关法律之间作出选择。单一法律更适合于一个不需要体现合法性原则的全部力量和至高无上的情形。在这种情况下，即使陪审团不负责任，专业法官也可以用他自己在具体案件中的审判经验来代替立法者确定的标准，因此，这种裁决既不需要表述清楚也不需要理由。在西班牙的制度中，陪审团必须严格服从立法授权，而不能存在美国式的"陪审团废法"。但这种情况可能只会出现判决将引发陪审团心证过程公开的争论。

尽管在《西班牙法院组织法》的序言中载有指导意见，但在陪审团制度适用的前几年，法官阐明问题清单有很大困难，这也是在那些年里推翻陪审团判决的主要原因。为了避免问题清单出现无关紧要的事实，或问题证明的事实"支离破碎"，塞维利亚省法院院长鲁阿诺认为：在陪审团审理案件时，清单中的问题应当不涉及指控等内容，也就是说这些内容可以以判决的形式，或者在连续的问题中得到证明。

根据鲁阿诺的观点，判决书的形式应该像"判决书草案"，包括公诉人、自诉人、辩护人等的意见，并包含与之相关的事实裁决。现为最高法院法官的陪审团法的主要起草人之一的卡斯特罗认为，起草的问题清单应包含被控罪行的每一项内容的证据。

如果判决书的形式相当于一份判决书草案，就不需要西班牙立法规定的额外"理由"。事实上，一份适当阐明事实的问题清单在过去被认为是专业法官书写判决的基础。特别是法官仅仅履行其最低职能，将任何存疑的证据从判决书中删除时，这份问题清单就会变得无懈可击。

因此，与美国谋杀案的判决不同，西班牙谋杀案的特别判决将陪审团认定真实的事实进行了更为实质性的叙述。马德里省法院审理的罗梅罗·孔特拉斯案就是一个基于直接证据进行判决的案件，其中包括被告的供认，这一点可以从清单的前两个问题中看到。第一个问题是：2000年12月28日下午6时左右，14岁的被告伊尔德芬索在住宅内刺了弗朗西斯卡18刀，导致她大量失血而死亡。不利事实，已证明。一致同意。第二个问题是：被告在杀害被害人之前，多次刺伤她的脸，并抓住她的脖子，企图勒死她，在她失去知觉后从背后捅了 18 刀，导致她死亡。不利事实，已证明。

根据西班牙判决的"最低标准"要求，一份执行良好的问题清单即为充分的定罪证据，可以作出有罪判决，即使陪审团的其他理由很少或仅仅是结论。一旦法官接受了陪审团的事实结论，写判决应该没有什么麻烦，因为是法官制定了问题清单，如果处理得当，对事实问题的回答应该清楚地表明陪审团认为可以证明的罪行。

有学者指出，回答这种按一定顺序和结构组成的问题清单无疑是一种智力劳动，因为它要求陪审员们离开单个实施要素，将注意力集中在全案发生的逻辑上。"《西班牙法院组织法》草案第 61 条第 1 款 d 项要求判决给出简洁的原因，不需要阐述陪审团认定这些事实的具体原因"，因为"主审法官可以通过问题清单找到这些问题的答案"。

在有供词的直接证据案件中，陪审团可能基于供词和其他直接证据得出明确的结论。然而，在万宁克霍夫案这样一个间接证据定罪的案件中，没有办法确定陪审团是根据哪一项证据来确认有罪。然而，在塔克斯克案中问题清单所揭示的事实并不比美国的一个粗略的一般裁决的事实多多少。

6. 判决的确定力

如上所述，第 63 条第 1 款允许首席法官向陪审团提交一份问题清单，以弥补遗漏、事实之间的矛盾以及其他缺陷。然而，法律并没有明确赋予法官"如果陪审团的理由明显不足，将裁决归还陪审团要求其补充理由"的权力。但是，一些评论家认为《西班牙法院组织法》第 63 条第 1 款 d 项或 e 项赋予了法官这项权力，同时，最高法院的一些判决也采取了同样的解释。在陪审团审判的第一年里，没有任何法官依据该解释作出裁决。

然而，宪法法院在认定奥特吉案的情况时明确表示，根据《西班牙刑事诉讼法》第 63 条第 1 款，法官没有义务将判决结果提交陪审团，并让陪审团纠正理由不足的缺陷（在本案中为无罪释放），检察官或受害方也会保留陪审团说理不足的问题作为日后上诉理由。不幸的是，这样的裁决将鼓励法官故意不引导陪审团为其判决提供理由，因此在无罪释放的情况下将会有一个无法纠正的错误。因为这个错误被认为是"一般错误"，检察官也可以置之不理，让错误不被纠正。

西班牙文献中存在的另一个争议是，初审法官在判决中是否需要对证据充分作出说明，并就审判中所引证的证据进行解释，以证明判决的合理性并防止判决被撤销。一些支持最低证据标准的人会允许法官这样做，特别是在陪审团的理由简单的情况下。然而，反对这种做法的人坚持认为，这将使初审法官可以用自己的理由代替陪审团的理由，这与陪审团的初衷不符。与混合法庭不同，纯粹的陪审团审判中，法官不会参加讨论，也不会知道陪审员们作出这一决定的原因，因而也不应当让法官说理。

因此，在 1998 年 10 月 8 日西班牙最高法院发布的一个裁定中规定，法官不得填补陪审团在推理过程中留下的理由漏洞。因为那样做会使立法机构所设计的陪审团制度变形，将关于事实的重要决定交给专业法官，这是陪审团的专有职权。[31]

7. 基于直接证据定罪理由的充分性

在基于直接证据的案件中，西班牙法院通常对有罪判决不要求有严格的理由。陪审团理由的"宽松标准"是让陪审团仅指明其作出决定所依赖的证据，而不必指明依赖这些证据作出裁决的原因是什么，特别是在基于直接证据进行判决的案件中。（充分说理是德国和西班牙进行理性裁判的传统方法，但这不应当是对陪审团的要求。）采用上述简单理由裁决的方法的一个例子可以在 2001 年西班牙最高法院的一项判决中找到，该案中法院发现很难"期待陪审团对不同的证据进行清晰的分析，并对其整体进行理性的综合评估"，但令人欣慰的是，陪审团履行了给出理由并列举考虑到的证据的职责，在某种程度上，我们有可能认识到，该决定是基于对在审判中获得的事实的了解而作出的合理结论，而不仅仅是武断的结果。

虽然宪法法院在摩西·玛丽亚·维加案中对基于间接证据的无罪理由进行了严格的评估，但它仍然承认在某些基于直接证据的案件中，简单的理由可能就足够了：在这种情况下，让陪审团简单了解案件事实，向其简洁解释证据，而不需要进一步的细节。只需要指明一种或多种证据手段，而这些证据是他们作出决定的依据。

---

[31] Enrique Valez Rodriguez, *Lamotivacion Y Racionalidad Del Veredicto En El Derecho Espa1&Ol Y enel Derechonorteamericano* 142（2007），p. 140.

2002 年，最高法院的另一个小组提出了一种更不严格的方法——基于内心确信即可定罪的旧观念：当一个人和陪审团法庭打交道时，非专业法官的提问不是基于职业说理训练下的价值观，这种价值观是专业法官所需要的，非专业法官只需要在庭审各方陈述观点的基础上提出良心的评估。

而贝拉斯科（De Paid Velasco）希望在直接证据案件中采取宽松、灵活的方法，允许陪审团只说明证明的来源，包括审讯供词和几名目击证人，有时会要求陪审团将从证据来源处获得的"证据要素"具体化，包括其证明有罪或无罪的内容，并以最基本的方式解释理由。

8. 基于旁证定罪理由的充分性

在《西班牙刑事诉讼法》颁布之前，为了避免"武断、非理性或荒谬"的推论，宪法法院（当时专门针对专业法官）就下列事项作出了基于间接证据的决定。

法官应该指出：首先，是什么证明了间接证据；其次，如何推断被告进行了刑事犯罪，该间接证据需要达到其他法院能够理解判决的程度。

在通过《西班牙刑事诉讼法》时，一些评论人士认为，只有在有间接证据的案件中，要求陪审团提供理由才是困难的。在万宁克霍夫案中，安德烈斯法官对基于旁证审案的陪审团给出理由的标准作出了最清晰的表述。他首先指出，本案中，陪审团只是通过列举其作出决定所依据的证人来指明"证据来源"，但没有指出这些证词如何引导他们推断有罪。他接着说：基于这些考虑，本案中陪审团的裁决显然缺乏理由，因为他们没有考虑到"定罪要素"，仅包含证据目录，A、B、C、D 的证词对案情的描述。陪审团没有更精确的描述，只是对证词或审判中发生的事情作了不精确的概括。

因为没有目击受害者的死亡或后续的身体状况，陪审团没有办法直接认识到这些事实；仅仅提供非常间接的信息，陪审团不容易推定事实。这就是为什么陪审团应该把对每个证人和专家所说的话具体化的原因——过去陪审团以合理的方式将这部分责任推给被告主动说明。其实，陪审员可以像专业法官一样用简单、通俗的语言询问被告，如果陪审员被询问定罪问题并在这方面进行了声明，案件事实会更容易查清。因此，裁判理性所要求的最低限度是陪审员对问题列表上的问题评价具体化。

欧洲人权法院充分认识到，陪审团在评价证据和为判决提供理由方面面临困难，特别是在处理特别复杂的证据情况时。因此，在作出定罪判决时，需要考虑具体证据要素的最低标准，同时，对某些信息进行个别化是一项非常个人的任务，是陪审团应当承担的。对这些可采信的证据问题的回答，是唯一能让主审法官以严谨、连贯和充分的方式为判决提供理由的依据。

为了方便陪审团基于间接证据完成审判，一些评论家讨论间接证据是否需要证明问题清单中的每一个问题。但在这方面，普遍的看法是，这样做会使问题清单过于复杂，主审法官筛选证据列入清单可能干扰陪审员的独立判断。一个较好的建议是修正《西班牙法院组织法》第54条中涉及专业法官向陪审团就如何处理间接证据提供详细指示的款项。

9. 无罪释放的充分理由

1995年通过《西班牙刑事诉讼法》时，许多评论人士认为，无罪释放需要违反无罪推定原则的理由。另一些人认为，精心设计的问题清单和陪审员拒绝提供有罪证据时的回答应充分揭示陪审员的推理过程。

在新陪审团审判制度实施的前几年，宣告无罪的陪审团往往只是表明证据未能说服他们。因此，在一宗贿赂案的初审中，陪审团将其无罪判决归因于"提出的证据未能使陪审团成员相信被告被指控的事实已被证明"。陪审团继续说，"警方声明引起了一些矛盾，使陪审团成员产生了重大怀疑"[32]。奥特吉案的陪审团也只是说，案件事实"证明不够充分"，存在"怀疑"。

许多西班牙评论员认为，陪审团头脑中的"怀疑"就足以认定一个事实或罪行，而不需要被证明。因此，最高法院一位法官表示："陪审团头脑中的怀疑本身就具有法律基础价值，可以证明陪审团裁决的合理性。"

西班牙法院清楚地说明有罪判决所提出的理由需要有力且具体，也规定了无罪判决所需要的理由。例如，在一宗由巴伦西亚高等法院审理的上诉案件中，陪审团给出以下理由："我们认为被告没有犯谋杀罪，因为在审判中出示的证据使陪审团认为案件事实没有被证明，考虑到出示的证据是间接的、不确定的，因此怀疑没有消除，根据无罪推定原则，陪审团认定被告无罪。"[33]

---

〔32〕　我参加了这次审判，这是1996年5月27日新制度下审判的第一天所进行的三次审判之一。Stephen C. Thaman，Spain *Returns to Trial by Jury*，21 Hastings Int'l & Comp. L. Rev. 241，321–53（1998），p. 242，371.

〔33〕　Thaman，Spain Returns，supra note.

上诉法院维持无罪判决，理由是：这两项声明充分解释了陪审团采信的证据，这些证据不能证明检察官在起诉书中所指控的行为。尽管在提到每一种证据手段时，解释本可以更详细，但这并不能否认这样解释已经满足了法律所要求的"简明解释"。不能要求陪审团和专业法官具有相同的专业素养，非专业法官如果他们说没有直接证据、没有成功地消除对案件的怀疑，一个简单的解释就足够了。

如果需要更精确，我们应该说，这不是无罪推定的适用，而是犯罪嫌疑原则的适用。无罪推定需要以客观的方式作出，可以通过审查审判中的证据情况来确定；而犯罪嫌疑原则的核心是对证据的评价，这是一种主观的东西，取决于决定者的头脑。上述案件结果都是被告无罪，是因为在客观上缺乏有罪的证据。而另一起无罪案件则是因为主观上没有说服审判者。

在莫伊塞斯·马西亚斯·维加案[34]中，阿利坎特省法院的陪审团裁定被告无罪，而巴伦西亚社区高等法院基于不充分的理由推翻了这一无罪判决。宪法法院在开始审查中级上诉法院的决定时指出，很明显，陪审团想宣告无罪：就本案而言，如果人们分析投票记录就会发现，该判决并非武断、没有任何逻辑，而是能够表明陪审员或多或少采纳了确定标准。陪审团依据宪法宣告申诉人无罪，全体陪审员一致投票表示怀疑，只有一人例外。所有涉及被告实施犯罪行为的问题都得到了确定的回答，在回答中没有任何矛盾。很明显，陪审团法庭想要宣告申诉人无罪。

法院随后区分了定罪和无罪释放所需的理由：当然，根据《西班牙宪法》第 120 条第 3 款的规定，判决的推理"总是"必需的，无论判有罪还是无罪。然而，必须强调的是，定罪判决中的推理准则比宣判无罪更为严格，因为根据反复提出的宪法原则，当涉及自由权和无罪推定的基本权利时，对定罪理由的要求就变得特别严格，因此我们提高了定罪所需的标准。相反，无罪释放的判决不会牵涉与定罪中相同的基本权利。因此，人们无法理解，无罪释放可以基于纯粹的法官决定，而不考虑其原因。无法否认，这项原则也与防止任意性的一般原则背道而驰。

尽管陪审团明确表示要宣告无罪，但法院随后提到了间接证据的复杂性：

〔34〕　S.T.C., Oct. 6, 2004（B.O.E., No. 19069, pp. 82, 91）.

当所提供的有罪证据不是直接的，而是间接的，甚至是截然相反的，人们不能简单将一些调查或证明手段作为论证充分的理由，陪审员需要对判决进行解释。即使是以基本和简洁的声明，也仍然是绝对必要的。因为双方提供的证据不是直接的，而是间接的，而且多种多样。陪审团应当说明：为什么采信被告在警察局所作的陈述，而不是在审判时所作的陈述；以及被告自相矛盾的声明中哪些更可信，为什么更可信。

最后，法院指出，陪审团只对他们回答的 49 个问题中确认被告实施了该犯罪行为的 7 个问题给出了理由，但是，最终对其中 3 名被告进行了定罪。宪法法院院长蒙德和其他两名法官持不同意见，他们注意到，陪审团为其裁决所提出的理由与司法判决所要求的理由不同：判决中"给出的理由"和判决中要求的"简洁的解释"不是也不可能是等价的，因为它们是不同的东西。前者是专业司法机关作出的；后者是陪审团特有的功能。因此，就陪审团的裁决而言，可以不要求遵守《裁决理由准则》第 120 条第 3 款的规定，因为陪审团制度是公民参与司法的一种形式。陪审员们只是被召来对事实作出决定，而不需要认识到他们所作裁决的实际逻辑。

首席法官还指出，法官不得干涉陪审团的事实调查，但可在理由不足的情况下，将裁决结果交还陪审团。总而言之，法律要求应以简洁的方式解释判决，如果法律所要求的解释因证据不足或认定武断而有缺陷，首席法官可以且应该将裁决发回陪审团（《西班牙法院组织法》第 63 条第 1 款 a 项）。最后，法院院长认为，要求陪审团将其提出的无罪理由具体化违反了无罪推定。

在处理无罪判决时，不要求对发现足以宣告无罪的证据的存在进行形象化的处理。被告无罪时，宪法和法律都不要求有足够的证据证明被告是清白的。因此，事实的审判者没有责任根据这个证据来将他的决定具体化。有罪需要证明，无罪无须证明。

在受理奥特吉的上诉时，宪法法院认为陪审团仅仅提出"怀疑"是不够的。法院讨论了案件中的"问题清单"并维持了巴斯克地区高等法院的意见：要求陪审团作出简洁的解释，并不要求对存在足够证据或对有关事实缺乏证据的内在心理过程进行详细解释，因为这将超出陪审团成员可以被期待和要求的知识和勤奋程度。但他们可能的任务不能局限于简明的结论。他们必须考虑到每一个事实，陪审团的结论必须源于法庭提供的证据，其提供的理由要让人们看出，是上述证据和事实说服或导致陪审团得出了结论。

在奥特吉案中，陪审团没有履行提供理由的义务，因为判决书显示，在本文件中的 91 个事实中——有利于被告的和有害于被告的——陪审团没有对这些事实是否先后得到证明作出最起码的解释。对事实的证明缺乏解释，也不能用答案之间联系的逻辑力量来补充。法院最后重申并确认了上诉法院的意见，即申诉人"提出疑问和按照法律要求提出上诉"，但并没有增加任何理由，这说明"陪审团没有解释产生疑因的原因和程度，也没有说明为克服疑问和消除疑问所引起的困难作出了哪怕一丁点努力。"

如果宪法法院采取"灵活"的做法，并根据审判时提出的证据，分析陪审团对判决书中提出的主张的答复，无罪判决很可能会被维持。西班牙法律允许将暂时性精神错乱作为无罪辩护的理由。如果一个人因自愿醉酒或精神疾病而完全丧失意识，他可以作无罪辩护。[35] 从对问题 69、70、76 和 77 的回答中，陪审团清楚地发现本案存在丧失意识的无罪理由。

结论：建议美国陪审团以适当方式说理

万宁克霍夫案是一个典型的例子，说明一个无辜的人如何通过警察和检察官的不诚实、不道德行为，被动和无效的法官判决，无效的律师援助，再加上媒体歇斯底里的政治迫害气氛，让陪审团判定谋杀罪。西班牙高等法院通过审查发现陪审团的理由不充分，证据明显不足，从而推翻了不公正的判决。

自 1989 年以来，美国有 266 名无辜者在被判有罪（几乎都是由法官进行的）后，通过 DNA 测试被宣告无罪，而这些审判在某种意义上是"公平的"，即上级法院没有以任何法律依据推翻判决，这些无辜的人平均坐了 13 年牢。[36] 自 1976 年以来，因谋杀被判处死刑的有 130 多人被无罪释放，这些人中有 17 人通过 DNA 测试（其余人通过其他方式）被无罪释放。[37] 造成误

---

〔35〕 Stephen C. Thaman, *Europe's New Jury Systems：The Cases of Spain and Russia*, in World Jury Systems 338-47（Neil Vidmar ed., 2000），p. 341.

〔36〕 Facts on Post-Conviction DNA Exonerations, Innocence Project, http：//www. innocenceproject.org/Content/FactsonPostConviction DNAExonerations.php（last visited Mar. 18, 2011）.

〔37〕 David Grann, *Trial by Fire*, New Yorker, Sept. 7, 2009, 42, at 54.

判的原因有很多：错误的目击证人辨认，未经证实或进行不当的取证，法医专家、警察和检察官的不当行为，使用不诚实的告密者、卧底线人，虚假供词，律师的无效帮助。[38]

也许现在是美国和其他普通法国家考虑要求陪审团作出特殊判决的时候了：在考虑判处某人有罪，特别是可能导致长期监禁或死亡的重罪时，应该给出理由。2001年1月，英国首席大法官伍尔夫勋爵（Lord Woolf）写道：

> 我承认，虽然我希望保留我们的陪审团制度，不希望它受到任何损害，但它可能会带来不利。不仅对公众不利，对那些接受陪审团裁决的人也不利。正如法官会犯错一样，陪审团也会犯错，如果没有一个合理的规定，往往很难知道陪审团是否犯了错误。

虽然要求陪审团说理的特殊裁决在美国不受欢迎，它被认为过分地引导陪审团以达到某一结果。但适用传统英美陪审团制度的国家对此并不陌生：最著名的陪审团案件之一，达德利和斯蒂芬斯同类相食案[39]陪审团发布过一个冗长的"特别裁决"，而法官的决定就是基于这个长篇大论的"特别裁决"。美国肯塔基州和纽约州的刑事诉讼规则还允许在谋杀罪中作出特别裁决。[40]

我还认为，在所有重罪案件中，无论辩方是否提出了直接判决无罪的动议，美国法官都应评估证据的证明力，同时，当事人对这一决定可以向上级法院上诉。这将迫使上诉法官长时间、认真地审查构成重罪的定罪证据，并制定更严格的标准，以确定哪些证据能够支持这种定罪。

---

[38]　The Causes of Wrongful Conviction, Innocence Project, http：//www.innocenceproject.org/understand（last visited Mar. 18, 2011）. See also State Of Illino is, *Commission On Capital Punishment：Report*（April 2002）, at http：//www.idoc.state.il.us/ccp/ccp/reports/commission-report/index.html [here in after Illino is commission].

[39]　Regina v. Dudley & Stephen [1884] 14 Q.B.D. 273（U.K.）, at http：//www.justis.com/data-coverageliclr-bqbl4040.aspx.

[40]　Rule 49.01 of the Kentucky Rule of Criminal Procedure. Commonwealth v. Durham, 57 S.W.3d 829, 830-37（Ky. 2001）；State v. Hill, 868 A.2d 290, 300-01（N.J. 2005）. Kate H. Nepveu, *Beyond "Guilty" or "Not Guilty"：Giving Special Verdicts in Criminal Jury Trials*, 21 Yale L. & Pol'y Rev. 263（2003）.

　　然而，我不同意我的朋友安德烈斯·伊比菲兹和其他西班牙人的观点，他们支持给出"严格标准"的裁决理由，比如可能需要专业法官单独开庭或在混合法庭上审理。我同意最高法院一个小组的观点：要求陪审团的推理极端严谨，从而导致其裁决一再被推翻，而随后的审判重复，会对宪法权利、有效司法保障、快速审判造成不可避免的负面影响，在表面的正当程序的掩护下，这可能形成对陪审团的敌意，会使陪审团制度的作用无法发挥。我们必须在判决说理与陪审团审判模式所隐含的宪法权利之间寻求平衡。

　　当谈到给出无罪释放的理由时，我同意西班牙宪法法院院长蒙德的观点：陪审员不应该证明无罪的判决是合理的，因为这违反了无罪推定。无罪推定不应仅仅是对是否存在某些有罪证据的客观检验（因为在西班牙判例中似乎是这样），还应该被看作是与排除合理怀疑的证明标准不可分割（就像在美国一样）。被告不需要反驳潜在的罪证，而应当由检察官在排除合理怀疑的情况下证明其有罪的可信性和相关性。

　　我也不同意为了让公众、受害人、检察官能理解判决，就需要让陪审团对无罪判决给出理由。这种情况下，无罪裁决的可上诉性需要首先假定，起诉各方（公诉人、自诉人）在刑事案件中享有与被告同样的正当程序权利——虽然欧洲理事会、许多欧洲国家宪法和刑事诉讼法都承认刑事诉讼中受害者的权利，我相信，如果因为受害者的正当程序权利受到了侵犯、缺乏足够理由而推翻无罪裁决，检察官和法官可以利用这种情况，使他们不同意的决定无效，甚至串通起来侵犯受害者的权利来达到这一目的。

　　塔克斯克案中欧洲人权委员会大审判庭的决定强调，它正在采取"灵活"而不是"苛刻"的方法，使陪审团的有罪裁决更具正当性。而在没有要求陪审团说理的情况下，其他保障措施就足够了，例如，由首席法官就所引起的法律问题或所引证的证据向陪审员提供指示或指引；法官向陪审团提出精确、明确的问题，形成裁决所依据的框架，充分抵消陪审团的回答没有给出理由的事实；最后，必须注意向被告开放的任何呼吁途径。[41]

　　因此，比利时立即对塔克斯克案的第一项裁决作出反应，实施陪审团说

---

〔41〕　Taxquet v. Belgium（GC），App. No. 926/05，（Eur. Ct. H.R.，Nov. 16, 2010），at § 92.

理制度，表明其早已在这方面有了经验。[42]挪威最高法院将塔克斯克案的第一项裁决解释为不要求其改变陪审团不说理的制度，他们认为：向陪审团提出的问题是"具体而个别的"，由首席法官解释；向陪审团解释适用的法律原则，总结证据；专业法官可以重新审查有罪判决，如果他们发现"提供的有罪证据不足"，就可以将其废弃。

就连适用普通法的爱尔兰也为塔克斯克案的第一项裁决所震惊，在一起臭名昭著的谋杀案中，一名法官提议陪审团给出判决理由，但当检察官和辩方都反对让陪审团给出理由时，法官改变了主意。

如果需要陪审团提出理由，立法机构将必须确定最有效的方法，以确保这些理由将正确反映陪审团的审议，并在最小程度上减少对陪审团自治的干扰。陪审团可以邀请首席法官进入审判庭，帮助他们起草裁判理由。这里的问题是法官可能把他的理由强加于陪审员，损害他们的自主权，使诉讼程序看起来更像一个混合法庭的诉讼程序。

在欧洲，受过法律教育的法庭书记员可以被请去帮助陪审团，就像在西班牙那样。法庭书记员可以是律师、公证人，他们与法院没有关系。

爱尔兰首席大法官的执行法律干事汤姆·戴利（Tom Daly）在2009年塔克斯克案第一次裁决之后、2010年欧洲人权法院大审判庭裁决之前提出了以下疑问："塔克斯克案可以动摇人们对爱尔兰陪审团审判模式优点的轻松自满，打开我们的视野，让我们看到更广阔的世界，至少可以启动一个有意义的改革，以解决多年来发现的各种缺陷。"[43]虽然美国不受塔克斯克案判决的约束，但我们仍有自己普遍存在的错误信念，在面对强奸、谋杀等严重犯罪（有时是死刑罪）时，陪审团应该让我们摆脱类似的自满情绪，让我们有理由思考如何在不破坏美国现有的传统陪审团制度的情况下，提高陪审团作出有罪判决的质量。

我不准备提供一个明确的立法方案来处理这个严重的问题，但我会以几

---

〔42〕 2009年10月，比利时阿隆高等法院首次要求陪审团在一宗谋杀案中给出裁决理由。它要求陪审团对一份涉及证据、请求和卷宗要素的76个问题的清单答案进行解释，无论是肯定的还是否定的。Tom Daly, An Endangered Species？The Future of the Irish Criminal Jury System in Light of Taxquet v. Belgium, 20 IhusH CIuM. L. J. 34，36（2010）.

〔43〕 Taxquet v. Belgium（GC），App. No. 926/05，（Eur. Ct. H.R.，Nov. 16，2010），at 40.

个想法结束本文。

首先，我认为我们应该要求所有重罪陪审团审讯的主审法官，在有理由的情况下，发出一份确认书，说明在案件中引证证据的理由，只要陪审团相信便足以证明有罪。我会比西班牙人走得更远，在《西班牙法院组织法》第70 条之外，我还要求法官权衡证据的充分性，在基于间接证据的案件中确认排除合理怀疑的有罪推论。

其次，我认为，在基于未经确认的目击证人的辨认、监狱线人的证词、有争议的专家证词、未经确认和撤回的供词等最容易出错的证据认定案件时，是非常容易出现错误的。初审法官应该在陪审团指示中说明为什么这些类型的证据是可信的，并指示陪审团谨慎考虑这些证据。此时，一种选择是允许陪审团提出说理请求，作出特别裁决，甚至给出它认为某些潜在的可疑证据得到证明的原因，说明其从这些证据中推断有罪的理由。在法庭作出有罪判决时，民众可以讨论判决理由，且陪审团可以就民众是否认同判决所述理由或主审法官宣布的理由进行民意调查。

比利时陪审团观察

玛瑞克·马尔施[*]

沈钰琦[**]

摘　要	从 1831 年到 2009 年，比利时都坚持"陪审团无须说理"的制度，2009 年后比利时开始改革，要求陪审团提供理由，到 2016 年更是设计出独特制度：陪审团掌握大部分审判权，专业法官只在量刑时参与表决或为陪审员提供帮助。这种陪审团与专业法官共同审理案件的混合制度在世界范围内都是独一无二的。根据比利时民众的反应来看，似乎这种混合制度是符合比利时当前国情的，而这种"新型制度"也对其他国家具有巨大的借鉴意义。接受采访的民众表示，陪审团审判案件的方式有助于社会和案件相关人员更好地处理犯罪带来的影响。因为大多数陪审团审判都是在案件发生后很长时间才会进行，所以在案件审理过程中，当事人可以通过详细叙述案情经过、表达感受、甚至是哭泣的方式来宣泄自己被压抑的情绪。在这方面，陪审团制度比其他类型的刑事审判更有用，这是已经被证明了的事实。但其缺点是容易导致非理性裁判，容易受到社会舆论的影响。
关键词	比利时陪审团；定罪权；量刑权；非理性裁判

译者按

本文介绍了作者组织的考察团于 2007 年 11 月对比利时最大的陪审团之一的霍夫·范·阿西森陪审团观察和调查的情况。作者在观察陪审团审判情况的同时，采访了 4 名曾经担任过陪审团主席的专业法官、1 名辩护律师和

---

* 玛瑞克·马尔施（Marijke Malsch），荷兰犯罪与执法研究中心高级研究员，荷兰开放大学公法学系实证法研究教授，联系邮箱：MMalsch@nscr.nl。原文信息：Marijke Malsch, Democracy in the Courts : Lay Participation in European Criminal Justice Systems，*Abingdon: Taylor & Francis Group*, 2009. Accessed March 11, 2022，Pro Quest Ebook Central, pp.173—190.

** 沈钰琦（1988—），广西融安县人，广西浠达律师事务所创始合伙人。

1 名检察官，这些人提出了各自对于陪审团运作机制以及改革现有陪审团制度的看法。为了方便读者了解文章背景，更好理解文章内容，译者对比利时陪审团制度的历史与现状作一个简单的介绍。

1791 年的《法国宪法》以及 1808 年的《法国刑事诉讼法典》规定了陪审团制度。当时，比利时是法国的一部分，因此也建立了陪审团制度。1815 年，比利时从法国分离出来并入荷兰，陪审团制度被废除。1830 年比利时独立，1831 年，比利时制定宪法，重新引入陪审团制度。1930 年，比利时明确了陪审团的运行模式和人员组成，并沿用至今。[1]现行陪审团制度的情况[2]如下：

陪审员的任职资格。在比利时，担任陪审员的公民需要年满 30 岁，并在 60 岁以下，能够阅读和写作，拥有比利时国籍且必须居住在重罪法庭所在地区。

陪审团审理案件的范围。在比利时，1831 年《宪法》第 98 条规定了陪审团的适用案件范围。1994 年《宪法》第 15 条重申了这一规定。但是，1999 年《宪法》修正的时候，将基于种族主义和仇外情绪而引发的新闻犯罪排除在陪审团适用范围之外。陪审团只审理谋杀罪等最严重的犯罪，被告不享有陪审团审判的程序选择权，被告不能够决定是否适用陪审团审判。比利时陪审团每年审理的案件在 100 件左右，约占法院审理的全部刑事案件的千分之一。

陪审团的职权配置。比较法学界将民众参与司法的方式划分为陪审制和参审制两种类型。比利时陪审团制度中陪审团与法官之间的职权配置比较特殊：陪审团独立认定犯罪，在陪审团定罪之后，陪审团与法官共同对被告进行量刑，因此，陪审团被认为拥有定罪量刑中四分之三的权力。[3]这不是传统的英美法当事人主义陪审团，亦非严格的参审制，确切来说，属于定罪上的严格的陪审团模式与量刑上的参审制模式的结合。

陪审员心证的形成机制。在陪审团审理程序中，陪审员主要是通过听和

---

〔1〕 Claire M. Germain, *Trials by Peers：The Ebb and Flow of the Criminal Jury in France and Belgium, in Juries, Lay Judges, and Mixed Courts：A Global Perspective* (Sanja Kutnjak Ivkovi et al., eds., Cambridge University Press, forthcoming 2019), pp. 1—10.

〔2〕 Heremans, Nicolas, *A Comparative Perspective on the Trial by Jury in Japan and Belgium：Trust in the Justice System* (April 3, 2019), pp. 4—18.

〔3〕 禹得水：《比利时陪审团案件适用范围及机制》，《人民法院报》2021 年 12 月 17 日，第 8 版。

看的方式来获取案件信息，形成内心确信。此外，陪审员享有一些专有权力。一是庭审发问的权利。在庭审中首先由审判长发问，然后是两名专业法官发问，最后是陪审员发问。如果审理过程中陪审员存在疑问，可由陪审员代表或陪审员自己主动发问。但陪审员的发问不得带有偏见，不得表达自己对被告是否有罪的意见。如果陪审员公然违反这项规则将会被替换掉。二是陪审员享有记笔记的权利。为了防止陪审员遗忘重要的事实和证据信息，影响陪审团的评议质量，允许陪审员在法庭中记笔记。

　　陪审团说理机制的改革历史。"陪审团无须为裁判提供理由"是英美法系陪审团制度的一大固有特点，因为他们坚信，陪审团代表人民，而人民不会犯错。承袭法国与荷兰的比利时陪审团制度最开始自然也坚持这一观点。但2009年欧洲人权法院审判庭对塔克斯克案[4]作出裁决后，比利时最高法院认为，根据欧洲人权法院的判决可以推定，刑事判决需要加入更多的说理因素，陪审团对其每一项内心确信均应进行解释。同年，《比利时刑事诉讼法》第342—348条因违反《欧洲人权公约》的规定而不再适用。[5]自此，比利时的陪审团制度开始要求陪审员提供判决理由。随后，在2009年5月19日的判决中，最高法院撤销了初审法院作出的一项判决，这一判决对于陪审团说理制度的发展具有巨大意义，这是第一次因为陪审员并没有说明认定被告构成谋杀罪的原因，也未解释陪审团为何没有采纳被告律师对于被告存在罪轻情节的抗辩而撤销原判。[6]2009年12月21日，比利时颁布了《终审法院改革法》，于2010年1月21日生效；其中特别规定，专业法官在收到陪审团的有罪裁决后，应与陪审团一起退庭，以阐明陪审团作出决定的主要理由，并将其纳入"推理判决"。2016年，比利时对该制度进行了进一步改革。由专业法官和陪审团组成的综合机构负责审议定罪问题，陪审团成员通过对问题列表中的问题进行回答认定被告是否构成犯罪，然后综合机构帮忙撰写陪审团作出决定的主要理由。[7]

---

〔4〕　Taxquet v. Belgium，no. 926/05，13 January 2009.

〔5〕　Taxquet v. Belgium，no. 926/05，13 January 2009，§33.

〔6〕　Court of Cassation，19 May 2009，Pasicrisie belge（Pas.），2009，no. 330.

〔7〕　该信息源自欧洲人权法院对勒米特案的判决书。Lhermitte v. Belgium（no. 34238/09，ECHR 2016），§42.

综上，从 1831 年到 2009 年，比利时都坚持"陪审团无须说理"的制度，2009 年后比利时开始改革，要求陪审团提供理由，到 2016 年更是设计出独特制度：陪审团掌握大部分审判权，专业法官只在量刑时参与表决或为陪审员提供帮助。[8] 这种陪审团与专业法官共同审理案件的混合制度在世界范围内都是独一无二的，根据比利时民众的反应来看，似乎这种混合制度是符合比利时当前国情的，而这种"新型制度"也对其他国家具有巨大的借鉴意义。

一、介绍

比利时的非专业人士参与审案的陪审团制度引发了最广泛的辩论。比利时司法委员会分别在 2005 年 3 月和 11 月报告了阿西森法院的情况，其后，各种书籍和出版物中对陪审团制度提出的改革建议源源不断。本文以霍夫·范·阿西森法院为例，试图解决与陪审团相关的问题。笔者采访了四名曾经担任过陪审团主席的专业法官、一名辩护律师和一名检察官。其中五次谈话面对面进行，一次谈话通过电话进行。采访问题是这些人对于陪审团运作机制以及改变陪审团现有制度的看法。这些受访者的姓名由比利时司法委员会提供。[9]

除了这些采访，两名前陪审员还做了一份经过比利时陪审团主席审查的调查问卷。问卷中涉及陪审员经验和他们对比利时刑事司法系统采用非专业法官判案的看法。本章也涉及这些问卷的结果。

本文首先描述陪审团在比利时所扮演的角色以及围绕它展开的持续辩论。然后总结其在功能方面的经验。最后，介绍访谈和问卷调查的结果。本文从 2007 年 11 月对比利时最大的陪审团之一的霍夫·范·阿西森陪审团的审判观察开始。

二、观察结果

我们这次走访观察的比利时陪审团是霍夫·范·阿西森小镇市中心一座

---

〔8〕 该信息源自欧洲人权法院对勒米特案的判决书。Lhermitte v. Belgium（no. 34238/09, ECHR 2016），§ 42.

〔9〕 比利时司法委员会希望比利时司法委员会研究所（NSCR）明确声明，研究结果和结论完全由研究所负责，而不是司法委员会的责任。

古老的、令人印象深刻的超大法院里的一个陪审团。法院正在装修，墙壁最近也才被粉刷过。因此，该法院目前仅用于审理陪审团案件，这里甚至没有法院工作人员的办公室。

当案件参与者和公众进入大楼里的法庭时，研究人员发现这里没有任何安保措施。即使研究人员带着行李，也没有安保人员要求研究人员开箱检查或者说明里面有什么。当她想进入法庭的媒体记者就座区域时，法警仅要求其出示身份证件，但也并没有进一步的检查措施。在这方面，比利时的情况与其他国家（丹麦除外）不同，其他国家似乎更加注重安保问题。

大多数比利时陪审团审理案件需要一周左右。因此可以预计本次观察的陪审团也需要大约一周时间审判此案。星期一早上，审判环节从陪审员的选择开始，法院需要从大量候选人中遴选出 12 名陪审员和 2 名替补陪审员。在主审法官大声念出他们的名字后，候选人一个个上前。公诉人和辩护律师对候选人进行半分钟左右的询问。律师或检察官都可以"质疑"候选人，当他们表达质疑时，候选人可以离开法庭，并从此之后就本案不再存在任何义务。工作人员告诉我们，按照惯例在审判开始前 48 小时内才会公布候选人名单，因此当事方不可能有时间调查候选人的背景。如果候选人没有受到质疑，主审法官会指示他们进入陪审团。包括 12 名正式陪审员和 2 名替补陪审员在内的 14 位陪审员遴选结束后，所有陪审员都必须宣誓。[10]

所有审判参与者都由主审法官负责介绍给陪审团，包括法官（包括主审法官在内的三人）、检察官和律师的名字和姓氏。主审法官一般是在其他地方任职的专业法官[11]，主审法官需要检查手头的文件，以确保他能够正确地念出坐在他旁边的两名陪审法官的姓名。陪审员的任务也由主审法官向他们解释。这种解释的大部分内容是要求陪审团保证判断的独立性，防止陪审员在审判期间受到其他人或媒体的影响。陪审员不得接受采访，除了参加该特定审判的陪审员同事不得与其他人谈论案件。法律允许陪审员在审判期间提问，但他们必须注意，保证这些问题不会使其他人对陪审团在之后要判断的问题产生偏见。

---

〔10〕　无论陪审员是否相信上帝，这个誓言的内容都没有区别。

〔11〕　与专业法官和另一名评估员一起坐在小组中的专业法官。

主审法官在解释中强调，审判完全是口头的，对公众开放。陪审员只能根据案件审理期间双方所提到的内容和证据进行裁判。如果陪审员累了可以告知主审法官，主审法官可能会宣布休庭。陪审员在案件审理期间保持专注是很重要的。因为就像主审法官强调的那样，这是比利时民众参与司法的唯一程序，因此需要陪审员们完美履行。

进行审判的法庭很大，令人印象深刻。深色木制家具和墙上的绘画强化了法庭庄重肃穆之感。主审法官和检察官均为 50 多岁的男性，他们身着红色长袍。另外两名专业法官一女一男，40 多岁，和律师一样身着黑袍，系着白带。本案有 2 名辩护律师和 5 名要求赔偿因犯罪受到损害的民事代理律师。法庭的技术设备运行良好。麦克风功能正常，参与者可以对着麦克风讲话。其他技术设备，例如 DVD 播放器，也都能正常运行。新闻媒体可以使用笔记本电脑进行记录。在需要时主审法官会主动解释法律和程序，其中大部分解释是为了帮助陪审团，但公众也能从中受益，这就确保了参加者可以完全理解庭审内容。

陪审团审判的都是重罪案件。前一天晚上，被告与前妻的新男友在船上钓鱼。后两人发生争吵，被告从车里拿起千斤顶砸在被害人头上，被害人当场死亡。被告将被害人放在汽车后备厢中，并盖住尸体。然后他去了前妻的家，把她和他们的孩子带到了车里。他告诉前妻和孩子们，被害人掉进了他们钓鱼船的船舱里，后救护人员把他带到了鹿特丹的一家医院，他现在正在那里接受治疗。两天后，这家人开车穿越荷兰。被告不时走出车外，似乎是在通过手机与"医院里的被害人"聊天，至少他是这么告诉他的前妻和孩子们的。他说被害人不想让他们去医院探望他。在这次旅行中，被害人的尸体一直被藏在汽车的后备厢里。最后尸体开始散发难闻的气味。两天后，被告与受害人"失联"，他和前妻到警局报案，声称受害人失踪。几周后，警察在附近的一条河流中发现了两件凶器。警方采集了指纹，并在指纹数据库的帮助下确认了被害人身份，因为这名被害人之前曾在警局留有档案。由于被告是最后一个与被害人有过接触的人，并且他所描述的与被害人最后一次联系的经过前后矛盾，因此他被警方拘留、讯问。他承认杀死了受害人，并交代了犯罪细节，包括他锯掉了被害人的手臂和头部、埋葬其余尸块的地方。警察去了埋尸地，确实发现了尸体。它还没有完全被泥土覆盖，腹部从泥土中突出来，发出令人作呕的恶臭。

在案件审理过程中，经一位当事人的民事代理律师询问，被告表示用锯子锯开手臂和头部大约需要 10 分钟。他把胳膊和头都放在了一个盒子里。他本来打算把胳膊扔到河里一个地方，把头扔到另一个地方，但是当他打开盒子拿出胳膊时，被害人的眼睛正直视着他。他一时惊慌将两只胳膊和脑袋都扔进了河里。迄今为止，警方尚未找到该被害人的头部。

本案包括专家共有 46 名证人出庭。大多数问题都是由主审法官提出的，但主审法官也给了其他参与者提问的机会。大多数证人是被告或被害人的家人、朋友；还有一些证人参与了案件的调查，例如警察和法医。对被害人母亲的询问令人印象非常深刻，她说警察到她家后告诉她找到了死者的两条手臂，后来又找到了没有头的身体。她还是觉得自己没有好好安葬自己的儿子，因为还不清楚头在哪里。询问过程中，坐在轮椅上的老太太看着被告，对他喊道："我儿子的头在哪里？头在哪里？"被告站起来回答说他不知道，或许还在河里。如果他知道，他肯定会说的。

在场的母亲和其他亲属都表现出极大的情绪波动。法庭上的投影仪全面展示了在水中发现的死者手臂和被斩首的尸体的照片。播放了一张记录尸体发现过程的 DVD。法院主席事先警告说，这些照片可能会让被害人的家属难以接受，如果他们愿意可以暂时离开法庭，但他们更希望留下来观看。然而，当屏幕上出现没有头部和手臂的尸体、警察用白床单包裹尸体并放入救护车时，被害人的一些朋友，被害人的母亲，不得不离开法庭。我们甚至可以在法庭内听到他们在走廊里的抽泣声。

审讯过程中，被害人家属的民事代理律师还向受害人家属提问。这些问题通常围绕着死者家属如何知道被害人的死亡、直到现在还没有找到头部的事实。当被问及这些问题时，许多死者家庭成员开始哭泣。一名出席庭审的记者认为，这些提问可能会在庭审后期发挥作用：最后一天法庭认定被告家属受到的损害并确定赔偿数额时，死者家属情绪越激烈，获得的损害赔偿就越多。另一位记者认为，陪审团程序可能有助于被害人更好地应对失去亲人的悲痛。他解释说，在他之前报道的陪审团审判中，被告和被害人的家属最终一般会达成和解。在被要求作为陪审员参加陪审团审判的公民中，一开始最抗拒的人往往最终会成为陪审团制度最强有力的拥护者。在情绪如此激烈、令人印象深刻的案件审判中一起工作一周，通常会使反对者们对陪审团制度的态度有所转变。

审判以极其缓慢的速度进行着。第二天结束时，负责调查的警察局局长再次向法庭参与者们介绍了所有正在进行的调查工作，尽管当天出席的许多证人已经了解了事情的情节。参加审判的记者们用笔记本电脑互相展示他们之前拍的庭审照片。这样的审理过程中有很多重复内容，但却有一个优势，那就是案件内容变得更加容易理解。案件的各个方面都从多个角度、通过不同证人进行了展示。在审讯过程中，人们对涉案人员之间的关系以及犯罪过程都给予了相当大的关注。在很大程度上，事实、解释和评论性信息混杂在一起。目击者就发生的事情和他们的想法、感受以及与其他相关人员的关系进行陈述。

大多数时候，陪审员们除了听和看什么都不做。一些陪审员在便笺簿上写了笔记。当被害人的母亲被提问时，两名陪审团成员眼里含着泪水。陪审团代表提出了几个问题。然而主审法官每次向其他参与者询问时，他似乎都表现得不愿意让陪审团有机会询问证人。当陪审团想问什么时，他们通常不得不自己主动提出问题。

在诉讼休息期间，一些审判参与者到了法院隔壁的餐厅。[12] 律师、陪审团成员、检察官、被告、被害人家属可能会在同一家餐厅吃午饭。[13] 陪审团在午餐时间休息一个半小时。在审判期间，法庭不向陪审员提供食物。显然，这段长长的休息时间有利于下午的审理。开庭时，律师和法官穿上长袍，陪审员从其专用门进入法庭，主审法官宣布恢复开庭。

比利时媒体广泛报道了这次审判。其中有几篇报纸文章详述了被害人被锯掉手臂、头部，且头部至今尚未找到的事实，还报道了被告说他只用了 10 分钟就锯掉了死者的手臂和头部。此外，媒体透露被害人与阿尔巴尼亚黑社会有联系。据我们采访的一位记者称，参加此类陪审团审判对被害人的家属来说将是一次令人不安的、悲伤的经历。在最近的另一起案件审理中，被害人家属看到了照片中被枪杀的女儿。这家人在审判前没有看到过这些照片。

----

〔12〕　由于整修，当时法院没有餐厅。
〔13〕　陪审团在审判期间不会像在美国那样与外界隔绝。

显然，这对他们来说一定是一次非常震撼的经历，每个人都产生了巨大的情绪波动，法院当时决定立即停止开庭，以使当事人恢复镇定。

审判的第五天陪审团作出了裁决。庭审中，被告突然承认自己有意杀害被害人，而且是有预谋的。而此前他曾辩称杀人是在与被害人争吵时偶然发生的。但是他没有给出任何解释，也没有给出杀人的原因。陪审团认定他犯有谋杀罪，法院判处他无期徒刑。

三、比利时陪审团的角色和职能

在前面介绍了霍夫·范·阿西森法庭的一些法律框架及陪审团制度在比利时的运作方式。下面将列出比利时陪审团与英美陪审团的一些差异。

比利时的被告没有像美国的被告那样可以选择陪审团审判的权利。更确切地说，在比利时，陪审团审判只是众多审判方式之一，除此之外，比利时检察署也必须审理案件。检察机关利用职权移交陪审团审理的案件逐渐减少。许多类似上面的案件只能被送到由专业法官组成的法庭。尽管谋杀和凶杀案、政治罪案和与新闻自由有关的案件原则上可以由陪审团审理，但实际上目前陪审团只审理第一类案件。

与英美陪审团制度的另一个主要区别在于，比利时的审判长在案件审理过程中具有实质性的调查作用，这表明了法律制度规定的审问根源。除了主持审判，主审法官还要讯问所有证人、专家和被告。比利时也没有像美国或英国规定的双方在审判中交叉质询的制度，至少比利时的交叉质询制度与英美两国的规模没有可比性。主审法官首先提问，在主审法官之后，其他两名专业法官（陪审法官）和其他参与者被允许向证人、专家和被告提问。

比利时陪审团案件的审理有两个指导原则：即刻原则和连续原则。第一条原则意味着在案件审理过程中，所有证据都必须以最原始、最真实的形式呈现，这就导致案件审理时间长、范围广。适用品格证据，且对被告或被害人过去的生活和行为作出陈述的"品格证人"为陪审团审判案件作出重要贡献。各种各样的证人、不同学科的专家都会出现在陪审团面前。连续原则要求审判一直持续到作出决定为止。连续原则旨在为独立和公正的决策提供保证，因为可以保障陪审员在审判过程中不会受到媒体和公众舆论的影响（至少在很大程度上陪审员不会被影响）。

在陪审团退庭、审议被告的罪行之前，主审法官会就法律适用和陪审团作出决定的方式给出指示。与英美国家的规定相反，比利时法官不得就所提供的证据及其可靠性、可信度给出指示。法官应该就适用法律的方式以及采用的决策程序给出客观的指导。在审议期间，陪审员可以要求主审法官解释某些法律问题，但他们只能在检察官和辩护律师在场的情况下这样做。

四、陪审团制度改革方案

比利时民众对陪审团制度的态度各异。对陪审团的批评包括：这项制度已经过时了、审理时间过长、产生了太多误判案件。与此相关的是民众对比利时刑事司法系统运行程序的普遍不满，正如司法晴雨表[14]（Justice Barometer）所显示的那样，人民与刑事司法系统之间似乎存在着严重的隔阂。相比目前的惩罚，公众更愿意对犯罪分子施加更严厉的惩罚。另外，晴雨表的受访者普遍对非专业人士参与案件审判持积极态度。尽管支持者的数量有所减少，但仍有 68% 的人口支持陪审团制度。

比利时成立了司法委员会，专门负责对陪审团审判改革提供建议。其第一份报告于 2005 年 3 月发布，第二份报告于 2005 年 11 月发布。委员会内部对于陪审团制度存在多种声音：大多数人主张废除目前形式的陪审团审判制度，采用诸如《商业法》和《社会保障法》中的议员制度。这种议员制度下的法庭由两名专业法官和三名非专业法官组成，他们可能会因为拥有某个领域的专业知识而被选中。根据委员会的建议，品格证人应由品格评估专家代替，并非所有证人都会出庭。委员会报告中只有少数意见赞成延续目前的陪审团制度并提出了一些改进建议。这些建议包括简化陪审法庭的程序，说明裁决被告有罪的理由，以及限制对法院判决提出上诉。

司法部部长同意了少数派的意见。她要求委员会制定一部详细的新法律，并要求这部法律对陪审员的一些工作重点提供具体的制度指导。其中包括使专业法官能够参与陪审团对被告有罪的裁决；在新系统中，判决书应该说理；上诉应该成为可能。2005 年 11 月，比利时拟定了一项新的法律草案。根据该

---

〔14〕 指比利时政府每年对民众进行的代表性样本民意调查，用以体现比利时民众对于国家司法工作的满意程度，即人民对于司法工作认可的晴雨表。

草案，陪审员人数将减至 8 人，专业法官人数减至 1 人。专业法官将参与作出有罪决定，而陪审团必须为其决定提供理由；将引入有限的上诉机会。[15]根据该草案，比利时的陪审团制度将更接近法国的陪审团制度，专业法官与陪审员之间的合作程度更高，上诉也成为可能。然而，随着议会选举的结束，政治家的承诺没有兑现，新法律草案似乎也已退出立法程序。

五、比利时陪审团的实证研究

20 世纪初，比利时每年审理的陪审团案件约为 100 件。这个数字在 20 世纪 50 年代减少到大约 40 件，但从 1974 年起又开始上升。在撰写本文时，陪审团每年审理的案件总数仍约 100 件，尽管案件数量自 1996 年以来略有下降，且仅占所有刑事案件的一小部分（0.01%）。但这些案件还是吸引了很多媒体的关注，陪审团的审判结果很大程度上决定了比利时刑事司法系统无罪率的总体情况。

20 世纪初，陪审团审判的案件中无罪释放的比例相对较高，约占所有判决的 20%—30%。这一比例在 1963 年大幅下降到 6%，之后又增长到 20 世纪 70 年代末的 10%—20%。近年来，陪审团审判中无罪释放的比例约为 10%。无期徒刑在 20 世纪初很少出现，目前已增加到 20%—25%。

陪审团审判的罪行通常非常严重。担任陪审员的公民承担着决定被告未来生活的责任。在他们的一生中大概率未承担过这样重大的责任。但令人遗憾的是，陪审员如何看待自己的审判经历、这一经历对他们的生活产生了怎样的影响、他们怎样看待刑事司法系统，这些问题我们都知之甚少。因为无论是在比利时还是在世界其他地方，都没有过大规模地采访陪审员的调研活动。在模拟陪审团的帮助下，我们在实验环境中进行了大量研究，但实地调研却很少。据作者了解，法律要求陪审团成员不得透露他们在陪审室中是如何作出决定的，因此只有几个陪审员就他们的经历和观点接受采访的资料可供我们参考。范·朗根霍夫（Van Langenhove）是这方面研究的著名学者。他使用所谓的"雪球法"找到了比利时陪审团的 6 名前成员，并就他们参与审

---

〔15〕　指比利时政府每年对民众进行的代表性样本民意调查，用以体现比利时民众对于国家司法工作的满意程度，即人民对于司法工作认可的晴雨表。

案的情况进行了采访。范·朗根霍夫得出的结论是陪审团定罪的程序并不是目前最佳的审判程序。陪审员预设了自己心中的正义规范和价值观，因此他们不太能容忍与自己相悖的意见，过于坚持某个观点的陪审员可能会被其他人孤立；陪审团内部进行的讨论太少，陪审员之间不能很好地了解彼此的想法，他们有时会对小组内发生的事情有偏见；大多数陪审员更重视程序的顺利进行，而不太关注必须作出的决定（他们会思想放空，想"我去哪里买食物？""我什么时候可以回家？"）；一旦作出具体判断，与决定矛盾的新信息通常不会导致意见的改变。

范·朗根霍夫也发现了集体思维和个人决策的不同之处。大多数陪审员要么 100% 相信被告有罪，要么 100% 相信他或她无罪。主审法官在量刑方面起决定性作用。在许多情况下，他们似乎能够引导决策向他们希望的方向发展。

另外，范·朗根霍夫还提出了一些评估意见，主要涉及比利时陪审团制度和一般法律体系中非专业人士参与案件审理的运行等。总体而言，他的调查结果使他对陪审团制度的态度并不乐观，但他仍强调陪审团在比利时还有机会改进。然而，这种改进会导致陪审员不再被民众视为非专业人士。因此，为了保持陪审员当前这种非专业人士的状态，范·朗根霍夫一派不得不放弃对陪审员进行进一步指导和教育的想法。

六、访谈

（一）受访者背景

我们采访的 4 位法官此前曾主持过几次陪审团审判：答案分别是 52 次、13 次、9 次和 4 次。在不主持陪审团审判时，3 名法官在上诉法院工作，1 名法官在初审法院工作。[16] 参加我们研究的辩护律师在陪审团审判方面的经验较少，检察官曾代理过几个陪审团案件。他们的意见将在本文的后面部分介绍。所有受访者均为 30—60 岁的男性。

（二）陪审员的选择

受访者提供了一些关于遴选陪审员的背景信息，其中包括如何排除陪审

---

[16] 担任陪审团主席不是全职工作；陪审团是特设法庭。

员候选人。检察官和辩护律师不得透露申请排除准陪审员的原因，但据一名答辩人称，双方的律师都更喜欢知识水平不高的陪审员。例如，他们会排除一名教师，因为他们认为她可能会影响其他陪审员。如果请来了精神科医生，检察官又可能会申请排除。

谁被排除，谁没有被排除，以及出于什么原因，取决于具体情况。在杜特鲁（Dutroux）案[17]中，有一位候选人因为明显地表达出他的观点而被排除。他事先就表明观点，他认为被告杜特鲁是有罪的。此外，如果不想成为陪审员的候选人，大多数人都会提供医生的诊断书称病来申请退出评选。

（三）陪审团的优缺点

参与我们研究的法官提到了陪审团制度有十大优势，另外还有两位受访者民众列举了陪审团制度的两项优势（表 1）。其中使社会公众参与更广泛和对社会公众有教育作用都被提及两次。

表 1　陪审团制度的优缺点

序号	优点	提出意见人数	序号	缺点	提出意见人数
1	社会公众参与	2	1	消耗更多时间	3
2	对公众有教育意义	2	2	成本更高	3
3	对案件调查更深入	1	3	没有给出决定的理由	2
4	陪审员对制度现状感到满意	1	4	陪审团很容易受到影响	2
5	陪审员根据内心看法行事	1	5	陪审团不能横向比较不同案件	1
6	公众对制度的信心增加	1	6	陪审员不了解律师常用的计策	1
7	民主程度提高	1	7	许多民众并不想成为陪审员	1
8	陪审团审判向社会开放	1	8	陪审团会犯错	1
9	陪审员的判案经验增加	1	9	陪审员不觉得自己有查明案情的责任	1
10	有利于更好处理犯罪	1	10	陪审员与控辩双方距离太近	1
				陪审员情绪不稳定	1
11	总计 10 个优点	12	11	总计 11 个优点	17

---

[17]　杜特鲁案是一个备受瞩目的案件，被告于 2006 年被判处无期徒刑。除此之外，他还被判处强制送入精神病院。他犯有谋杀数人的罪行，其中许多是年轻女孩。

受访者对自己所提到的优点进行了解释。其中包括：（1）由于陪审团的参与，公众将对法律制度更加信任；（2）由于对每个案件都能彻底处理，社会公众对陪审团制度更加信任；（3）相比专业法官所做的裁判，大众更容易接受陪审团的决定；（4）陪审团审判的结果使被害人将能够更好地处理犯罪带来的伤害；（5）被害人感觉到法院很重视他们的案件，这似乎给了他们安慰；（6）陪审团审判中的被告也表示他的案件得到了深入调查。

陪审员们对于案件都非常重视，他们会在案件上花费大量的时间和精力。随着审判的进行，他们变得越来越投入。

一位法官说："我经常会看到陪审员情绪的变化过程。他们开始时表现得冷漠、不情愿，但我会努力让他们参与进来。我让他们说话，必要时休息一下，让他们谈谈自己的感受。案件结案后，他们大多也会表达希望再次参与陪审团审判的想法。"

法官们提到了陪审团 11 个缺点，数个受访者也提到了陪审团另外一些缺点，共 17 个。法官认为陪审团制度的缺点多于优点（11 对 10），受访者在提到陪审团时也称其缺点多于优点（17 对 12），人们似乎普遍认为陪审团制度缺点比优点多。

七、专业法官认为非专业陪审团存在的优缺点

3 位法官表示陪审团审判所需的时间长和费用高为陪审团制度的缺点。2 位法官提到陪审团不必为他们的决定给出理由以及陪审员很容易受到影响也是该制度的缺陷之一。

对于认定被告是否有罪的问题，陪审员们并不认为自己需要承担全部责任。另外，陪审员不必为他们的意见作出解释，这两点都会导致误判风险的增加。据受访者称，陪审员只需尊重自己的内心确信认定被告是否有罪，且不会对结论给出理由，这种程序会一定程度上导致错误决策风险增加。"如果陪审员第一眼不喜欢被告，那么这种第一印象会对他的意见产生一定的影响，尤其是在他们不必给出理由的情况下。在陪审团审理的案件中曾出现过判处被告 20 年或 30 年的情况，因此有偏见的判决给被告带来的后果可能是灾难

性的！"

一位法官认为，陪审员对律师的行为会非常敏感，我必须与陪审员们的极端观点作斗争。他们被律师的陈述迷惑了。……我们不知道他们在审议室里认定被告罪名时会发生什么，因为我们不在现场。另一位法官也证实，陪审员很容易受到影响，并且陪审员有犯错的可能。"律师有时会把陪审团引向错误的方向，检察官有时不能很好地解释一些困难的问题。"[18]

一位法官批评了陪审团审判中的重复劳动。"在我看来，没有必要召集所有证人参加审判。这是浪费时间，一些问题在审判中不断重复，证人都在讲述同样的故事。应当减少这种证人的数量。"

（一）专业法官与陪审团的合作

四位法官都表示在主持陪审团案件时，他们非常感谢能与陪审团一起工作。最重要的是，在审理案件的那一周，他们与陪审团的接触非常密切。一位法官说，他在主持审理案件之后甚至出现过一次"情绪低谷"。他写日记，收集他主持的每个陪审团案件的照片和文章，企图以这种方式来缓解压力。但他依然认为主持陪审团审判的压力很大。他说："你必须处理好一切：确保程序合法，陪审员不能说任何会暴露他们意见的事情。但同样的，大多数陪审员在参与一次案件审理后都会对陪审团制度持积极态度。"

一位法官说主持陪审团审判很有趣。"我喜欢主持陪审团案件。如果没有陪审团制度，可能需要 10 年法官经历才能被允许主持案件，但如果是主持陪审团审判，需要的经验就比较少了。但我仍然是陪审团的反对者：这项制度优点太少，缺点太多。陪审团作出的决定过于极端，相比之下，专业法官的决定才更加平衡、倾向于中间立场。"

（二）陪审团的意见

在案件审理过程中，陪审团通常处于被动地位。主审法官允许他们提问，但大多数情况下他们仍会保持沉默。然而，一位接受采访的法官观察到，现在这方面的情况已经略有变化。陪审团变得更加自信，在审判期间相比以往

---

[18] 应该指出的是，在这部分研究中采访的是法官。如果与辩护律师面谈，关于谁影响陪审员的看法可能会有所不同。

更加频繁地提出问题。他解释说，过去的主审法官表现得相对更加严厉，而现在的主审法官变得更加宽容、温和。包括他本人，也会鼓励陪审团在有疑问的情况下多提出问题。

另一位法官不喜欢陪审员提问。他会提前制定审判时间表，因此时间有限，不允许有太多的干扰。如果陪审团参与提问，他的计划可能会被打乱。另外一些陪审员的问题有表达自己观点的嫌疑。但另一方面，他鼓励陪审员在有不清楚的地方向他询问。还有一位法官说，在大约一半案件中，陪审团会提出问题。总体来说，这些问题涉及的都是案件的细节，尤其是关于涉嫌犯罪的细节。

关于被告的罪行，陪审员有时会与法官持不同的意见。一名法官解释说："尤其是激情杀人的案件，陪审员通常会与专业法官意见不同，因为陪审员对加重情节的判断与专业法官不同"。"他们会被律师牵着鼻子走。"陪审团有时会出人意料地认定被告无罪，有时会把"不可抗力""自卫"等法律概念混淆。相反的情况也可能发生，即陪审团在本应认定被告无罪的情况下判定被告有罪。

在对判决进行审议期间，三位法官与陪审团坐在一起。此时他们脱掉了长袍，让评议更加非正式，气氛更加轻松。我们的采访对象说："从最年轻的陪审员开始，我们逐个发表对这句话的看法。为防止三位法官影响陪审员的意见，他们被排在最后。在发表意见之后，我们通常会投票。因此在大多数情况下，可以迅速确定判决。"根据所有接受采访的法官的说法，专业法官与陪审团就判决达成共识并不难。一位法官认为陪审员倾向于从轻判决。另一位受访者由于经历不同而与前一位法官持不同观点，在他看来，陪审团的决定没有明确的界限。"有时他们会比专业法官更加严厉。当然，他们也更容易受到影响。"一位法官认为陪审团的意见较为极端，但陪审员不一定会更严厉，他们有可能像专业法官一样并不会对被告产生同情。

陪审团在参加审判后需要一些时间来恢复情绪。各方陈述观点结束后，专业法官会给陪审员充分的时间表达对案件的初步看法和在审判过程中产生的想法，然后才开始审议量刑。"然后我们试图达成共识。如果没有成功，我们会匿名投票。但在大多数情况下，我们能够成功地得出统一结论。"

（三）情感

陪审团审判比专业法官审判更情绪化。陪审团审理的大多是谋杀这种重罪，在调查过程中，被告的生活史会被仔细审查，这个过程就难免会触动一些陪审员。其中一位法官认为，审判情绪化恰恰是陪审团的优点。相关人员和社会等待这场审判已经很长时间了。即便是被告也应该会很高兴案件终于接近尾声。被害人及其家属渴望看到被告受审，公众和媒体期待在法庭上看到"正义得到彰显"。陪审员产生的情绪是此类审判不可或缺的一部分，有助于当事人和社会对犯罪树立正确态度。没有情感的陪审团审判是不可想象的。

一位受访者（专业法官）表示，陪审员通常比专业法官更情绪化。"我看到他们退庭审议时的反应。一切对他们来说都是新鲜的。我们已经学会了处理这种情况，我们可以保持冷静。但他们有时会成为自己情绪的牺牲品。然而，这种情况大部分发生在陪审团审理案件，而非在专业法庭公开审理时。我主持审判时，这种情况已经发生过3次，陪审员在法庭上看到照片后晕倒了。"

其他受访者也大多持有类似的观点或有类似的经历。陪审员眼含泪水表达观点。当人们不止一次担任陪审员时，他们往往会变得不那么情绪化。根据一些受访者的说法，陪审员对媒体报道的内容也比专业法官更敏感，即使他们事先收到指示不要关注新闻报道。

（四）接受法院判决

四位法官都认为，陪审团的决定可能会由于非专业人士的参与而更容易被大众所接受。当公众看到普通公民参与时，他们会更加信任这些决定。他们会觉得被告的权利得到了更好的保障。

其中两位法官完全认可让普通公民有机会参与司法工作的重要性；另外两位却不太认可这一点。关于陪审团制度是否适合比利时法律文化的问题，答案各不相同，一位法官认为这项制度完全符合比利时的法律文化，而另一位法官对于这一问题则表现得更为保守。他认为，吸纳非专业决策者进入比利时司法体系并不是明智之举。他最反对的是陪审团在没有专业法官帮助的情况下做这么多事情。目前，关于有罪的决定完全由陪审团作出，将来最好的选择是让陪审员和法官共同决定。还有的法官认为陪审团非常适合比利时的法律文化，但需要认真改进使之更适合比利时的国情。

过去，没有一位法官会认为专业法官已经与这个国家脱节。但在几十年后的现在，这种观点似乎发生了变化。一位法官强调，相比于现在的法官，过去的法官更像是住在象牙塔里。

（五）晚上保持清醒

只有一名接受采访的法官承认在陪审团审判时失眠。最重要的原因是他必须保证审理顺利进行，并确保法院作出可以被大众接受的决定。他担心事情可能会失控。其他法官也表达了对案件能否处理得当的担忧，但他们并没有为此失眠。

（六）检察官和辩护律师

参与本次调查研究的检察官和辩护律师都是陪审团制度的强烈反对者。他们最反对的是陪审团审判固有的戏剧性特点。他们觉得陪审团过时了，陪审团的审判过于情绪化、不够理性，认为"陪审团案件更像是一场戏"。在议会中，75% 的议员希望保留陪审团。前司法部部长想废除陪审团，但随后出现了杜特鲁案。我预测十年后陪审团制度将在比利时被废除。但目前我们还没有准备好，这些参与研究的检察官和律师都知道如果不进行陪审团审判，被害人可能会感到自己不被重视。他们也承认普通公民的参与会让公众更容易接受陪审团的决定。

检察官和辩护律师提出的另一项质疑在于：正如新法律草案中规定的那样，主审法官参与认定被告是否有罪的评议。他们认为这一行为会对陪审团决策产生不利影响。主审法官身着长袍，端坐在那里就代表着权威，任何一个陪审员都会受到他的影响，甚至根据他的观点调整自己的意见。另外，陪审员对其他人所说的话过于敏感的问题仍然存在。

（七）陪审员完成的问卷

两位前陪审员完成了我们研究的问卷调查。其中最重要的发现是，由于涉嫌犯罪的严重性，两名受访者在审判之前都明确表示非常不愿意担任本案的陪审员。也是出于同样的原因，他们不会在短时间内再次参加新的审判。恐怖的证据和案情细节让他们审理案件的那一周无法安睡。陪审员们已经充分意识到人们在特定情况下可以作出哪些残暴的事情。其中一名陪审员明确表示，他在案件审理期间非常情绪化，其他陪审员也是如此。

尽管陪审员对参加新的审判表示迟疑，但他们对法律制度在他们参与的案件中的运行方式持肯定态度。其中一位表示，审判进行得非常公平、正确。两位陪审员都认为非专业人士参与陪审团审判具有积极意义。他们认为普通公民能够参与司法管理很重要，这增加了对系统的信心。两位陪审员也对与专业法官的合作给予了积极评价。

结 论

陪审团制度在比利时引发了强烈讨论，民众提出了该制度的多个优点和缺点，而总体来说，缺点多于优点。陪审团制度和使用非专业法官审案制度在许多方面并不相同。后一种制度更加符合"内向"的特点，仅面向制度内部，所以几乎没有引起任何媒体关注。陪审团的审判是"外向"的、面对社会大众的，媒体在传播有关法庭内外信息方面发挥着重要作用。在比利时的陪审团审判中，"戏剧"效果方面非常突出，媒体在这方面非常活跃。戏剧固有的三个要素：情感、角色扮演和观众的存在。比利时陪审团制度在这三个要素上都得分很高：审判结果有人情味，潜在的大量观众（如果包括媒体）以及参与者认真地扮演他们的角色。且比利时在其中一个特点上的表现尤为出色：比利时陪审团在审理案件时陪审员的情绪非常强烈，当事人的民事代理律师通过在公开法庭上向受害人一方提出问题来最大程度刺激他们的情绪。与英格兰的做法不同，比利时法庭会展示尸体的照片。然而，在角色扮演方面，比利时陪审员似乎没有其他国家那么严格："玩家"可以轻松地暂时脱下职业长袍，与其他参与者在同一家餐厅共进午餐。午餐后，陪审员重新穿上长袍，开始审判。

接受采访的民众表示，陪审团审判中处理案件的方式有助于社会和与案件相关人员更好应对犯罪带来的影响。因为大多数陪审团审判都是在案件发生很长时间后才会进行，所以在案件审理过程中，当事人可以通过详细叙述案情经过、表达感受、甚至是哭泣的方式来宣泄自己被压抑的情绪。在这方面，陪审团制度比其他类型的刑事审判更有用，这是已经被证明了的事实。在帮助被害人发泄情绪方面，荷兰几乎是另一个极端。在荷兰式的审判中，被害人甚至不需要出庭，因此在这种制度下，受害人无论是详细陈述案情还是表达情绪似乎都不大可能。[19]

对案件彻底审查，对审判期限延长，以及在法庭公开审理期间发泄情绪确实有助于法庭更好地对犯罪假设进行进一步查证。这是一个具有挑战性的建议，需要在未来对"恢复性司法"的理念进行研究。

---

〔19〕 然而，在严重犯罪的情况下，在荷兰的审判中可以看出一些变化。几年前，荷兰引入了被害人影响陈述，然而，到目前为止，这一改革经验表明，许多被害人影响陈述都是以书面形式进行的，被害人没有出庭解释发生的事情及其对他们生活的影响。因此，在荷兰的审判中，情绪在很大程度上仍被掩盖。